五禮通考

〔清〕秦蕙田 撰
方向東 王鍔 點校

二十

凶禮〔二〕

中華書局

目録

五禮通考卷二百五十五　凶禮十
喪禮……一二四五七
齊衰無受……一二四五七
五禮通考卷二百五十六　凶禮十一
喪禮……一二四八三
殤大功九月七月……一二四八三
大功九月……一二四九四
五禮通考卷二百五十七　凶禮十二
喪禮……一二五三一
繐衰葬除之……一二五三一
殤小功五月……一二五三四
小功五月……一二五四一
五禮通考卷二百五十八　凶禮十三
喪禮……一二五六五
緦麻三月……一二五六五
五禮通考卷二百五十九　凶禮十四
喪禮……一二五九七
喪服記……一二五九七
五禮通考卷二百六十　凶禮十五
喪禮……一二六四七

儀禮士喪禮……一二六四七
五禮通考卷二百六十一　凶禮十六
喪禮……一二七〇一
儀禮既夕……一二七〇一
五禮通考卷二百六十二　凶禮十七
喪禮……一二七五一
儀禮士虞禮附儀禮喪服或問……一二七五一
附録一　五禮通考序跋……一二八一三
盧文弨序……一二八一三
盧見曾序……一二八一五
方觀承序……一二八一六
王鳴盛序……一二八一八
五禮通考提要……一二八二〇
張廷濟跋……一二八二一
王欣夫跋……一二八二一
附録二　秦蕙田墓志銘……一二八二三
附録三　校勘引用書目……一二八二九

五禮通考卷二百五十五

凶禮十

喪禮

齊衰無受

儀禮喪服：疏衰裳，齊，牡麻絰，無受者。注：無受者，服是服而除，不以輕服受之。不著月數者，天子、諸侯葬異月也。小記曰：「齊衰三月，與大功同者繩屨。」疏：此章以其義服，日月又少，故在「不杖」章下。此及下傳大功皆不言冠帶者，以其輕，故略之。至正大功言冠，見其正，猶不言帶，緦麻又直言緦麻，餘又略之。注云「不以輕服受之」者，凡變除，皆因葬、練、祥乃行。此服至葬即除，無變服之理。天子七月葬，諸侯五月葬，爲之齊衰者，皆三月藏其服，至葬更服之，葬後乃除。

譙氏周曰：齊衰三月，不居堊室。

敖氏繼公曰：受者，以輕衰受重衰也。成人齊衰之服而無受，則唯三月可知，故不復見月數。

郝氏敬曰：此齊衰之義服也。親不足而尊有餘，故爲三月齊衰處之。不言冠帶屨，與不杖同也。不言三月，言「無受」，三月可知也。禮，三月既葬，以初喪冠布易，故衰曰「受」。受，接也。義服稍輕。三月即除，故無受。　案疏衰重于大功。大功九月而疏衰反三月，何也？重其衰，所以隆尊也。減其日月，以殺恩也。疏衰三月者，分尊恩輕；大功九月者，分卑而恩重也。

張氏爾岐曰：大夫、士三月葬，故以三月爲主。

姜氏兆錫曰：下文各傳皆言「齊衰三月」，故經雖不著月，而疏以三月言之。然其服雖三月，而爲王侯服者皆不即除，而藏以待葬服，故傳雖言三月而經不著其月也。蓋經傳互文，相足之義，類如此。

蔡氏德晉曰：此章本不言月數，而傳皆以爲齊衰三月。蓋以禮既葬而受服。大夫、士三月而葬，故以爲斷也。康成雖有天子、諸侯葬異月之説，然又以爲「天子七月葬，諸侯五月葬，爲之齊衰者，皆三月藏其服，至葬更服之，葬後乃除」。愚意謂天子、諸侯未葬，恐不應釋服；且既釋矣，至葬而更服，相去不過一二月餘，而倏釋倏服，忽吉忽凶，恐先王制禮不若是。白虎通謂「民始哭，素服，先葬三月，成齊衰」，亦非，安有聞喪不服，越二月而始服者？夫帝堯殂落，百姓如喪考妣，三載，四海遏密八音。後世始喪服之，既葬而除，又豈久乎？疑此章本有三月、五月、七月之服，傳者失之也。

蕙田案：傳文雖以三月爲斷，而「曾祖父」條，開元禮增齊衰五月，至今猶然。

則蔡氏之說，或者其可通與？

寄公爲所寓。注：寓亦寄也。爲所寄之國君服。　疏：此章論義服，故以疏者爲首。

傳曰：寄公者何也？失地之君也。何以爲所寓服齊衰三月也？言與民同也。

注：諸侯五月而葬，而服齊衰三月者，三月而藏其服，至葬又更服之，既葬而除之。　疏：失地君者，謂若禮記射義「貢士不得其人，數有讓黜，爵削地盡」，君則寄在他國也。云「言與民同」者，以客在主國，得主君之恩，故報與民同三月也。

敖氏繼公曰：經傳不見諸侯相爲服之禮，是無服也。寄公已失國，則異于諸侯；又寓于他邦之地，則不可不爲其君服。然非臣也，故但齊衰三月而與民同。國君五月而葬，此爲之服者，則止于三月，以齊衰之輕者惟有此耳，故不以其葬月爲節也。不特制爲國君服者，辟天子也。諸侯之大夫爲天子繐衰，既葬除之，特制之服也。

蔡氏德晉曰：案郝仲輿謂「先王盛世，何得有寄公？此蓋衰世之禮」，其說近是而未盡也。蓋封建肇于黃、農，歷唐、虞、夏、商，治亂不一，故禹會諸侯于塗山，執玉帛者萬國。至周初，止千八百國而已。則其間失國而爲寄公者必多，而寄公爲所寓之君服，其由來舊矣。周之制禮，非用于一。寄公爲所寓之君服，既合于理，而可爲後世用，先王固宜存之于經而不削也。

盛氏世佐曰：案禮，爲鄰國君，失地則同于民者，賤之也；不臣之者，客也。庶人爲國君亦在此章，故曰「與民同」。

欽定義疏：同于民者，寄公之自視則然。所寓之君待之則以賓禮，喪大記可據也。

丈夫、婦人爲宗子、宗子之母、妻。注：婦人，女子子在室及嫁歸宗者也。宗子，繼別之後，百世不遷，所謂大宗也。疏：此與大宗同宗親，如寄公爲所寓，故次在此。

敖氏繼公曰：丈夫者，男子之與大宗絶屬者也。婦人者，謂絶屬之女子子在室者及宗婦也。丈夫、婦人于宗子、宗子之母、妻，若在嫂叔之列者，則不服之。蓋親者且無服，疏者可知。

盛氏世佐曰：案傳云「婦人雖在外，必有歸宗」，是婦人不以出降其宗明矣。此婦人内亦當兼有宗女出嫁者。族人爲宗子之母、妻服，猶臣服君之母、妻之義也。此服因宗而生，不因嫂叔而生，故丈夫于宗子之母、妻，婦人于宗子，雖或有在嫂叔之倫者，無不服也，敖説非。與大宗絶屬者如此。若在五服内，月算如邦人，亦皆齊衰，無大功、小功、緦麻。

蔡氏德晉曰：大宗至尊，五服之外，皆服齊衰三月。其在五服中者，亦不當以功緦之服服之，故無問大功〔一〕、小功、緦麻，皆服齊衰三月而除，與五屬之外同。若大功、小功之親，既服齊衰三月，乃受

〔一〕「問」，諸本脱，據禮經本義卷一一補。

以大功、小功之衰。以足其月數而止，此條中當有齊衰九月、五月、三月之服也。

傳曰：何以服齊衰三月也？尊祖也。尊祖故敬宗。敬宗者，尊祖之義也。宗子之母在，則不爲宗子之妻服也。疏：祖，謂别子爲祖，百世不遷者。當祭之日，同宗皆來陪位及助祭，故云尊祖也。大宗者，尊之統，故同宗敬之，尊祖之義也。「宗子之母在，則不爲宗子之妻服也」者，謂宗子父已卒，宗子主其祭。王制云：「八十，齊衰之事不與。」則母七十亦不與。今宗子母在，年未七十，母自與祭，母死，宗人爲之服。宗子母七十以上，則宗子妻得與祭，宗人乃爲宗子妻服也。必爲宗子母、妻服者，以宗子燕食族人于堂，其母、妻亦燕食族人之婦于房，皆序以昭穆，故族人爲之服也。

敖氏繼公曰：别子爲祖，繼别爲宗。祖者，己之所自出也，尊之，重本也。然其尊祖之誠，無由自盡，故于敬宗見之。蓋敬其爲别子之後者，乃所以尊别子也，故曰「敬宗者，尊祖之義也」。此爲宗子與其母、妻服，皆敬宗之事，故傳言之。「宗子之母在，則不爲宗子之妻服」者，謂族人于宗子之妻，其服與否，唯以其母之在不在爲節。則宗子之母雖老，而妻代主家事，若先其母而卒，族人亦不爲此服，蓋其母尚在故也。此義與宗子不孤而死，族人不以宗子服之者，意實相類。

顧氏炎武曰：正義謂「母年未七十，尚與祭」，非也。祭統曰：「夫祭也者，必夫婦親之。」是以舅没而姑老，明其不與祭矣。雖老，固嘗爲主祭之人，而禮無二敬，故爲宗子之母服則不爲妻服。杜氏通典有「夫爲祖、曾祖、高祖、父母特重妻從服議」一條〔一〕，云：「孔瑚問虞喜曰：『假使玄孫爲後，玄孫之婦從服期，曾孫之婦尚在，纔緦麻。近輕遠重，情實有疑。』喜荅曰：『有嫡子者無嫡孫。又若爲宗子母服，則不服宗子婦。』」以此推之，若玄孫爲後，而其母尚存，玄孫之婦猶爲庶，不得傳重，傳重之服，理當在姑矣。宋庾蔚之謂：「舅殁則姑老，是授祭事于子婦。至于祖服，自以姑爲嫡。」與此條之意互相發明。

姜氏兆錫曰：案内則「舅殁則姑老」，則姑雖年未七十，亦不主亞獻之禮。其亞獻禮，皆應宗子之妻佐宗子行之。至其服，則不爲宗子之妻服者，猶有適子無適孫之意，以一宗無二服故也。由是以推，則服與祭，義各有主，不得牽連爲義。疏殆未之考與？

蕙田案：疏文以與祭不與祭定服與不服，並非傳意，諸家破之，是也。

爲舊君、君之母、妻。疏：舊君，舊蒙恩深，以對于父，今雖退歸田野，不忘舊德，故次在宗子之下也。但爲舊君有二：一則致仕，二則待放未去。此則致仕者也。

敖氏繼公曰：君亦謂舊君也。在國而云舊君者，明其不見爲臣也。此服，大夫、士同之。

郝氏敬曰：舊君，舊嘗仕于其國，非故家世官也，偶見用而遂去之，恩輕誼薄，如中下士、庶人在

〔一〕「特」，諸本作「持」，據日知録集釋卷五改。

官輩，與民未遠，今不仕，與民同服。君之母，謂民爲本國君之母夫人服也。君之妻，謂民爲本國君夫人服也。國人皆稱小君，與君同尊，故皆爲齊衰三月，非謂舊仕者也。

服也。顧氏炎武曰：與民同者，爲其君齊衰三月也。不與民同者，君之母、妻，民不服，而嘗仕者獨爲之服也。古之卿大夫有見小君之禮，而妻之爵服則又君夫人命之，是以不容無服。

盛氏世佐曰：案章内言舊君者三，此則凡爲舊臣之通禮也。君，謂有地者也。臣爲君服斬，今降在此者，以不在其國故也。不在其國而猶爲之服者，子思所謂「進以禮，退以禮」、孟子所謂「三有禮焉」者也。臣爲君之母、妻，在「不杖期」章，此亦以去位降也。郝云「民爲小君服」，非。

傳曰：爲舊君者，孰謂也？仕焉而已者也。何以服齊衰三月也？言與民同也。君之母、妻，則小君也。注：仕焉而已者，謂老若有廢疾而致仕者也。爲小君服者，恩深于民。

疏：此經上下，臣爲舊君有二，故發問。云「仕焉而已」者，傳意以下爲舊君是待放之臣，以此爲致仕之臣也。云「何以服齊衰三月」者，怪其舊服斬衰，今服三月也。「言與民同也」者，以本義合，且今義已斷〔一〕，故抑之，使與民同也。下文「庶人爲國君」，無小君，是恩淺；此爲小君，是恩深于民也。

虞氏喜曰：或問曰：喪服經傳「爲舊君謂仕焉而已者」，鄭注曰：「仕焉而已，謂老若廢疾而致仕

〔一〕「且」，諸本作「但」，據儀禮注疏卷三一改。

者也。」今致仕與廢疾，理得同不？喜正之曰：廢疾沉淪，罔同人伍〔一〕，不淪臣道，齊衰三月，可也。老而致仕，臣禮既全，恩紀無替，自應三年，不得三月。傳言仕焉而已者，謂既仕而去，義同人伍耳。

殷泉源問：天子、諸侯臣致仕，服有同異。范宣答曰：夫禮制殘缺，天子之典，多不全具。唯國君之禮，往往有之。臣之致仕，則爲舊君齊衰三月。天子之臣，則亦然矣。天子之與國君，雖名號差異，至于臣子奉之與王者無殊矣。

敖氏繼公曰：已猶止也，鄭氏以爲致仕是也。此嘗仕矣，今又在國，其服宜異于民，乃亦齊衰三月者，蓋不在其位，則不宜服斬，以同于見爲臣者，而臣于君，又無期服，故但齊衰三月，而不嫌其與民同也。然又爲小君服，則亦異于民矣。

欽定義疏：身雖致仕，所食者，君之禄也。若大夫，則所乘者君之車也。國政猶與聞焉，恩誼深矣。然一切典禮，不可參錯于見爲臣者之班，是以服同于民也。傳于寄公及致仕者，皆言「與民同」，見齊衰三月本爲民服君之服也。古人臣進退不苟，細故微嫌，有奉身而退者，如楚子文三仕三已，柳下惠爲士師三黜，略可見也。注以老與廢疾者言之，似未賅。

〔一〕「罔」，諸本作「固」，據通典卷九〇改。

蕙田案：疏及諸家皆主在國者言，盛氏依虞喜主去國者言，則與下文「舊君」無别，故盛説不載。

庶人爲國君。注：不言民而言庶人，庶人或有在官者。天子畿内之民服天子，亦如之。疏：云「庶人在官」者，謂府、史、胥、徒。經言庶人，兼在官者而言之。云「天子畿内之民亦如之」者，以其畿外上公五百里、侯四百里以下，其民皆服君三月，則畿内千里專屬天子，亦如諸侯之境内也。

問：儀禮諸侯爲天子斬衰三年，庶人爲國君齊衰三月。注：「天子畿内之民，服天子亦如之。」自古無有通天下爲天子三年之制，前輩恐未之考。朱子曰：後世士庶人既無本國之君服，又無至尊服，則是無君，亦不可不去其變，如今涼衫，亦不害，此亦只存得些影子。或問：有官人嫁娶在祔廟後。朱子曰：只不可帶花、用樂，少示其變。君之喪，士庶亦可聚哭，但不可設位。

敖氏繼公曰：庶人此服，夫妻同之，非當家者則不服也。畿内之民，其服天子，亦當如此，乃不著者，則此經唯主爲侯國而作，益可見矣。

欽定義疏：敖氏謂非在官者不服，非也。民無不服之理，上傳再言「與民同」，足以見之矣。民之于君，遠矣，不可同于臣，又不敢以輕服服之，是以齊衰三月也。

侯國之民不服天子者，勢彌遠而分逾尊，故不可制服也。然遏密八音，亦足以致其情矣。爲公卿大夫之君無服，諸侯世，大夫不世，經特言「國君」以此。庶人爲君之母、妻無服。

大夫在外，其妻、長子爲舊國君。注：在外，待放已去者。疏：此大夫在外，不言爲本君服與不服者。案雜記云：「違諸侯之大夫，不反服。違大夫之諸侯，不反服。」以其尊卑不敵。若所仕敵，乃反服舊君。則此大夫已去他國，不言服者，是其君尊卑不敵不反服者也，是以直言其妻、長子爲舊國君。

鄭氏昕曰：禮，爲夫之君期。今夫雖在外，妻尚未去，恐或者嫌猶宜期，故言與民同，則出國無服可知也。所以别言之者，明夫既去位，妻便同于人耳。

敖氏繼公曰：此承庶人之下，故但據其妻與長子言之，云「舊國君」，明妻、子亦在外也。大夫與舊君恩深，故雖去國，而于己服之外，妻、子又爲之服也。去國且若是，則在國可知。大夫在位，與其長子俱爲君服斬，妻服期。去位，則皆爲之齊衰三月而已。又爲君之母、妻，若去國，則夫不服其母、妻也。士之異于大夫者，長子無服，若去其國，則夫妻亦不服之矣。

盛氏世佐曰：案大夫在外，爲舊君服，已見上矣。此則主爲其妻、長子言也。其妻、長子亦與大夫俱去者，不曰舊君而曰舊國君，見不在其國也。大夫妻爲君服，在「不杖期」章。服問云「大夫之適子爲君如士服」，今皆降在此者，亦以其去國故也。唯云大夫，則士之妻、長子去國者無服矣。

傳曰：何以服齊衰三月也？妻，言與民同也。長子，言未去也。注：妻雖從夫而出，古者大夫不外娶，婦人歸宗，往來猶民也。春秋傳曰：「大夫越境逆女，非禮。」君臣有合離之義，長子去，可以無服。

敖氏繼公曰：其爲服之意，若但如是而已，則士之在外者，妻與長子亦宜然也，何必大夫乎？傳似失之。

郝氏敬曰：大夫奔他國，攜其妻子去。妻嘗爲命婦，去則與國人同。其宗族在舊國，其長子或不去，則與民同。去則無服。鄭謂「古者大夫不外娶，婦人歸宗，往來猶民」，鑿説也。所引春秋傳，非經義。先王封建，小者不過五十里，若大夫皆限境内婚，同姓又不通，則女亦不足矣。

盛氏世佐曰：案妻，舊命婦也，已去而猶同之于民，以其受恩深也。云「長子，言未去也」者，謂此長子是大夫在國時所生，故爲舊國君反服，若生于去國之後，則無服矣。聖人不爲恩義所不及者制服也，言此，則妻亦在國時所娶可知。于妻言「與民同」，于長子言「未去」，文互見也。傳意本是如此，後人錯會其意，乃以未去爲留在國者。夫身居其國，即庶人尚爲國君有服，寧獨故大夫之長子乎？倘庶子，遂無服耶？且在國者亦不得目其君爲舊國君也。以是數者推之，注疏之誤顯然矣。然則大夫在外，其長子留在國，于君宜何服？曰：大夫以罪去國，長子雖留，亦與民同，以其義已斷故也。又案古者君臣一體，適子既冠，則奠摯見于君，死則赴于君，士禮且然，矧大夫乎？大夫雖無世及之義，而大夫之子得行大夫禮，則其受君寵眷深矣。故其父在位則亦爲君服斬，已去猶與民同服，所以報也。留在國者，亦無加焉，抑之也。若大夫致仕者之長子，則仍如士服矣。

欽定義疏：案妻若隨夫去，則不必與民同矣。未去，則雖外娶者，亦與民同，義不繫于歸宗往來也。士昏禮有「若異邦」之文，士且外娶，況大夫乎？公羊之言，亦不可爲典要。敖氏推勘大夫與士，應有不同，固爲入細。然反復經文，則以妻、長子爲已去者，終覺未安。傳云「未去」，亦謂將去而未去，適遇君喪者爾。

蕙田案：大夫爲舊君服見上下文。此主爲其妻、長子將去未去，適遇君喪者言，鄭氏昕及義疏説是也。敖氏、盛氏以爲已去，與傳文不協。鄭注分妻爲已去，長子爲未去，尤未安。盛氏「妻是在國時所娶，子是在國時所生」，亦爲鑿説。

繼父不同居者。注：嘗同居，今不同。疏：此則「期」章云「必嘗同居，然後爲異居」者也。無傳者已于「期」章釋訖，是以不言也。

敖氏繼公曰：爲繼父同居者期，而爲異居者不降一等爲大功，乃服此服者，恩同于父，不敢以卑服褻之也。繼父于子，同居、異居皆不爲服。知不爲服者，二章無報文，且齊衰三月不可用于卑者也。

郝氏敬曰：謂不同居，謂繼父續生子，使其妻前夫之子别居。昔嘗同居恩深，故爲齊衰三月。

汪氏琬曰：或問：律文「繼父同居而兩有大功親者爲之齊衰三月」，借令一有大功以上親，一無大功以上親，則如之何？曰：小記：「皆無主後，同財而祭其祖禰爲同居。有主後爲異居。」疏謂：「此子有子，亦爲異居也。」然則律文雖與禮不同，而其義即皆有主後者也。或問：果應服乎？曰：父不當繼，繼父亦不當同居，而禮與律有同居、異居之别，此服制之變，末世之不得已也，亦爲人子者之不得已也。

欽定義疏：先嘗同居，則固兩無大功之親，相依年久，且又以彼貨財築此宫廟，而歲時藉以奉祀矣。其後，或繼父自有子，或立同宗爲後，乃異居，而其初同居之誼，猶夫故也。以異居，故不服期；以先嘗同居，故齊衰未可改也。恩同于父，亦非過論。又案：檀弓有論同母異父之昆弟之服者，蓋指此嘗同居後異居者也。繼父後有子，乃相爲昆弟服繼父，故并論其子之相爲服，而或以爲大功，或以爲齊衰耳。若本非同居，則嫁母且絶，不爲親矣。母之後夫與後夫所生之子，皆路人也，何服之可議乎？要之，先即同居，而異父之昆弟不應有服，故經無其文，而子夏以爲「未之前聞也」。齊功紛紜，殊爲多事。又案：父子祖孫，服有重輕，無不相爲服者，繼父而不報，則踰于祖父矣，無此理也。不杖期可施于卑者，乃斬此三月乎？經不言報，或傳寫失之。

曾祖父母。 疏：曾、高本合小功，加至齊衰，故次繼父之下。此經直云曾祖，不言高祖。案族祖父以高祖之孫而緦麻，則高祖有服明矣，故此注兼曾、高而説也。經不言者，見其同服可知。

袁氏準曰：案喪服云「爲曾祖父母齊衰三月」，自天子至于士一也。祖期，則曾祖大功，高祖小功，而云「三月」者，此通遠祖之言也。今有彭祖之壽，無名之祖存焉。爾雅有來孫、雲孫、仍孫、昆孫，有相及者故也。十代之祖在堂，則不可以無服也。郯子曰：「我高祖少皞摯之立也」，非五代祖也；蒯聵禱康叔自稱「曾孫」，非四代之曾孫。然則，高，遠也，無名之祖希及之矣，故不復分别而重言之也。

問：魏徵加服。朱子曰：「觀當時所加曾祖之服，仍爲齊衰而五月，非降爲小功也。今五服格仍遵用之。雖於古爲有加，然恐亦未爲不可也。」

沈氏括曰：喪服但有曾祖、曾孫，而無高祖、玄孫。或曰經之所不言則不服。是不然。曾，重也。自祖而上者，皆曾祖也。自孫而下者，皆曾孫也。雖百世可也。苟有相逮者，則必爲服喪三月。故雖成王之于后稷，亦稱曾孫，而祭禮祝文，無遠近，皆曰曾孫。

黄氏榦曰：唐貞觀十四年，侍中魏徵奏：「謹案高祖、曾祖，舊服齊衰三月，請加爲齊衰五月。」開元禮爲曾祖父母齊衰五月，高祖父母齊衰三月。今服制令爲曾祖父母齊衰五月，爲高祖父母齊衰三月。

敖氏繼公曰：曾猶重也，謂祖之上又有祖也。

顧氏炎武曰：禮記祭法言「適子、適孫、適曾孫、適玄孫、適來孫」，左傳王子虎盟諸侯，亦曰「及而玄孫，無有老幼」。玄孫之文，見于記傳者如此。然宗廟之中，並無此稱。詩維天之命：「駿惠我文王，曾孫篤之。」鄭氏箋曰：「曾猶重也。自孫之子而下，事先祖皆稱曾孫。」禮記郊特牲稱「曾孫某」，注：「謂諸侯事五廟也。于曾祖已上稱曾孫而已。」左傳哀公二年，衛太子禱文王稱「曾孫蒯聵」。晉書鍾雅傳：「元帝詔曰：禮，事宗廟，自曾孫已下皆稱曾孫。義取于重孫，可歷世共其名，無所改也。」曾祖父母齊衰三月，而不言曾祖父之父母，非經文之脱漏也，蓋以是而推之矣。凡人祖孫相見，其得至于五世者鮮矣。壽至八九十而後，可以見曾孫之子，百有餘年而曾孫之子之子亦可見矣。人之壽以百年爲限，故服至五世而窮。苟六世而相見焉，其服不異于曾祖也。經于曾祖已上不言者，以是而推之也。觀于祭之稱「曾孫」，不論世數，而知曾祖之名統上世而言之矣。

盛氏世佐曰：案爾雅云：「曾祖王父之考爲高祖王父，曾祖王父之妣爲高祖王母。」然則高祖之名，非起于後人矣。爾雅又云：「曾孫之子爲玄孫，玄孫之子爲來孫，來孫之子爲晜孫，晜孫之子爲礽孫，礽孫之子爲雲孫。」自玄孫而下，五世各有名稱。而宗廟之中，自孫之子而下皆稱「曾孫」者，不惟義取于重，且以玄孫等皆疏遠之名，故不稱也。異其名者，所以别世數；同其稱者，見其世雖遠，而事先之情如一也。然爾雅孫之名及于八世，而祖之名止于四世，高祖父之父母，其謂之何？曰：自高祖王父之考以上，統謂之祖而已。祭法云：「王立七廟，一壇一墠，曰考廟，曰王考廟，曰皇考廟，曰顯考廟，曰祖考廟。」所謂祖考者，即高祖王父之考也。而直云祖考，則自此以上，都無異名可知。喪服經但著曾祖父母之服，而高祖已上略而不言，以其相及者鮮，且自曾祖而推之可知也。顧云「苟六世而相見焉，其服不異于曾祖」是也，云「曾祖之名統上世而言之」，則非矣。

傳曰：何以齊衰三月也？小功者，兄弟之服也，不敢以兄弟之服服至尊也。注：正言小功者，服之數盡于五，則高祖宜緦麻，曾祖宜小功也。據祖期，則曾祖宜大功〔一〕，高祖宜小功也。高祖、曾祖皆有小功之差，則曾孫、玄孫爲之服同也。重其衰麻，尊尊也。減其日月，恩殺也。疏：三年問云：「何以至期也？曰：至親以期斷。」又云：「然則何以三年也？曰：加隆焉爾也。」是本爲父母期而加隆至三年。若謂爲父母期，則爲祖宜大功，曾祖宜小功，高祖宜緦麻。若爲父加隆三年，則爲祖宜期，曾祖宜大功，高祖宜小功，是「高祖、曾祖皆有小功之差」也。曾祖中既兼有高祖，是以云曾孫、玄孫各爲之齊衰三月也。

敖氏繼公曰：兄弟之服，大功以下皆是也。小功者，據當爲曾祖之本服言也。曾祖本小功，以其爲兄弟之服，不宜施于至尊，故服以齊衰三月焉。此其日月雖減于小功，而衰麻之屬實過于大功，且專爲尊者之服，是以日月之多寡有所不計，禮有似殺而實隆者，此之謂與？曾祖之父，本服在緦麻，若以此傳義推之，則亦當齊衰，而經不言之者，蓋高祖、玄孫亦鮮有相及者也。

〔一〕「宜」，諸本脱，據儀禮注疏卷三一補。

郝氏敬曰：五服論布，斬衰三升，齊衰四升，繐衰四升半，大功八升九升，小功、緦麻十升十一升。其繐衰，唯諸侯之大夫爲天子服。餘五服，父斬，母齊，祖大功，曾祖小功，高祖緦麻，此常數應爾。然大功，從兄弟之服也，故不以服祖，而以齊衰期年；小功，從祖兄弟之服也，豈可以服其曾祖乎？故爲之齊衰三月。此謂「不敢以兄弟之服服至尊」，然則高祖又可以緦麻之服服乎？亦齊衰可知。案齊衰三月，專爲尊者之義服。功爲兄弟之服，緦爲外親之服，大較似此。

華氏學泉曰：或問：儀禮不載高祖之服，何也？曰：高、曾同服也。其高、曾同服，何也？曰：齊衰三月爲尊者之服也。故臣爲舊君則服，庶人爲國君則服，大夫、士爲宗子、宗婦則服。以是爲尊尊之服，不可有所隆替，故高、曾同服也。聖人之制服，恩與義而已，自仁率親，等而上之至于祖，名曰輕，其恩輕也；自義率祖，順而下之至于禰，名曰重，其義重也。義莫重于尊祖，自曾祖而上之，其尊同也；自高祖而上之，其尊同也。尊同，故服之皆以齊衰，無隆殺也。高、曾之服主以義，不主以恩，其恩皆輕，故服之同以三月，無久近也。唐貞觀間，更定爲曾祖齊衰五月，爲高祖齊衰三月，例以小功、緦麻之月數，而高、曾祖之服，亦以次而降殺，非制禮之初意矣。

蔡氏德晉曰：高、曾父母服，至三月無可復減，然恩之隆殺，服之輕重，以曾祖擬高祖，當有差等，則唐太宗之增曾祖爲五月，雖聖人復起，弗可改也已。

欽定義疏：案天子、諸侯之曾祖父母，即開創始封，亦罕相及。相及則服從同。

若天子諸侯之曾孫爲其曾祖父，則當以臣爲君之服服之。康成云「天子、諸侯之喪皆斬衰，無期」是也。

大夫爲宗子。疏：大夫尊，降旁親皆一等。尊祖故敬宗，是以大夫雖尊，不降宗子，爲之三月。宗子既不降，母、妻不降可知。

敖氏繼公曰：亦與宗子絶屬者也。前條云「丈夫、婦人爲宗子、宗子之母、妻」，大夫此服，既如衆人，則命婦亦宜然也。此但云「大夫爲宗子」，不云命婦，又不云宗子之母、妻，各見其尊者爾。

郝氏敬曰：前言「大夫、婦人爲宗子」，此又言大夫，疑大夫貴，可降耳。大夫不降，則宗子重可知。

盛氏世佐曰：案唯云「宗子」，則宗子之母、妻蓋無服矣。此則其異于衆人者也。下文言舊君，而不及君之母、妻，意亦類此。

傳曰：何以服齊衰三月也？大夫不敢降其宗也。

敖氏繼公曰：言不敢降，則是宗子爲士也。絶屬者且不降，則有親者亦服之如邦人可知矣。

欽定義疏：此本無服，以重大宗，故服之，非不降例也。曰「不敢降」，亦立文不得不然耳。宗子爲大夫，則尊同；其爲士者，應以尊降。此云「不降」，蒙前條之皆爲士者也。

蕙田案：喪服言宗子之服，皆指大宗言。或云兼四小宗者，非是。四小宗自有本服，不另立服也。

舊君。注：大夫待放未去者。　疏：舊君以重出，故次在此。

雷氏次宗曰：經前已有「爲舊君」，今復有此「舊君」，傳所以知前經是仕焉而已，後經是待放未去者。蓋以兼服小君，知恩有深淺也。仕焉而退，君臣道足，恩義既施，恩及母妻。今被放而去，名義盡矣。若君不能掃其宗廟，則但不爲戎首而已。以其猶復未絶，故得同于人庶，適足以反服于君，不獲及其親也。

敖氏繼公曰：此即在外之大夫爲之也。子思子曰：「古之君子，進人以禮，退人以禮，故有舊君反服之禮。」孟子曰：「諫行言聽，膏澤下于民；有故而去，則君使人導之出疆，又先於其所往；去三年不反，然後收其田里。此之謂三有禮焉。如此，則爲之服矣。」爲舊君之義盡之。

郝氏敬曰：前言「舊君」，謂嘗仕焉而已者。此則仕而貴爲大夫者也。

盛氏世佐曰：案此亦大夫爲之也。何大夫之謂乎？去而復仕于他國者也。上已言「舊君」矣，此復著之者，嫌其或以後貴而降也。舊君，諸侯之被廢者也。下文云「爲士者」，即其人矣。諸侯被廢，不必又爲士，而用士禮終其身，故亦以「爲士者」言之。記言「諸侯失國而死，祭以士禮，尸服以士服」，此之謂也。經「大夫爲宗子、舊君、曾祖父母爲士者如衆人」十七字，宜作一句讀，其義自見。四人之服，皆已見于上而重出者，上爲衆人言，此爲大夫服之亦如是也。經文本是連貫，自後儒以傳文散屬其下，而經文遂裂「舊君」二字，上無所承，下無所屬，注家嫌其重出，則以「大夫待放未去」者爲解，而經義失矣〔一〕。又案周之盛時，諸侯黜陟之權操于天子，巡狩、述職、貢士諸大典，皆所以考察其賢否而誅賞之也。如王制、射義所言，則其時固有貶爵削地而無所姑息者矣，故寄公爲所寓，大夫爲舊君爲士者，皆爲制服，列之于經。此諸侯所以不敢放恣也。以後事證之，黎侯之于衛君，是寄公爲所寓也；百里奚之于虞公，是大夫爲舊君爲士者也。

蕙田案：此章言「舊君」者三：前一條以在國之臣言之，後二條以去國之臣言之。前條則指凡仕者，此條則指爲大夫者，非待放未去之謂，亦不指被廢之諸侯。諸侯失國，祭以士禮，于記有之。然如盛氏謂諸侯失國而爲士，則恐未然。此條但蒙上大夫爲文，不合以下爲士者爲文。

傳曰：大夫爲舊君，何以服齊衰三月也？大夫去，君埽其宗廟，故服齊衰三月也，言與民同也，何大夫之謂乎？言其以道去君，而猶未絶也。注：以道去君，謂三諫不從，待放于郊。未絶者，言爵禄尚有列于朝，出入有詔于國，妻子自若民也。疏：不言士者，此主爲待放未

〔一〕「解」、「經」，原誤倒，據光緒本、儀禮集編卷二三乙正。

絶。大夫有此法，士無待放之法。不言公卿及孤者，詩云「三事大夫」，則公卿亦號大夫。

敖氏繼公曰：云「君埽其宗廟」，見猶望其復反之意，所謂「猶未絶」者此也。然則已絶者，其不爲此服乎？亦似與經意異矣。

郝氏敬曰：「埽其宗廟」，謂故家世族，誼無可絶，以禮致仕，非奔放之比。前舊君服言「與民同」者，無官削籍，本與民同。此「與民同」者，致臣而去，退自處于編氓者也，故傳設言「何大夫」以明之。

張氏爾岐曰：此章言爲舊君者三：爲舊君及其母、妻，此昔仕今已在其故國者也；大夫在外，此其身已去，其子尚存本國者也；此言舊君，則大夫去而未絶，孟子所謂「三有禮」者也。「埽其宗廟」，謂使宗族爲之祭祀。爵禄有列，謂舊位仍在。出入有詔于國，疏以爲兄弟宗族猶存，吉凶書信，相告不絶。

盛氏世佐曰：案傳云「大夫爲舊君」，蒙上文「大夫」而言也。然經所陳，乃去而復仕之大夫，傳以去而未絶者釋之，似少異矣。云「君埽其宗廟」者，謂使族人攝祭糞除其宗廟也。以道去君，見不以罪逐也。未絶者，言君臣之義猶未絶。此傳與子思、孟子之言相類。

欽定義疏：鄭氏「大夫待放未去者」，案傳言「已去」，注何云「未去」乎？若未去，豈煩君之埽其宗廟耶？注欲與前經「大夫在外」條區而爲二，故强别之。且人臣進以禮，退以義，去國之道多端。孔子席不暇煖，燔肉不至，不稅冕而行。孟子亦言所去三、所就三矣，豈必皆待放者乎？　又案爲舊君凡三條：第一條，「大夫士仕焉而已者」，在國者也。在國，故服君而并服其母、妻也。第二條，大夫身已去國，而妻若長子尚留者也。妻、長子服君，則不服君之母、妻矣。身在外，未仕則服，已仕則不服也。第三條，則指言大夫去國而未仕者，其妻若子皆已去可知。

蕙田案：義疏分解舊君三條，最爲明晰。徐乾學解大夫在外，以爲惟妻與長子行服而其身則不服，似未安。黄乾行遂以爲君收其宗廟不使爲祭祀，如孟子所謂「去之日，遂收其田里」者，是以大夫無服，惟其妻與長子服。案果如此，則是恩義已絶，大夫之無服宜矣。然妻從夫服，何以夫不服而妻反服之耶？説似難通。

曾祖父母爲士者，如衆人。

敖氏繼公曰：不云如士，而云如衆人，是庶人之服亦如士禮矣。

張氏爾岐曰：此上三節，並承「大夫爲」三字。

盛氏世佐曰：案爲士者，統謂宗子、舊君、曾祖父母也。如衆人，言大夫爲此四人服，不異于衆人之齊衰三月也。言此者，嫌其當以尊降。

傳曰：何以齊衰三月也？大夫不敢降其祖也。疏：經不言大夫，傳爲大夫解之者，以其言曾祖爲士者，故知對大夫下爲之服。

敖氏繼公曰：經言「大夫爲宗子，舊君，曾祖父母爲士者」，蓋連文也，故傳于此以大夫言之，非專取「爲士」之文也。

女子子嫁者、未嫁者，爲曾祖父母。疏：此亦重出，故次在男子曾孫下也。但未嫁者同于前爲曾祖父母，今并言嫁者，女子子有嫁逆降之理，故因已嫁，并言未嫁。

敖氏繼公曰：此不降之服，似不必言未嫁者，經蓋顧「大功」章立文耳。女子子之適人者，降其父母一等，乃不降其祖與曾祖者，蓋尊服止于齊衰三月。其自大功以下，則服至尊者不用焉。故父母之三年可降而爲齊衰期，而祖之齊衰期不可降而爲大功，曾祖之齊衰三月又不可降而無服，此所以祖及曾祖之服俱不降也。

欽定義疏：「大功」章「女子子嫁者、未嫁者，爲世父母、叔父母、姑、姊妹」，則成人未嫁者得降其旁親也。彼降此不降，而兼言未嫁者則同，故敖氏云然。此經主爲士之女子子言之，而大夫以上至天子之女子子並同。即大夫女爲諸侯夫人，諸侯女爲天王后者，於曾祖父母無不服也。若於其曾祖父母，爲天子、諸侯者，則又不止三月而已。

傳曰：嫁者，其嫁於大夫者也。未嫁者，其成人而未嫁者也。何以服齊衰三月？不敢降其祖也。注：言嫁于大夫者，明雖尊猶不降也。成人謂年二十已笄醴者也。此著不降〔一〕，明有所降。疏：「雖尊猶不降」，則適士者以下不降可知〔二〕。云「成人」，謂年二十已笄，以醴禮之。若十五許嫁，亦笄爲成人。但鄭據二十笄者而言之。云「此著不降，明有所降」者，案「大功」章「女子子嫁者、未嫁者，爲世、叔父母」，如此類是有所降也。

敖氏繼公曰：傳意謂嫁于大夫者，雖尊猶不敢降其祖。然則，大夫妻亦有降，其本族之旁親，與士妻異者乎？又所謂成人而未嫁者，與不敢降之意尤不相通，傳似失其旨矣。

郝氏敬曰：傳知爲大夫妻者，承上大夫言。唯大夫妻有降服。未嫁不降，人知之；已嫁不降，人不知。成人乃備禮，故曰「其成人未嫁者也」。

盛氏世佐曰：案女子子嫁者，于其旁親皆降一等，以出降也，若爲命婦，則于其旁親之爲士者又降一等，以尊降也。唯于祖父母、曾祖父母，則各以本服服之。二者之降皆無焉，正尊故也。云「成人而未嫁」者，女子子在室與男子同，不待言也，成人則有出道，嫌或有所降，故傳據此言之。

欽定義疏：大夫妻于本族之旁親不降一等，以異于士之妻者。父族之爲士者，

〔一〕「著」，諸本作「者」，據儀禮注疏卷三一改。下「此著不降」同。
〔二〕「者」，原脱，據光緒本、儀禮注疏卷三一補。

爲其姑、姊妹、女子子之適人者，不可以其嫁于大夫而爲之加服，故還爲父族服者，雖旁親無降之之法也。若大夫女爲諸侯夫人，諸侯女爲天王后者，則惟服其正尊與昆弟之爲父後者，而旁親無服矣。此經本意，惟對出降而言，故云「嫁者、未嫁者」，明嫁者與未嫁者同，不以出適而降也。傳乃以「嫁于大夫」爲辭，故敖氏以爲失其旨。

右齊衰無受

五禮通考卷二百五十六

凶禮十一

喪禮

殤大功九月七月

儀禮喪服：大功布衰裳，牡麻絰，無受者。注：大功布者，其鍛治之功麤沽之。疏：章次此者，以其本服齊衰期，爲殤死，降在大功，故在正大功之上，義齊衰之下也。不云月數者，下文有纓絰、無纓絰，須言七月、九月，彼已見月，故於此略之。云「無受」者，以傳云「殤文不縟」，不以輕服受之。斬麤〔一〕，皆

〔一〕「麤」，諸本作「齊」，據儀禮注疏卷三一改。

不言布與功，至此輕始言布體與人功〔一〕。斬衰冠六升，不加灰。此七升，言鍛治可以加灰矣，但麤沽而已。言大功者，用功麤大，故沽疏。其言小者，對大功是用功細小。

楊氏復曰：斬衰冠繩纓，齊衰冠布纓，齊衰以下不見所用何纓。又案雜記云：「緦冠繰纓。」注云：「繰，當爲澡麻帶絰之澡。謂有事其布以爲纓。」以此條推之，則自緦而上，亦皆冠布纓而未澡，而緦始澡其纓耳。

郝氏敬曰：不言冠帶屨，與疏衰同。不言月數，或七或九，具各條。無受者，七月九月，即本衰絰終限〔二〕。不以既葬易輕服，情重也。

張氏爾岐曰：此降服大功，衰七升，冠十升。

子、女子子之長殤、中殤。注：殤者，男女未冠笄而死，可殤者。女子子許嫁，不爲殤也。

疏：子、女子子在章首者，以其父母于子哀痛情深，故在前。兄弟之子亦同此，而不別言者，兄弟之子猶子，故不言。且中殤或從上，或從下，是則殤有三等，制服惟有二等者，欲使大功下殤有服故也。若服，亦三等，則大功下殤無服矣，聖人之意然也。

敖氏繼公曰：言「子」，又言「女子子」以殊之，是經之正例。凡言子者，皆謂男子，益可見矣。此

〔一〕「人」，原作「大」，據味經窩本、乾隆本、光緒本、儀禮注疏卷三一改。
〔二〕「衰」上，諸本衍「齊」字，據儀禮節解卷一一删。

子之殤服，不分適庶，但俱從本服而降者，以齊衰服重，不宜用之于殤也。經言男女爲殤之節如此，則是古者男女必二十乃冠笄，明矣。

郝氏敬曰：殤，傷也，夭死曰「殤」，父母爲男女期，童幼未可齊衰，故降服大功。

盛氏世佐曰：案小記云：「丈夫冠而不爲殤，婦人笄而不爲殤。」二十而冠笄，禮之常也。其有早笄者，因事而禮之耳。雜記云：「女子十有五年許嫁，笄而字。」女子之笄，猶男子之冠也，故注云「許嫁不爲殤」。然則，古無幼而許嫁者矣。

華氏學泉曰：或問：殤服可去乎？曰：如之何其可去也！夫殤服，聖人之所重也。長殤、中殤降一等，下殤降二等，以其未成人，故降之也。而其降有差，十九至十六爲上殤，十五至十二爲中殤，十一至八歲爲下殤。其丈夫爲殤之服者，齊衰之殤中從上，大功小功之殤中從下。其婦人爲夫之黨服者，齊衰之殤中從上，大功、小功之殤中從下。聖人所以差而等之，酌乎其情而遞殺之若是，其弗敢有所過也，然而重哀之矣。夫聖人制服，其重者以漸而即輕，故大功三月，受以小功；小功三月，受以緦麻。獨于殤無受。傳之者曰「喪成人者其文縟，喪未成人者其文不縟」也。而未盡然也。蓋一降不容再降，既已降其重而即輕，而更受之以輕，將齊衰下殤夷于緦麻，聖人之所不忍也。且夫喪莫重于三年，而小功、緦麻得變三年之葛，終殤之月算而返，聖人豈重小功、緦麻之殤而輕父母之三年哉？誠以小功、緦麻之殤皆從齊衰、大功之親而降，情有所不容已也。是故小功卒哭可以冠、娶妻，而下殤之小功則不可。小功不税，降而在緦、小功則税之。凡降服皆重于正服者，何也？緦、小功之殤，既皆齊衰、大功之親，恩情本重，故一降不容再降，聖人所爲權輕重之中，使合乎人情，當乎天理也。夫再降且不可，況從而去之乎？自周公制禮，迄明洪武以前，二千餘年莫之有改也。洪武以後始去。今之制，乃明洪武之制也。

傳曰：何以大功也？未成人也。何以無受也？喪成人者其文縟，喪未成人者其文不縟，故殤之絰不樛垂，蓋未成人也。年十九至十六爲長殤，十五至十二爲中殤，十一至八歲爲下殤，不滿八歲以下爲無服之殤。無服之殤，以日易月。以日易月之殤，殤而無服。故子生三月則父名之，死則哭之，未名則不哭也。注：縟猶數也。其文數者，爲變除之節也。不樛垂者，不絞其帶之垂者。雜記曰：「大功以上散帶。」以日易月，謂生一月者，哭之一日也。殤而無服者，哭之而已。爲昆弟之子、女子子亦如之。凡言子者，可以兼男女。又云女子子者殊之，以子關適庶也。疏：三等殤，皆以四年爲差，取法四時穀物變易故也。又以八歲已上爲有服，七歲已下爲無服者。案家語本命云：「男子八月生齒，八歲齔齒。女子七月生齒，七歲齔齒。」今傳據男子而言，故八歲已上爲有服之殤也。傳必以三月造名，始哭之者，以其三月一時，天氣變，有所識眄，人所加憐，故據名爲限也。云「未名則不哭也」者，不止依以日易月而哭〔一〕，初死亦當有哭而已。注云「變除

〔一〕「止」，諸本作「正」，據儀禮注疏卷三一改。

之節」者，成人之喪，既葬，以輕服受之，男子除于首，婦人除于帶是也。今于殤則無此變除之節數，月滿則除之。云「不絞帶之垂」者，凡喪，至小斂皆服，未成服之麻，麻帶，大功以上散帶之垂者，至成服乃絞之，小功已下，初而絞之。今殤大功，亦于小斂服麻，散垂，至成服後，亦散不絞，與成人異也。云「生一月者哭之一日也」者，若至七歲，歲有十二月，則八十四日哭。此則唯據父母于子，不關餘親。王肅、馬融以爲日易月者，以哭之日易服之月，殤之期親則以旬有三日哭，緦麻之親則以三日爲制。若然，哭緦麻三月喪與七歲同。又此傳承父母子之下，而哭緦麻孩子，疎失之甚也。

通典：徐整問射慈曰：八歲以上爲殤者服，未滿八歲爲無服。假令子以元年正月生，七歲十二月死，此爲七歲，則無服也。或以元年十二月生，以八年正月死，以但跨八年〔一〕，計其日月，適六歲耳，然號爲八歲，日月甚少。全七歲者，日月爲多。若人有二子，各死，如此，其七歲者獨無服，則父母之恩有偏頗。答曰：凡制數，自以生月計之，不以歲也。問曰：無服之殤，以日易月，哭之于何處？有位無？答曰：哭之無位。禮，葬下殤于園中，則無服之殤亦于園也，其哭之就園也。崇氏問云：舊以二日易月，謂生一月，哭之一日。又學者云以日易月者，易服之月，殤之期親者，則以十三日爲之制。二義不同，何以正之？淳于睿答曰：案傳之發，正于期年之親而見服之殤者，以周親之重，雖未成殤，應

〔一〕「跨」，原作「殘」，據通典卷九一校勘記改。

有哭日之差〔一〕。大功已下，及于緦麻，未成殤者，無復哭日也。何以明之？案長殤、中殤俱在大功，下殤小功，無服之殤，無容有在緦麻。以其幼稚，不在「服」章，隨月多少而制哭日也。大功之長殤俱在小功，下殤緦麻，無服之殤，則已遏絶，無復服名，不應制哭，故傳據期親以明之。且緦麻之長殤，服名已絶，不應制哭。豈有生三月而更制哭乎？范甯與戴逵書，問馬、鄭二義，逵答曰：「夫易者，當使用日則廢月，可得言易耳。鄭以哭日準平生之月，而謂之易。且無服之殤，非惟期親七歲以下也。他親長中，降而不服，故傳曰『不滿八歲以下皆爲無服之殤』也。如馬義，則以此文悉關諸服降之殤者。若如鄭義，諸降之殤，當作何哭耶？若復哭其生月，則緦麻之長殤，決不可二百餘日哭。鄭必推之于不哭，則小功之親，以志學之年，成童而夭，無哭泣之位，恐非有情者之所允也。」甯又難逵曰：「傳曰『不滿八歲爲無服』，則八歲已上不當引此也。尋制名之本意，父之于子，下殤小功，猶有緦麻一階，非謂五服已盡，而不以緦麻服之者，以未及人次耳。」杜氏祐曰：宋庾蔚之謂漢戴德云「獨謂父母爲子、昆弟相爲」，當不如鄭以周親爲斷。周親七歲以下，容有緦麻之服，而不以緦麻服之者，以其未及于禮，故有哭日之差耳。他親有三殤之年，而降在無服者，此是服所不及，豈得先以日易月之例耶？戴逵雖欲申馬難鄭，而彌覺其躓。范甯難之，可謂當矣。案束晳通論無服之殤云：「禮，緦麻不服長殤，小功不服中殤，大功不爲易月哭，唯齊衰乃備四殤焉。凡云男二十而冠，三十而娶，女十五許嫁而笄，二十而出，並

〔一〕「日」，諸本脱，據通典卷九一補。

禮之大斷。至于形智夙成，早堪冠娶，亦不限之二十矣。笄冠有成人之容，婚嫁有成人之事，鄭玄曰：『殤年爲大夫乃不爲殤，爲士猶殤之。』今代則不然，受命出官，便同成人也。」

程子曰：無服之殤，更不祭。下殤之祭，父母主之，終父母之身。中殤之祭，兄弟主之，終兄弟之身。上殤之祭，兄弟之子主之，終兄弟之子之身。若成人而無後者，兄弟之孫主之，亦終其身。凡此皆以義起也。

劉氏敞曰：以日易月者，假令長子也，其本服三年，以日易月，則殤之二十五日；餘子也，其本服期，以日易月，則殤之十三日。

黄氏榦曰：此章子夏傳文，通言爲殤之義，不專爲子女子子而言也。今以其舊文在此，不敢輒易。

敖氏繼公曰：文，謂禮文也。樛，當作「繆」。檀弓曰：「齊衰而繆絰。」正謂此也。繆，絞也。絰，謂首絰也。垂者，其纓也。殤絰之有纓者，不絞其纓而散之，此亦異於成人者，故以證之。無服之殤，以日易月，惟用於凡有齊斬之親者，自大功之親以下則否。蓋齊斬之長殤、中殤大功，下殤小功，以次言之，則七歲以下猶宜有服，但以其不入當服之限，是以略之。然其恩之輕重，與殤之在緦麻者相等，故不可不計日而哭之。若滿七歲者，哭之八十四日，則亦近于緦麻之日月矣，是其差也。知大功以下之親則否者，大功之下，殤在緦麻，則七歲者自無服，故不必以日易月哭之也。子生三月則父名之者，三月天時一變，故名子者法之。未名則不哭者，子見於父，父乃名之，未名則是未之見也。未見則未成父子之恩，故不哭也。其他親之哭與否，亦以此爲節。此義與婦之未廟見而死者相類。

郝氏敬曰：繁文曰縟。既葬，易衰受冠，乃所謂縟文也。情直禮簡，故無受。「樛」作「絞」，猶「校庠」作「膠庠」。大功以上小斂襲絰散帶，成服後絞。殤麻，雖成服不絞，未成人禮簡，亦不受之類。以日易月，應服七月者，哀傷不過七日；應服九月者，哀傷不過九日，如不飲酒、不作樂之類。

盛氏世佐曰：案絰，敖云「首絰」，是也。木下曲曰樛。喪成人者，以絰圍繞髮際，有餘，因垂之于項後，如木之下曲然，其文縟也。殤服之絰，僅足以繞額而已，不下曲而垂之，亦簡略之一事，故引以爲不縟之證。以日易月，如注說，則哭之日數太多；如郝氏說，又失之太少。劉氏之言，庶得其中乎？說者謂漢文短喪，以日易月，其言蓋出于此。然漢文以二十七月之喪更制爲三十六日之服，實非以日易月之比也。又案劉說原本于馬融、王肅，而惟據齊斬之親，不兼大功以下者言，則勝于舊矣。

欽定義疏：案注以「不樛垂」者爲要帶，絰雖以絰該帶，然正言絰者，必首絰也。夫要帶則豈可以九月之久而終不絞之乎？檀弓繆絰與環絰對言，明非要帶。彼注云「繆，當爲不樛垂之樛」，彼此互證，足以明之矣。此又引雜記何耶？云繆有不繆者，此殤大功之絰是已。由此推之，則敖氏謂斬齊大功之絰，或以本爲纓，或不以本爲纓，而皆以絰爲之纓也審矣。　案劉氏敞所言，即疏所駁馬氏、王氏之舊説也。殤服之上中下，以長少爲差，則無服之殤，亦當以歲月爲差。而自七歲以下，三月既名以上，不可一例視之明矣。故期親而殤未及歲者，既名則哭之三日。其歲月遞多，則哭之日亦遞增，以至于八十四日而止。論者猥疑八十四日之過多，而欲以本服之月爲月。夫本服之月，則七歲以下、既名以上之所同也，可無差次乎？且功緦之殤可以無哭，而哭之以九日、五日、三日，則失之重；期之殤至六七歲，而限以十三日之哭，則失之輕。既乖疏戚之倫，又混長少之次，其不然也決矣。上中下殤，分年而立之限。禮之品節，不得不然。然早冠早昏者，古多有之。而已冠已昏，即不爲殤。又世爵而有臣，早仕而服官者，亦不爲殤，可見成法一定，而變而通之亦存乎其中矣。孔子謂嬖童汪踦能執干戈以衛社稷，可以勿殤。由此推之，則凡十六以上，或學通一藝，或勤效一職，似皆可比于勿殤之義。但此通變之法，多在上殤，而中殤以下，無庸意爲升降，則以上殤之近于成人焉耳。

蕙田案：以日易月之義，馬、鄭不同，後儒亦各持一説，如七歲之殤，哭之至八十四日，似乎太多，故徐氏乾學以爲未合禮。然王氏、馬氏推及緦麻之親，又似太泛。義疏所以舍馬而從鄭，要此皆用于齊斬之親，自大功以下則否，則敖氏之説爲得也。

叔父之長殤、中殤，姑姊妹之長殤、中殤，昆弟之長殤、中殤，夫之昆弟之子、女子子之長殤、中殤。

黄氏榦曰：妾服見「大功」章「大夫之妾爲君之庶子」條。

敖氏繼公曰：「小功」章云「昆弟之子、女子子、夫之昆弟之子、女子子之下殤」，則此服亦夫妻同也。是章中不見「昆弟之子、女子子」，今以下章例之，復考其尊卑親疏之次，則知亦當有此七字，蓋傳寫者以其文同而脱之耳。

適孫之長殤、中殤，大夫之庶子爲適昆弟之長殤、中殤，公爲適子之長殤、中殤，大夫爲適子之長殤、中殤。注：公，君也。諸侯大夫不降適殤者，重適也。天子亦如之。疏：自叔父至大夫庶子爲適昆弟之長殤、中殤，皆是成人齊衰期。長殤、中殤，殤降一等，在大功，故於此總見之。又皆尊卑爲前後次第，作文也。公爲適子，大夫爲適子，皆是正統，成人斬衰，今爲殤死，不得著代，故入大功。特言適子者，天子、諸侯於庶子則絶而無服，大夫于庶子降一等，故於此不言，唯言適子也。若然，二適在下者，亦爲重出其文故也。

敖氏繼公曰：公亦有爲適子長殤之服，則國君之世子亦必二十而後冠，如衆人矣。

欽定義疏：適孫，謂適子死而適孫應受重者，大夫以上亦如之，不言者，重適之義一也。不降不絶，如其殤服服之，可依適子而推耳。晉摯虞議惠帝皇太孫尚之喪，曰：「太子初生，舉以成人之禮，則殤理除矣。太孫亦體君傳重，由位成而服，全非以年也。天子無服殤之義，絶期故也。」案天子、諸侯不絶正統之服，成人不絶，則殤亦不絶矣。摯虞乃謂「天子無服殤之義」，顯與經背。古者太子生，以太子生之禮舉之，如春秋傳接以太牢、卜士負之之等是也，不聞以成人之禮舉之也。此經諸侯有殤服，則髫齔之不可以爲成人明矣。虞意蓋欲群臣以成人之服服太孫，而惠帝則不服耳，不知臣從君服。惟君服斬者，臣服期，若君服期，則臣不從服，況殤之降而在功緦者乎？

其長殤皆九月，纓絰。其中殤七月，不纓絰。注：絰有纓者，爲其重也。自大功以上，絰有纓，以一條繩爲之。小功以下，絰無纓也。疏：絰之有纓，所以固絰，猶如冠之有纓以固冠，亦結於頤下也。五服之正無七月之服，唯此大功中殤有之，故禮記云「九月、七月之喪，三時」是也。諸文唯有冠纓，不見絰纓。鄭檢此經長殤有纓法，故知成人大功已上皆有之也。

敖氏繼公曰：纓絰，謂纓其絰也。纓即絰之垂者。此大功之纓絰，亦右本在上，其異于成人者，散而不絞爾。纓絰止于大功九月，故此七月者，亦有大功而不纓絰，所以見其差輕也。此經雖不纓，猶以麻之有本者爲之，以其爲大功之服也。

郝氏敬曰：長殤九月，中殤七月，不言下殤，降在小功也。成人大功，首絰不屬，皆有纓結項後。中殤大功七月，首絰加環，無纓，殺也。

盛氏世佐曰：纓，冠纓也。絰，要絰也。喪成人者其文縟，故其著冠也。通屈一條繩爲武，垂下爲纓。齊衰以下，以布爲之。又有要絰，以象大帶，皆儀文之繁縟者。長殤首絰不樛垂，略于成人矣，而有纓有絰，與成人同，中殤則并此二者而無之，不縟之甚也。

欽定義疏：絰以有纓無纓爲重服輕服之别，非藉以固絰也。如謂以固絰而已，則小功以下之無纓者，其謂之何？

右殤大功九月七月

大功九月

大功布衰裳，牡麻絰，纓，布帶，三月，受以小功衰，即葛，九月者。注：受猶承也。凡天子、諸侯、卿大夫既虞，士卒哭而受服。正言三月者，天子、諸侯無大功，主乎大夫士也。此雖有君爲姑、姊妹、女子子嫁於國君者，非内喪也。疏：天子七月而葬，諸侯五月而葬，虞而受服。若然，經正言三月者，主於大夫士三月葬者。云「非内喪也」者，彼國自以五月葬後服，此諸侯爲之，自以三月受服，同于大夫士，故云「主于大夫士也」。

敖氏繼公曰：齊衰以上，其經皆不言經纓，故于此成人大功言之。乃因輕以見重，且明有纓者之止于此也。「受以小功衰」者，説大功布衰裳，而以小功布衰裳受之也。即葛，脱麻經帶，就葛經帶也。三月而變衰葛，九月而除之。婦人異于男子者，不葛帶耳。小功亦然。檀弓曰：「婦人不葛帶。」此章特著受月者，以承上經無受之後，嫌與之同，亦且明受衰之止于此也。此三月受服，上下同之。章内有君爲姑、姊妹、女子子嫁于國君者，而服問又言君主適婦之喪，是諸侯雖無大功，而于其尊同者若所不可得而絶者，亦服此服也。其姑、姊妹、女子子之嫁于國君者，爲外喪，君之受服，固不視其卒哭之節。適婦雖内喪，而其禮則比于命婦，但三月而葬，故君亦惟三月而受服也。

盛氏世佐曰：案經兼在首在要者言。纓，冠纓。布帶，象大帶者。言布于纓帶之間，明是二者皆以布爲之也。即葛，謂首經、要經也。去麻服葛，無葛之鄉則用潁。帶本用布，至是則以輕細者易之，其輕重之差如衰。

傳曰：大功布九升，小功布十一升。注：此受之下也。以發傳者，明受盡于此也。又受麻經以葛經。問傳曰：「大功之葛，與小功之麻同。」疏：此章有降，有正，有義。降則衰七升，冠十升；正則衰八升，冠亦十升；義則衰九升，冠十一升。十升者，降小功。十一升者，正小功。傳以受服不言降大功與正大功，直言義大功之受者，鄭云「此受之下」，止據受之下發傳者，明受盡于此。義服大功，以其小功，至葬，惟有變麻服葛，因故衰無受服之法，故傳據義大功而言也。云「又受麻絰以葛絰」者，言受，衰麻俱受，而傳唯發衰，不言受麻以葛，故鄭解之。引間傳者，證經大功既葬，變麻爲葛，與小功初死同也。

敖氏繼公曰：大功布三等，受布二等。此於大功與受布各見一等者，但以其一一相當者言也。觀此，則其上二等之受布亦可見矣。

張氏爾岐曰：大功卒哭後，各以其冠爲受，或受十升，或受十一升。受十升者，降小功之布；受十一升者，正小功之布也。今傳據大功而言，故注云「受之下」。引間傳者，證大功葛絰大小之制也。

盛氏世佐曰：案大功布七升若八升若九升，傳惟云九升，舉其輕者，而重者可知也。小功布十升若十一升若十二升，傳惟云十一升，見大功三等之衰，其受同也。初喪之衰各異，而受衰同者，以其冠同也。冠同者，明其情有隆殺而服則同科也。斬衰受以齊衰之下，齊衰受以大功之上，大功受以小功之中，禮貴相變也。大功必受以中者，蓋欲以小功之下十二升者爲大功之受冠而然也。受服至是而窮矣，故小功以下無受。

姑、姊妹、女子子適人者。 疏：此等並是本期，出降大功，故次在此。

敖氏繼公曰：「不杖期」章不特著爲此親在室者之服者，以此條見之，蓋經之例然也，其他不見者放此。

郝氏敬曰：姑姊妹女四者已嫁，死，皆大功，在室皆期可知，故「不杖期」條不及。

欽定義疏：士之姑、姊妹，適士或大夫，其服並同。蓋婦人有出降之法，父族還以出降服之，不得以其嫁于大夫而爲之加服也。則嫁于大夫者，亦不得以己之尊而降父族之旁親矣。姑姊妹不言報者，以與「女子子」連文，且下經爲「衆昆弟姪」各有正條也。適人爲妾者亦同，不以其妾也而又降之。

傳曰：何以大功也？出也。注：出必降之者，蓋有受我而厚之者。疏：檀弓云：「姑、姊妹之薄也，蓋有受我而厚之者也。」夫自爲之禫杖期，故于此薄，爲之大功。

敖氏繼公曰：以出者降其本親之服，故此亦降之也。

從父昆弟。注：世父、叔父之子也，其姊妹在室亦如之。疏：昆弟親，爲之期。此從父昆弟，降一等，故次姑、姊妹之下。謂之從父昆弟，世叔父與祖爲一體，又與己父爲一體，緣親以致服，故云從也。

敖氏繼公曰：世叔父之子謂之從父昆弟者，言此親從父而別也，故以明之。從祖之義亦然。

爲人後者，爲其昆弟。疏：在此者，以其小宗之後大宗，欲使厚于大宗之親，故抑之，在從父昆弟之下。

傳曰：何以大功也？爲人後者，降其昆弟也。疏：案下記云「爲人後者，于兄弟降一等」，故大功也。若然，于本宗餘親皆降一等。

敖氏繼公曰：其姊妹在室亦如之。

盛氏世佐曰：不云報者，於「不杖期」章爲人後者爲其父母已言之矣，故此略之。

庶孫。注：男女皆是。下「殤小功」章曰爲「姪、庶孫丈夫婦人」同。疏：卑于昆弟，故次之。庶孫從父而服祖期，故祖從子而服其孫大功，降一等。云「男女皆是」者，女孫在室，與男孫同。

敖氏繼公曰：孫言庶者，對適立文也。孫于祖父母本服大功，以其至尊，故加隆而爲之期。祖父母于庶孫，以尊加之，故不報，而以本服服之也。

陳氏銓曰：自非適孫一人，皆爲世孫也。

郝氏敬曰：庶孫爲衆孫，異于無父繼祖之適孫也。孫于祖皆期，祖于孫皆大功，尊卑之殊也。

欽定義疏：有適子者無適孫，則適子在者，凡孫皆庶也。義見「不杖期」章「適孫」條。

適婦。注：適婦，適子之妻。疏：疏于孫，故次之。其婦從夫而服其舅姑期，其舅姑從子而服其婦大功，降一等者也。

蔡氏德晉曰：天子諸侯爲適子之婦亦大功，唐初加爲期年，後代因之。

傳曰：何以大功也？不降其適也。注：婦言適者，從夫名。疏：父母爲適長三年，今爲適婦不降一等服期者，長子本爲正體于上，故加至三年。婦直是適子之妻，無正體之義，故直加于庶婦一等，大功而已。

敖氏繼公曰：亦加隆之服，爲之大功，非不降之謂也。婦從其夫而服舅姑期，舅姑以正尊而加尊焉，故例爲之小功。此異其爲適，故加一等也。

欽定義疏：由適以之庶，則庶爲降；由庶以之適，則適爲隆。二義皆可通，而敖説爲正。

女子子適人者爲衆昆弟。注：父在則同，父殁，乃爲父後者服期也。疏：前云「姑、姊妹、女子子出適」在章首者，情重；此女子子反爲昆弟在此者，抑之，欲使厚于夫氏，故次在此也。

敖氏繼公曰：昆弟云衆，對爲父後者立文也，是亦主言父殁者之禮矣。禮，女子子成人而未嫁，或逆降其旁親之期服。此言已適人者，乃爲其昆弟大功，則是其旁親之期服之，不可以逆降者惟此耳。

盛氏世佐曰：案衆昆弟，凡不爲父後者皆是。「不杖期」章云「女子子適人者，爲其昆弟之爲父後者」，爲父後者，父之適長子也。不云適昆弟而云爲父後者，容立庶子及族人爲後也。此與大夫之庶子爲適昆弟期，同是應降而不降，重其繼世故也，不必父没乃爲之服期。

姪丈夫、婦人，報。注：爲姪，男女服同。疏：姪卑于昆弟，故次之。不言男子、女子，而言丈夫、婦人者，姑與姪，在室、出嫁同。以姪女言婦人，見嫁出。因此謂姪男爲丈夫，亦見長大之稱。是以鄭還以男女解之。

盛氏世佐曰：此與上節經文亦宜合爲一節，言女子子適人者，爲此四等之親服，而此四等之親亦以是服報之也。大夫，男昆弟及姪也；婦人，女昆弟及姪女也。此等皆期親，降在大功。云「婦人」者，明其不以女昆弟及姪女之出嫁而又降也。姑、姊妹適人者之服已見上文，於是復云報者，上主爲丈夫言，此則兼言婦人，故復云「報」以明之。

欽定義疏：此亦女子子適人者爲之也。本與上「衆昆弟」合爲一條，注家離之耳。章首已見爲姑姊妹適人者之服，此于衆昆弟、姪似不必言報，以姑姪兩出，或嫌不報，故言報也。姪之適人者，不以兩出而兩降也。姊妹亦然。

傳曰：姪者何也？謂吾姑者，吾謂之姪。疏：姪之名，惟對姑生稱，若對世叔父，惟得言昆弟之子，不得姪名也。

朱子曰：古人不謂兄弟之子爲姪，但云兄之子、弟之子。孫亦曰兄孫耳。二程子非不知此，然從俗稱姪者，蓋亦無害于義理也。喪服「兄弟之子猶子也」，「猶」字不是稱呼，是記禮者之辭，古人無云猶子者。

夫之祖父母、世父母、叔父母。疏：以其義服，故次在此。

敖氏繼公曰：不言夫之世父母、叔父母報，文略也。

郝氏敬曰：夫之祖父母、伯叔父母，夫爲服期，則妻從夫服，降一等爲大功。

欽定義疏：此亦主士之妻言之也。若大夫之妻，則夫之世叔父母爲士者，當從夫降爲小功，而世叔父母還以大功服之。其他親小功者，降而緦，則不服，亦如大夫無緦服也。夫之祖父母爲正尊，雖大夫之妻不降。王后及侯國夫人，開創始封者亦同。若繼體而祖父曾爲天子諸侯者，夫服三年，則從服期。

傳曰：何以大功也？從服也。

敖氏繼公曰：此釋經意也。

夫之昆弟何以無服也？其夫屬乎父道者，妻皆母道也。其夫屬乎子道者，妻皆婦道也。謂弟之妻婦者，是嫂亦可謂之母乎？故名者，人治之大者也，可無愼乎？

注：道猶行也。言婦人棄姓，無常秩，嫁于父行則爲母行，嫁于子行則爲婦行。謂弟之妻爲婦者，卑遠之，故謂之婦。嫂者，尊嚴之稱，是嫂亦可謂之母乎？言不可。嫂猶叟也，叟，老人稱也。是爲序男女之別爾。若己以母婦之服服兄弟之妻，兄弟之妻以舅子之服服己，則是亂昭穆之序也。治猶理也。父母、兄弟、夫婦之理，人倫之大者，可不愼乎？大傳曰：「同姓從宗，合族屬。異姓主名，治際會。名著而男女有別。」疏：「夫之昆弟何以無服」已下，總論兄弟之妻不爲夫之兄弟服、夫之兄弟不爲兄弟妻服之事也。若以弟妻爲婦，即以兄妻爲母，而以母服服兄妻，又以婦服服弟妻，又使妻以舅服服夫之兄，又使兄妻以子服服己夫之弟，則兄弟反爲父子，亂昭穆之次序。故聖人深塞亂源，使兄弟之妻本無母婦之名，不相爲服也。引大傳云「同姓從宗，合族屬」者，謂大宗子同是正姓，姬、姜之類。屬，聚也。合聚族人于宗

子之家，在堂上行食燕之禮，即「繫之以姓而勿别，綴之以食而勿殊」是也。又云「異姓主名，治際會」者，主名，謂母與婦之名。治，正也。際，接也。以母婦正接之會聚，則宗子之妻食燕族人之婦于房是也。云「名著而男女有别」者，謂母婦之名著，則男女各有分别而無淫亂也。

何氏晏曰：男女相爲服，不有骨肉之親，則有尊卑之異也。嫂叔親非骨肉，不異尊卑，恐有混交之失，故推使無服也。

魏氏徵曰：嫂叔之不服，蓋推而遠之也。禮，繼父同居則爲之服，未嘗同居則不爲服。從母之夫，舅之妻，二人不相爲服。或曰同爨緦。然則繼父之徒，並非骨肉，服重由乎同爨，恩輕在乎異居，故知制服雖繼于名，亦緣恩之厚薄也。或有長年之嫂，遇孩童之叔，劬勞鞠養，情若所生，分飢共寒，契闊偕老，譬同居之繼父，方他人之同爨，情義之深淺，寧可同日語哉？在其生也，愛之同于骨肉；及其死也，則推而遠之。求之本源，深所未諭。若推而遠之，是爲不可生而共居，死同行路，重其生而輕其死，厚其始而薄其終，稱情立文，其義安在？且事嫂見稱，載籍非一。鄭仲虞則其見必冠，孔伋則哭之于位。此躬踐教義，仁深孝友，察其所行，豈非先覺者歟！議小功五月。

程子語録：問：叔嫂古無服，今有之，何也？曰：禮記曰「推而遠之也」，此説不是。古之所以無服者，只爲無屬。其夫屬乎父道者，妻皆母道也。其夫屬乎子道者，妻皆婦道也。今上有父有母，下有子有婦。叔父、伯父，父之屬也，故叔母、伯母之服與叔父、伯父同。兄弟之子，子之屬也，故兄弟之子之婦服與兄弟之子同。若兄弟，則己之屬也，難以妻道屬其嫂。此古者所以無服，以義理推不行也。今之有服亦是，豈有同居之親而無服者？

朱子曰：嫂叔之服，先儒固謂雖制服亦可，則徵議未爲失也。又問：嫂叔無服，而程先生云「後聖有作，須爲制服」。曰：守禮經舊法，此固是好。纔説起，定是那箇不穩。然有禮之權處，父道母道，亦是無一節安排。看推而遠之〔一〕，便是合有服，但安排不得，故推而遠之。若果是鞠養于嫂，恩義不可已，是他心自住不得，又如何無服得？

黄氏榦曰：先師朱文公親書藁本下云：今案傳意本謂弟妻不得爲婦，兄妻不得爲母，故反言以詰之，曰「若謂弟妻爲婦，則是兄妻亦可謂之母矣」，而可乎？言其不可爾，非謂卑遠弟妻而正謂之婦也。注疏皆誤。今論于此，而頗刊定其疏云。貞觀十四年，太宗謂侍臣曰：「同爨尚有緦麻之恩，而叔嫂無服。宜集學者詳議。」侍中魏徵等議請小功五月報。制可。至二十年，中書令蕭嵩奏依貞觀禮

〔一〕「看」，原作「着」，據朱子語類卷八七改。

爲定。　今服制令：爲兄弟妻、爲夫之兄弟，小功五月。

敖氏繼公曰：爲夫之祖父母、世叔父母大功，皆從夫之期服者也。夫爲其昆弟亦期，妻若從而服之，亦當大功，今乃無服，故因而發傳。母道婦道謂世叔母及昆弟之子婦之類也。此據男子所謂服者而言，故繼之曰「謂弟之妻婦者，是嫂亦謂之母乎」。蓋以當時有謂弟妻爲婦者，故引而正之，以言其不可也。傳之意蓋謂男子爲婦人來嫁于己族者之服，惟在母、婦之行者則可。若尊不列于母，卑不列于婦，則不爲之服，以其無母、婦之名也。故爲昆弟之妻無服。經之此條，主于妻爲其夫之黨，傳以從服釋之，是也。又云「夫之昆弟何以無服」，亦據妻不從夫而服其昆弟發問，亦是也。顧乃以男子不服昆弟之妻爲答，此不惟失所問之意，又與夫之昆弟所以無服之義相違。蓋婦人于夫之昆弟當從服，而乃不從服，其無服之義生于婦人，而非起于男子也。檀弓曰「嫂叔之無服也，蓋推而遠之」，彼似善于此矣。爾雅曰：「弟之妻爲婦。」

顧氏炎武曰：謂弟之妻婦者，其嫂亦可謂之母乎？蓋言兄弟之妻，不可以母子爲比。以名言之，既有所閡而不通；以分言之，又有所嫌而不可以不遠。記曰：「嫂叔之無服也，蓋推而遠之也。」夫外親之同爨猶緦，而獨兄弟之妻不爲制服者，以其分親而年相亞，故聖人嫌之。嫌之故遠之，而大爲之坊，不獨以其名也。此又傳之所未及也。存其恩于娣姒，而斷其義于兄弟，夫聖人之所以處此者精矣。嫂叔雖不制服，然而曰「無服而爲位者惟叔嫂」，「子思之哭嫂也爲位」，何也？曰：是制之所抑而情之所不可闕也。然而鄭氏曰：「正言嫂叔，尊嫂也。若兄公與弟之妻，則不能也。」此又足以補禮記之不及。

盛氏世佐曰：案弟之妻爲婦，文見爾雅，故鄭君爲之説曰：「謂弟之妻爲婦者，卑遠之，故謂之婦。」然非傳義也，朱子駁之當矣。

華氏學泉曰：或問：禮「嫂叔無服，推而遠之」，何也？曰：以厚別也。傳曰：「其夫屬乎父道者，妻皆母道也；其夫屬乎子道者，妻皆婦道也。」以尊卑爲服也。兄弟之妻，與己同列，無尊卑，故居則不相接見，死不爲之制服，明有別也。或曰：不嫌于塗人視之乎？曰：戴記：「無服而爲位者，唯叔嫂。」斷之以義，故無服；親之以仁，故袒免；爲位而哭，未嘗不情義之兼盡也。

蕙田案：古嫂叔無服，唐增爲小功五月，程、朱亦以爲是，故其制至今不易。徐氏乾學以爲五代與宋初增嫂叔爲大功，當時亦未嘗以爲非。然嫂叔大功，終不若小功之協于人心也。

大夫爲世父母、叔父母、子、昆弟、昆弟之子爲士者。注：子，謂庶子。疏：大夫爲此八者本期，今以爲士，故降至大功，亦爲重出此文，故次在此也。

敖氏繼公曰：大夫于士爲異爵，故其喪服例降其旁親之爲士者一等。雖世叔父母亦降之，所以見貴貴之意勝也。「不杖期」章爲此親之爲大夫命婦者云「大夫之子」，此云「大夫」，互見其人，以相備也。

華氏學泉曰：或問：大夫之降其期以下服，何也？曰：先王制服，尊尊親親之義並重。曰尊尊，則自天子以至公侯卿大夫統此矣。尊不敵親，故雖天子，不敢降其正期；親不敵尊，故雖大夫，得降其旁期。或曰：天子諸侯之貴，其于諸父昆弟有君臣之分矣，故族人不得以其戚戚君，宜也。大夫于諸父昆弟無君臣之分，其所以必詘其親，以伸其貴，何也？曰：古者諸侯之封，不過百里。大夫之仕于其國，其父兄宗族之爲士者，皆其所統也，不使之衆著于尊尊之義，不可以爲治。後世士大夫之仕者，離其鄉數千里，故雖入爲公卿，出爲牧伯，而五服之親，不聞有所降殺，其時義宜爾也。大夫之子以大夫而降，何也？曰：此亦從尊尊之義推之也。國無二君，家無二尊，父之所不服，子亦不敢服。故大夫以尊降，大夫之子及公之子以厭降。公之昆弟，即公子也，以先公之餘尊降。大夫無餘尊，故大夫没，大夫之子不降。

欽定義疏：經不言報，則世叔父母、昆弟、昆弟子爲士者服其大夫皆如其親服而爲之期矣。爲世叔父母，則其祖父之爲大夫者不在，或在而不爲大夫者也。爲昆弟，則其父之爲大夫者不在，或在而不爲大夫者也。如爲大夫而在，則不降之。以彼爲大夫之子，當以不降相報也。子非旁親，亦降之者，適爲本，庶爲支，猶之旁親也。昆弟之子，若爲其父之適孫者，雖爲士，不降之，重適之義，於「不杖期」章大夫之爲適孫、大夫之子之爲昆弟之子者，推之可見也。不降正尊而降旁親，不降適而降庶，此降例也。降例即宗法也。天子、諸侯之或絶之，或不絶之也，亦然。

服，期。

傳曰：何以大功也？尊不同也。尊同則得服其親服。注：尊同，謂亦爲大夫者。親

欽定義疏：天子、諸侯，君也，旁親則皆其臣也。故天子、諸侯絶旁親之服。君，至尊也。大夫、士雖同爲臣，而服命殊矣。燕、射則有堂上堂下之班，鄉飲則有齒與不齒之異，即五服之喪而哭位别焉。若喪服不爲之減殺，則他禮皆窒礙而不可行。故大夫降其旁親，理當然也。君至尊，則絶其旁親之服。士卑，則服其本服。大夫卑于君而尊于士，上比下比，而求之大夫之降也，不亦適得其中乎？嘗爲大夫而已者猶降，「不杖期」章大夫之子爲姑、姊妹、女子子，爲命婦無主者，其例也。

公之庶昆弟、大夫之庶子爲母、妻、昆弟。注：公之庶昆弟，則父卒也。大夫之庶子，則父在也。其或爲母，謂妾子也。疏：此並受厭降，卑于自降，故次在自降人之下。若云公子，是父在，今繼兄而言弟。又公子父在爲母、妻，在五服之外，今服大功，故知父卒也。大夫之庶子，繼父而言。又大夫卒，子爲母、妻得伸，今但大功，故知父在也。于適妻，君大夫自不降，其子皆得伸，今在大功，明妾子自

爲己母也。

汪氏琬曰：戴德喪服變除曰：「天子諸侯之庶昆弟、大夫之庶子，爲其母大功，哭泣、飲食、思慕猶三年。」賀循喪服要記：「凡降服，既降，心喪如常月。」劉智謂：「小功以下不税，乃無心喪。」又陳沈洙議「元嘉立義，心喪以二十五月爲限，惟王儉古今集記終二十七月，爲王逡所難。何佟之儀注亦用二十五月，無復心禫」云云，是則心禫可廢，心喪不可廢也。宋服制，凡如適孫祖在，爲祖母、爲人後者，爲其所生父母之類，皆許解官申心喪三年，蓋猶遵用前代制也。自明以來，此禮不行久，當亦士大夫所宜講求者。

欽定義疏：案大夫之子爲世父母、叔父母、子、昆弟之子爲士者，姑、姊妹、女子子在室者，皆降服大功。此不言者，與「不杖期」章之不降者互見也。大夫之適子爲庶昆弟亦同。此主爲母、妻言之，故不别言適子耳。公之昆弟爲世父母、叔父母、子、昆弟之子、姑、姊妹、女子子之等，父在則從乎父而絶之不服，尊所厭也。父没，爲爲士者降一等服之，爲爲大夫若公子者如其本服，餘尊所不厭，而公子之尊視大夫也。

傳曰：何以大功也？先君餘尊之所厭，不得過大功也。疏：公之庶昆弟，以其公在爲母、妻厭，在五服外，公卒猶爲餘尊之所厭，不得過大功。

雷氏次宗曰：公羊傳云：「國君以國爲體。」是以其人雖亡，其國猶存，故許有餘尊，以厭降之。

敖氏繼公曰：厭，爲厭其所爲服者也。不得過大功，謂使服之者不得過此而伸其服也。國君于旁期而下，皆以尊厭而絶之。此三人者，皆君所絶者也。尊者之子，必從其父而爲服。故君在則公子于昆弟無服，而爲母若妻于五服之外；君没矣，其死者猶爲餘尊之所厭，是以公子爲此三人止于大功也。

顧氏炎武曰：尊尊親親，周道也。諸侯有一國之尊，爲宗廟社稷之主，既没，而餘尊猶在。故公之庶子于所生之母，不得伸其私恩爲之大功也。大夫之尊不及諸侯，既没，則無餘尊，故其庶子于父卒爲其私親並依本服如邦人也。親不敵尊，故厭；尊不敵親，故不厭。此諸侯、大夫之辨也。

姜氏兆錫曰：此釋公之庶昆弟也。

大夫之庶子，則從乎大夫而降也。注：言從乎大夫而降，則于父卒如國人也。昆弟，庶昆弟也。舊讀「昆弟」在下，其于厭降之義，宜蒙此傳也，是以上而同之。疏：大夫之子，據父在有厭，從于大夫降一等；大夫若卒，則得伸，無餘尊之厭也。

敖氏繼公曰：大夫之子，從乎大夫而降，謂尊降之義在大夫，而不在己也。大夫於所服者，或以尊加之，而降一等亦謂之厭。此三人者，皆大夫之所降者也，其子亦從其父而降之一等爲大功，與公子父没之禮同。大夫没，子乃得伸其服，以其無餘尊也。此傳言公之昆弟、大夫之庶子，是服之所以同者備矣，而諸侯、大夫尊厭輕重遠近之差，亦略于是乎見焉。推而上之，則天子之所厭又可知矣。先儒乃以天子之子同于公子之禮，似誤也。

張氏爾岐曰：據注及疏，此經文「昆弟」二字，舊在傳後，鄭君始移在傳前，與「母、妻」合文。

姜氏兆錫曰：此釋大夫之子也。

父之所不降，子亦不敢降也。注：父所不降，謂適也。

姜氏兆錫曰：此因言適子也。

盛氏世佐曰：案注所謂適者，兼適母、適子之妻、適昆弟而言。姜專指適子，非。

皆爲其從父昆弟之爲大夫者。注：皆者，言其互相爲服，尊同則不相降。其爲士者，降在小功，適子爲之，亦如之。　疏：承上「公之庶昆弟，大夫之庶子」之下，則是上二人也。以其二人爲父所厭降親，今此從父昆弟爲大夫，故此二人不降而服大功，依本服也。鄭云「互相爲服」者，以彼此同是從父昆弟，相爲著服，故云「皆」，互相見之義故也。

敖氏繼公曰：此文承上經兩條而言，則「皆」云者，皆大夫、公之昆弟、大夫之子也。大夫、公之昆弟于此親則尊同也，大夫之子于此親則亦以其父之所不降者也，故皆服其親服。春秋傳曰：「公子之重，視大夫。」公之昆弟降其昆弟之爲公子者，不降其從父昆弟之爲大夫者，則知先君餘尊之所厭，止于上三人耳。

郝氏敬曰：大夫之庶子，以大夫之期皆降，故從之也。苟父之所不降，如世叔父與昆弟，彼此皆大夫，則皆大功，貴同也。如從父昆弟爲士，則降爲小功矣。

張氏爾岐曰：經文「皆」字，謂上文「公庶昆弟、大夫庶子」並然也，注以「互相爲」釋之，恐未當。注「其爲士」者，從父昆弟之爲士者也。「適子爲之亦如之」，明不特大夫之庶子不爲之降也，此又依經推言之。

盛氏世佐曰：案「皆」字之義，敖説得之。郝以此句連于上節之傳，故其爲説如此，誤。

欽定義疏：公子於公子，敵也。公子於大夫，亦敵也。爲其昆弟大功，尊同而相降，公之餘尊所厭也。爲從父昆弟之爲大夫者大功，尊同而不降，餘尊所不厭也。然則餘尊所厭，概不及其群從，明矣。經特舉從父昆弟，以見其餘耳。其爲從父昆弟、庶孫爲士者，見于「小功」章。爲昆弟之子爲士者當大功，爲從祖昆弟、從父昆弟之子及昆弟之孫爲士者皆無服，以公子之尊降之也。爲世叔父母如其服，以彼亦公子，而餘尊不厭之也。餘尊所厭，止在公妾與妾所生之子、妾子之妻，而諸孫群從、姑、姊妹、女子子之適人者，皆不與焉。蓋厭私不厭公，厭内不厭外，可以窺聖人制禮之意矣。

爲夫之昆弟之婦人子適人者。注：婦人子者，女子子也。不言女子子者，因出，見恩疏。

疏：此亦重出，故次從父昆弟下。此謂世叔母爲之服，在家期，出嫁大功。

陳氏詮曰：婦人者，夫之昆弟之子婦也。子者，夫之昆弟之女子子適人者也。此是二人，皆服大功。先儒皆以婦人子爲一人，此既不辭，且夫昆弟之子婦復見何許耶？

敖氏繼公曰：是服夫妻同也。上經不言夫爲之者，其文脱與？或言女子子，或言婦人子，互文以見其同耳。

吕氏柟曰：婦人爲夫之旁親，上，何以從夫降一等？下，何以從夫不降也？曰：上焉者，夫之所尊也。下焉者，夫之所親也。夫之所尊，先我而有者也。我自外入也，可降也。夫之所親，後我而有者也。彼自内出也，可不降也。

姜氏兆錫曰：婦人子，注釋恐非。或曰：婦人子對妾子而言。

盛氏世佐曰：案此當以注説爲正。不云女子子，而云婦人子，敖以爲互文，是也。陳氏分婦人及子適人者爲二，亦可備一解。姜説非。

欽定義疏：世叔母爲夫之昆弟之子婦亦大功，不言者，上經「爲夫之世父母、叔父母」雖不言報，以旁親無不報之例已可推見，故不另出也。

蕙田案：「婦人子適人者」，陳氏以爲二人，恐非。以「婦人」二字代「子婦」二字，翻欠明白。敖氏以爲與「女子子」互文，義疏以爲旁親無不報之例已可推見，其説尤長。

大夫之妾爲君之庶子。注：下傳曰：「何以大功也？妾爲君之黨服，得與女君同。」指爲此也。妾爲君之長子亦三年，自爲其子期，異於女君也。士之妾，爲君之衆子亦期。疏：妾爲君之庶子，輕于爲夫之昆弟之女，故次之。引下傳者，彼傳爲此經而作也。在下者，鄭彼云「文爛在下爾」故也。云「妾爲君之長子亦三年」者，妾從女君服，得與女君同，故亦同女君三年。又云「自爲其子期，異于女君也」者，以其女君從夫，降其庶子大功。夫不厭妾，故自服其子期也。云「士妾爲君之衆子亦期」，謂亦得與女君期者，亦是與己子同故也。

王氏肅曰：大夫之妾爲他妾之子大功九月。自諸侯以上不服。

敖氏繼公曰：此服亦從乎其君而服之也。大夫爲庶子大功，女子子在室亦如之。妾爲君之長子亦三年，自爲其子期。經於妾爲君之黨服皆略之，惟著大夫之妾以見其異，則士之妾不言可知矣。

郝氏敬曰：妾謂夫爲君，謂嫡爲女君。庶子、女子子皆夫君之血屬，不言長子，長子三年，大夫不降適也。必言君，明非妾親生子也。

盛氏世佐曰：案庶子，謂適妻所生第二以下及他妾之子也。女子子在室與嫁于大夫者亦存焉，惟適長子及己所生則異于是。

欽定義疏：公妾不爲君之庶子服，以庶子皆爲公尊之所厭也。公在則母子不相服也，况他子乎？公不在，亦無服，以夫人不服庶子，妾當同之也。

女子子嫁者、未嫁者爲世父母、叔父母、姑、姊妹。注：舊讀合「大夫之妾爲君之庶子、女子子嫁者未嫁者」，言大夫之妾爲此三人之服也。疏：此是女子子逆降旁親，又是重出，故次之于此。知逆降者，此經云「嫁者爲世父」已下，出降大功，自是常法，更言未嫁者，亦爲世父已下，非未嫁逆降而何？云「舊讀『合大夫之妾爲君之庶子、女子子嫁者未嫁者』，言大夫之妾爲此三人之服也」者，此馬融之輩，舊讀如此。鄭以此爲非，故此下注破之也。

敖氏繼公曰：此著其降之之節，異于他親也。在室而逆降，正言此七人者，蓋世父母、叔父母與姑之期，爲旁親之加服，姊妹之期雖本服，然以其外成也，故并世父以下皆于未嫁而略從出降，明其異于父母、昆弟也。此服無爲妻爲妾之異，經惟以嫁爲言者，約文以包之耳。又前經見姊妹適人者及爲夫之昆弟之婦人子適人者，此世叔父母而下，爲凡女子子之降服也。其服唯以適人爲節，以此見逆降之服無報禮也。

姜氏兆錫曰：此章馬氏舊讀，正合經傳之義，而注疏自溺其旨，遂致經義淪亂。今從舊讀。

盛氏世佐曰：案女子子在室，爲此七人皆期服，其嫁者因出降也。不云適人而云嫁者，見其雖貴爲大夫妻，不再降也。大夫妻尊與大夫同，禮宜降其旁親，而不降其世叔父者，以其與己之祖若父爲一體，而其妻又與世叔父爲一體，皆旁親之最尊者。今既以出降在此矣，若又以尊降爲小功，毋乃太薄乎！故不敢也。姑姊妹亦不降者，指成人而未嫁者言也。未成人當降爲殤服，若適士當降爲小功，下文言大夫之妻爲姑、姊妹爲命婦者大功，則其不爲命婦者降可知矣。大夫妻得以尊降其姑、姊妹者，婦人外成，比世叔父爲少殺也。女子子未嫁者，曷爲亦降其旁親乎？曰：逆降也。逆降之義奈何？曰：昏姻之時，男女之正，王政之所重也。女子二十而嫁，有故，二十三年而嫁，謂父母喪也。聖人權于二者之間，以父母之喪較之昏姻之時，則服重而時輕，故使之遂其服；以世叔父諸喪較之昏姻之時，則服輕而時重，故使之遂其時。此逆降之禮所由設也。女子子所逆降者，惟此七人耳，以其皆期服故也。若大功以下，可以無妨于時，則不須逆降矣。其不云在室而云未嫁者，女子子在室與男子同，禮之常也。唯其年已及笄，故雖未嫁而得從出降之例，所以通其變也。傳以成人而未嫁者釋之，得經意矣。

欽定義疏：逆降之説，後人多疑之者。疏謂「女子子年十九，明年二月當嫁。今年遭世父以下之喪，若依本服期，過明年二月，不得及時，逆降在大功。大功之末，可以嫁子，則于二月得及時而嫁」。或駁之，以爲女子子雖降大功，其父固期，未可嫁子。且古人昏期，未必定拘二月。若拘以二月，則過此又需一年，以是爲愆期耳。服闋之後，四時皆可昏，何斬此三月耶？論者固爲有理，然經以嫁者、未嫁者連文，則逆降之法，未可謂無之。蓋未嫁者，其已許嫁者也。婦道外成，已許嫁，則義繫于夫家，於本宗之旁親，情固殺矣。古者女子將嫁，或于公宫，或于宗室，教之三月。喪服不可以往也，故逆降三月，以爲教之之候，而後其昏也乃得及時焉。若然，父母昆弟之喪既除，必更閲三月而後可嫁也。若無逆降之法，則上經已著適人者爲衆昆弟之條矣，曷不與之連文而另出此乎？

傳曰：嫁者，其嫁于大夫者也。未嫁者，成人而未嫁者也。何以大功也？妾爲君之黨服，得與女君同。下言爲世父母、叔父母、姑、姊妹者，謂妾自服其私親也。注：此不辭。即實爲妾遂自服其私親，當言「其」以見之。「齊衰三月」章曰：「女子子嫁者、未嫁者爲曾祖父母。」經與此同，足以見之矣。傳所云「何以大功也？妾爲君之黨服，得與女君同」，文爛在下爾。女子子成人者，有出道，降旁親。及將出者，明當及時也。疏：云「此不辭」者，謂此分别文句，不是解義言辭也。云「即實爲妾遂自服其私親，當言其以明之」者，此鄭欲就舊章讀破之。案「不杖期」章云「女子子適人者，爲其父母、昆弟之爲父後者」，又云「公妾以及士妾爲其父母」，自爲其親，皆言「其」以明之。今此不言「其」，明非妾爲私親也。又引「齊衰三月」章曰「女子子嫁者、未嫁者，爲曾祖父母，經與此同，足以見之矣」者，彼二人爲曾祖是正尊，雖出嫁，亦不降；此則爲旁親，雖未嫁，亦逆降。聖人作文是同，足以明之，明是二人爲此七人，不得以嫁者、未嫁者上同君之庶子。下文爲世父以下，爲妾自服私親也。云「傳所云『何以大功也？妾爲君之黨服，得與女君同』，文爛在下爾」者，此傳爲大夫之妾爲君之庶子而發，應在「女子子」之上，「君之庶子」之下，以簡札韋編爛斷，後人錯置於下，是以舊讀遂誤也。云「女子子成人者，有出道」，謂女子子十五以後許嫁笄，爲成人，有出嫁之道，是以雖未出，即逆降世父已下旁親也。云「及將出者，明當及時也」者，謂女子子年十九，後年二月，冠子娶妻之月，其女當嫁。今年遭此世父已下之喪，若依本服期者，過後年二月，不得及時，逆降在大功。大功之末，可以嫁子，則于二月得及時而嫁也。

黄氏榦曰：先師朱文公親書稾本云：傳先解嫁者、未嫁者，而後通以上文「君之庶子」，并以妾與女君同釋之，乃云「下言爲世父母」以下，而以自服私親釋之，文勢似不誤也。又批云：此一條舊讀，正得傳意，但于經例不合。鄭注與經例合，但所改傳文，似亦牽强。又未見妾爲己之私親本當服期者合著何服。疏言十一字是鄭所置，今詳此十一字中，包「爲世」至「姊妹」十字，若無上下文，即無所屬。未詳其説，可更考之。又有問「大夫之妾」章，先生云：此段自鄭注時，已疑傳文之誤。今考女子子適人者爲父母及昆弟之爲父後者，已見于「齊衰期」章，爲衆兄弟，又見于此「大功」章，惟伯叔父母、姑、姊妹之服無文，而獨見于此，則當從鄭注之説無疑矣。此條内「妾爲君之黨服，得與女君同」，夫黨服通用。

敖氏繼公曰：傳者以此經合於上，謂皆大夫之妾爲之，故其言如此。何以大功？怪其卑賤，而服之降否如尊者然也。「妾爲君之黨服，得與女君同」，釋所以大功之意，言大夫於此庶子、女子子或以尊降之，或以其尊同而不降，皆在大功，妻體其夫，服宜如之。若妾則不體君，而此服亦大功者，以是三人者皆君之黨，已因君而服之，故其降若否，亦視君以爲節，而不得不與女君同，固無嫌于卑賤也。然此但可以釋爲君之庶子之文，若并女子子未嫁者言之，則不合于經。蓋經初無爲女子子未嫁者之禮。且凡云嫁者，皆指凡嫁于人者而言，非必謂行于大夫而後爲嫁也。又謂爲世父母已下皆妾爲私親之服，亦不合于經。蓋此乃適人者之通禮，經必不特爲此妾發之。又此妾爲私親大功者，亦不止于是也，傳說俱失之。詳傳者之意，蓋失于分句之不審，又求其爲嫁者大功之説而不可得，故强生嫁于大夫之義以自傅會。既以「女子子嫁者、未嫁者」屬于上條，則「爲世父母」以下之文無所屬，又以爲亦大夫之妾爲之，遂使一條之意析而爲二，首尾衡決，兩無所當，實甚誤也。考此傳文，其始蓋截大夫之妾至未嫁者之經文而釋之，故已釋其所謂本條者之旨，復以「下言」云云併釋下經，今在此者乃鄭氏移之爾。案注云「『齊衰三月』章曰『女子子嫁者、未嫁者爲曾祖父母』，經與此同，足以明之矣」者，謂二經之文同，足以明其不當如舊説也。

郝氏敬曰：大夫女嫁于大夫爲大功，不降，未嫁無屬，降期爲大功。君之黨，即大夫庶子與女子。女君同，大夫服妾同女君服也。世父母以下，妾私親，皆大功如常，妾不體君，得自遂也。案此節文義甚明，鄭謂有錯簡，非也。彼以「大夫之妾爲君庶子」别爲一條，安得不疑爲錯簡乎？鄭以傳爲不足信。世儒纂禮，欲并傳棄之，鄭始作俑矣。

張氏爾岐曰：舊讀與傳文甚協，鄭君必欲破之，不知何故。且女子未嫁而逆降旁親，于義亦自可疑。兩存其説，可也。

萬氏斯大曰：此條言大夫之妾當服大功者，在君之家有君之庶子及女子子嫁者、未嫁者，在私家有其世叔父母、姑、姊妹，經傳甚明，而鄭氏不從其解，非經誣傳，莫此爲甚。大凡妾爲君黨之服，皆從乎女君，但大夫之庶子，父母降服大功，妾從女君而服，此禮甚明。傳特恐人疑于女子之嫁者同于未嫁者，故特著曰「嫁于大夫者也」，明其因尊同而不降也。又特著曰「未嫁者，其成人而未嫁者也」，明其惟成人故大功，否則又當降爲殤服也。更恐疑于爲世叔父母、姑、姊妹何以亦爲君黨之服，又特著曰「妾自服其私親也」。詞義有何可疑，而妄疑傳爲脱爛？故特正之。

姜氏兆錫曰：舊讀兩「爲」字對看甚明，而注乃拆「大夫之妾爲君之庶子」爲一條，「女子子嫁者、未嫁者」合下「爲世叔父母」等爲一條。又以未嫁者例不得降，故又爲逆降旁親，欲其及時而嫁之説以通之，其説與經傳殊别。據引「齊衰三月」章「女子嫁者、未嫁者爲曾祖父母」條，以謂經例正同，然考經「大夫及大夫之妻爲姑、姊妹嫁于大夫者大功，爲適士者小功，則其妻服君之黨，而爲其嫁于大夫者大功，適士者小功」，經例亦甚明也。竊謂萬氏發明深切，此條合從舊讀。即如鄭義，亦可從互文省文之例，以類推其説。若必駁馬讀以駁原傳，則非西河傳禮有誤，而其論禮實固耳。朱子稱馬讀爲得傳義，而于注則有疑詞，有以哉！

欽定義疏：案朱子初謂「傳釋文勢似不誤」，又謂「舊讀正得傳意，但于經例不合；鄭注與經例合，但所改傳文似亦牽强」，既而門人有問者，又答之以「當從鄭注之説」，可見此經之不易讀矣。「小功」章「大夫之妾爲庶子適人者」，經有明文，此「女子子之嫁者」，豈可又以「大夫之妾」貫之乎？即此又可證舊讀之必不然矣。

蕙田案：此條馬、鄭不同。馬氏依傳文，合全節皆以「大夫之妾」貫下。鄭氏駁傳文，而分「大夫之妾爲君之庶子」爲一條，分「女子子」至「姑、姊妹」另爲一條，而以未嫁爲逆降。朱子于親書稾本内則從馬氏舊讀，于語録則從鄭注，亦未畫一，以致後儒罔所適從。如王志長、郝敬、汪琬、徐乾學、張爾岐、姜兆錫、萬斯大則從馬義，賈疏、敖繼公、盛世佐、欽定義疏則從鄭義。今依義疏分節，而傳文「下言爲世父母」二句廿一字當是注文，而傳寫者誤大書以連于傳爾。

大夫、大夫之妻、大夫之子、公之昆弟爲姑、姊妹、女子子嫁于大夫者。疏：此等姑、姊妹已下，應降而不降，又兼重出其文，故次在此也。此大夫、大夫妻、大夫之子、公之昆弟四等人，尊卑同，皆降旁親姑、姊妹已下一等大功，又以出降當小功，但嫁于大夫，尊同，無尊降，直有出降，故皆大功也。但大夫妻爲命婦，若夫之姑、姊妹在室及嫁皆小功，若不爲大夫妻，又降在緦麻。假令彼姑、姊妹亦爲命婦，唯小功耳。今得在大功科中者，此謂命婦爲本親姑、姊妹，己之女子子，因大夫、大夫之子爲姑、姊妹、女子子，寄文于夫與子、姑、姊妹之中，不煩別見也。

敖氏繼公曰：大夫、公之昆弟爲此服，則尊同也。大夫之子，則亦從乎大夫而爲之也。大夫之妻爲此女子子，其義亦然。若爲姑、姊妹，又但爲本服耳。蓋婦人之嫁者，于其兄弟，惟有出降而已。姑、姊妹雖不爲命婦，猶爲之大功也。經言大夫、大夫之子爲服者多矣，于是乃著大夫之妻者，以惟此條可與之相通，故因而見之也。凡妻爲夫之族類，于其姊妹與其在父列以上者，率降于夫；于其昆弟之列者，又無服；惟在子列而下，乃與夫同之耳。又考公之昆弟爲姊妹，惟在出降之科，則是先君餘尊之所厭，亦不及于其嫁出之女也。若先君于其姊妹與其孫，此不厭之，固矣。

盛氏世佐曰：案大夫之妻爲姑、姊妹嫁于大夫者之服在此，則其適士者當降在小功可知矣。此亦命婦以尊降旁親之證也。章内「女子子爲姑、姊妹」之服凡三見：首云「女子子適人者爲衆昆弟。姪丈夫婦人，報」，衆昆弟婦人即姊妹也。姪婦人，姪女也。姪婦人報之，則姑也。此指皆適士者而言也。次云「女子子嫁者、未嫁者，爲世父母、叔父母、姑、姊妹」，此謂其嫁于大夫及成人而未嫁者，爲姑、姊妹之成人而未有所適者也。嫁于大夫者，禮宜降其旁親，而于世叔父母仍服大功者，以世叔父母，旁親之最尊者，故有出降，有逆降，而無尊降也。姑之尊，亞于世叔父，而親又殺焉，姊妹則親而不尊矣，故其成人而未有所適者，大夫妻猶爲之大功，若適士則降爲小功，此其異于世叔父母者也。至是，又言其皆嫁于大夫者，尊同不降之禮。合斯三者觀之，則于尊尊、親親、貴貴之義，銖兩不爽如是。而説者多謬爲之解，致聖人之精意不白于天下，豈非講經者之責哉？

欽定義疏：案大夫、大夫之子、公之昆弟於姑、姊妹、女子子出適而尊同者，乃不以尊降，則方其在室時，已降而大功矣。此見公之姊妹不得比于公之昆弟，大夫之女子子不得比于大夫之子。雖以公女之尊，不能視命婦，與公子之重視大夫者迥異。蓋婦人無爵，從夫之爵，必夫尊而後妻貴。父之尊，不可據，不可援也。明乎此，乃益著于從夫之義，而不敢以貴加其夫族矣。

君爲姑、姊妹、女子子嫁于國君者。疏：國君絶期已下，今爲尊同，故亦不降，依嫁服大功。不云夫人公子亦同，國君不降可知。

敖氏繼公曰：以上條例之，則夫人、公子之服亦當然也。

傳曰：何以大功也？尊同也。尊同則得服其親服。疏：問者以諸侯絶旁服，大夫降一等，今此大功，故發問也。

敖氏繼公曰：尊同，謂君於爲夫人者，大夫、公之昆弟于爲命婦者也。夫人命婦雖非有爵者，然此三人以其與己敵者齊體之故，亦例以尊同者視之，而如其出嫁之服，不敢絶之降之也。此一節釋經之文義。

諸侯之子稱公子，公子不得禰先君；公子之子稱公孫，公孫不得祖諸侯：此自卑別于尊者也。若公子之子孫有封爲國君者，則世世祖是人也，不祖公子：此自尊別于卑者也。注：不得禰、不得祖者，不得立其廟而祭之也。卿大夫以下，祭其祖禰，則世世祖是人，不得祖公子者。後世爲君者，祖此受封之君，不得祀別子也。公子若在高祖以下，則如其親服，後世遷之，乃毀其廟爾。因國君以尊降其親，故終説此義云。疏：「諸侯之子稱公子」已下，因尊同，遂廣説尊不同之義。諸侯之子，適適相承，而旁支庶已下，並爲諸侯所絶，不得稱諸侯子，變名公子，卑遠之也。適既立廟，支庶子孫不立廟，是自卑别于尊者也。公子之子孫，或以天子臣出封爲五等諸侯，後世將此始封之君世世祖之，不復祀别子，是自尊别于卑也。注云「不得立其廟而祭之也」者，以其廟已在，適子爲君者立之，旁支庶不得並立廟故也。云「卿大夫已下祭其祖禰」者，欲見公子、公孫若立爲卿大夫，得立三廟；若作上士，得立二廟；若作中士，得立一廟，並得祭其祖禰。既不祖禰先君，當立别子以下，别子不得禰先君。雖爲卿大夫，未有廟，至子孫已後，乃得立别子爲太祖，不毁廟。已下二廟，祖禰之外，次第則遷之也。云「公子若在高祖已下，則如其親服」者，此解始封君得立五廟，太祖與高祖已下也。今始封君，後世乃不毁其廟，爲太祖。此始封君，未有太祖廟，惟有高祖已下四廟，故公子若在高祖已下，則得在四廟數中。始封君死，其子立，即以父爲禰廟，前高祖者爲高祖之父，當遷之，又至四世之後，始封君爲高祖父，當遷之時，轉爲太祖，通四廟爲五廟，定制也，故云「後世遷之，乃毁其廟」也。

楊氏復曰：子夏傳云：「自卑别于尊」，是以子孫之卑自别于祖之尊。此義爲是。「自尊别于卑」，乃以子孫之尊自别于祖之卑。此説于理有害。而鄭注遂以爲「因國君以尊降其親」而説此義，則愈非禮意。蓋國君以尊降其親，謂降其旁親，其正統之服不降。爲祖期，爲曾祖、高祖齊衰三月，是未嘗降其祖也。鄭注蓋惑于「自尊别卑」之説，乃以封君之不祖公子爲以尊降其親，而不知公子爲别子，繼别爲宗，謂之大宗，百世不遷，大宗或無後，則爲之立後，世世不絶，而常以公子爲祖矣。若公子之子孫有封爲國君者，則後世子孫只得祖封君，而不得祖公子，以紊其别子之宗，非是以封君之尊别于公子之卑而不祖之也。子夏之説既已失之，鄭注沿襲謬誤，愈差愈遠，蓋失而又失者也。

欽定義疏：案楊氏所論甚正，然傳注未可駁也。蓋自者，從也，非謂己也。從卑別于尊，則公子而下不得祖禰先君矣。從尊別于卑，則始封君爲後世之始祖，而公子而下迄乎始封君之父，皆所不祖矣。此以始封君爲立國之始，宜祖之也，所謂「諸侯奪宗」者也。然不祖公子，則與夫不禰先君、不祖諸侯之不立廟而祭之者不同。父爲大夫士，子爲諸侯，則祭當以諸侯，未有不立五廟者。但始封未有世祖，則虛之耳。公子若父也，則入禰廟。祖也則入祖廟，曾、高也則入曾、高廟，直至五世則祧之，而不入始祖廟。此爲不祖公子矣。逮始封君之五世孫即位，始封君親盡當祧，以其始封也而不祧，乃入始祖之廟，而世世祀之以爲祖，自後世子孫視之，則以爲從始封君之尊別于公子之卑云爾，非始封君之意自以爲尊而卑其公子也。傳因國君不服其旁親，故推言公子不得禰先君，公孫不得祖諸侯，以見尊不服卑之義。又因此推言祖封君不祖公子，以見尊有特申之義。其緒相引而言則各有當也。若謂封君之不祖公子爲以尊降其親，則注原不謂然，況不祖公子者，本非封君也。

敖氏繼公曰：卑謂爲臣者也，尊謂爲君者也。言身爲人臣，則其廟不可上及于爲君者；身爲國君，則其廟不可上及于爲臣者，是謂别之者。别于尊者，所以塞僭上之原；别于卑者，所以明貴貴之義，聖人制禮之意然也。此言封君之後，世世祖封君，不祖公子，則是封君之時，其祖考之廟在故家自若也，不復更立，而立一虛廟于公宫左之最東，以爲行禮之所。及封君没，則于焉祀之，謂之大廟，而爲百世之祖也。祖封君而不祖公子，如晉不祖桓叔而祖武公，是其事也。

欽定義疏：案果如敖説，則封君之志荒矣，良由誤解「自」字耳。立虛廟于公宫左之最東，求之經傳，亦無證佐。

郝氏敬曰：諸侯之子，下因以尊降親之義，推廣言之，見尊尊、親親並行不悖也。諸侯之公子，亦庶子之爲大夫者。父廟曰禰。祖是人，謂子孫以始受封者爲始祖也。

張氏爾岐曰：凡此者，皆以著尊卑之别也。自，由也。由其位之或卑或尊，各自爲别也。

盛氏世佐曰：案此以下，于經無所釋，特因尊降之義而推言之，見聖人制禮，尊卑之分，截然不可亂如此也。爲子孫者，無自尊而卑其祖之理，當從張氏訓自爲由。蓋制禮者爲之分别也。必爲之分别者，以始封之君化家爲國，有功德于人，後世子孫理宜奉之，以爲太祖，在不祧不毁之例。若仍以别子爲祖，則此始封之君反爲所壓而不得伸其尊，故不得不舍别子而祖是人矣。是禮也，因封君之子孫尊崇其太祖而生，不生于封君之身也。自封君以及其玄孫，止有四親廟，而無太祖廟。直至來孫，封君親盡當遷，乃立太祖廟以居之。太祖之廟，不可以人臣居之也。此皆理之至當而不可易者，楊氏非之，似過矣。注云「國君以尊降其親者」，謂降其旁親之服耳。楊云以封君之不祖公子爲以尊降其親，亦非注意。

是故始封之君不臣諸父、昆弟，封君之子不臣諸父而臣昆弟，封君之孫盡臣諸父、昆弟。疏：「始封之君不臣諸父、昆弟」者，以其初升爲君，諸父是祖之一體，又是父之一體，其昆弟既是父之一體，又是己之一體，故不臣此二者，仍爲之著服也。云「封君之子不臣諸父而臣昆弟」者，以其諸父尊，故未得臣，仍爲之服；昆弟卑，故臣之，不爲之服。「封君之孫盡臣諸父、昆弟」者，繼世至孫，漸爲貴重，故盡臣之。

朱子曰：始封之君所以不臣諸父、昆弟者，以始封君之父未嘗臣之，故始封之君不敢臣也。封君之子所以不臣諸父而臣昆弟者，以封君之子所謂諸父者即始封君謂之昆弟而未嘗臣之者也，故封君之子亦不敢臣之。封君之子所謂昆弟者即始封君之子，始封君嘗臣之者也，故今爲封君之子者亦臣之。封君之孫所謂諸父、昆弟者即始封君之子所臣之昆弟及其子也，故封君之孫亦臣之。故下文繼之以「君之所不服，子亦不敢服也。君之所爲服，子亦不敢不服也」。

敖氏繼公曰：此因上云「公子之子孫有封爲國君者」而言之也。

郝氏敬曰：卑別于尊，尊別于卑，此見尊尊之爲大也。始封不臣諸父、昆弟，再世不臣諸父，此見親親之爲大也。封君之孫已下，明尊親相爲輕重，而服之升降所以生也。

盛氏世佐曰：案不臣者，以本服服之，不絶并不降也。所不臣者，爲此始封之君。若子服，亦如之。疏云「當服斬」，恐非是。臣之，則臣服斬而君絶服矣。

欽定義疏：案與諸侯爲兄弟者服斬，謂爲臣者也。斬衰之服至重，爲君也，爲父也，爲夫也，所謂三綱也，非此則不服。君所不臣，則君臣之分未定，而謂之服斬，則與夫見爲之臣者何以别乎？君于其所不臣者無服，以諸侯之尊，當絶其旁親也。彼亦爲諸侯，則如其服服之，尊同也。三世而下無所不臣，則爲大夫士者以臣服，爲庶人者以庶人服矣。此謂公子之子孫有封爲國君者如此。其王子、王孫始封若繼世者，所不臣、所臣亦如之。

蕙田案：君之所爲服，子亦不敢不服。傳文自明，義理甚精。疏「繼世至孫，漸爲貴重」，似非經義。其雖不臣亦服斬之説，盛氏及義疏辨之明矣。故君之所爲服，子亦不敢不服也。君之所不服，子亦不敢服也。

朱子語類：問：喪祭之禮，至周公然後備。夏、商而上，想甚簡略。朱子曰：然。親親、長長、貴貴、尊賢，夏、商而上，大概只是親親、長長之意。到得周來，則又添得許多貴貴底禮數。如始封之君不臣諸父、昆弟，封君之子不臣諸父而臣昆弟。期之喪，天子、諸侯絶，大夫降。然諸侯、大夫尊同，則亦不絶不降。姊妹嫁諸侯者，則亦不絶不降。此皆貴貴之義。上世想皆簡略，未有許多降殺貴貴底禮數。凡此，皆天下之大經，前世所未備，到得周公搜剔出來立爲定制，更不可易。

敖氏繼公曰：言此者，以其與上文意義相類也，謂公子之服與否，皆視其君而爲之。此專指公子之公在者言也。若公没，則鼏之所謂不敢服者，今則皆服之矣。但其爲先君餘尊所厭者，乃降之，如爲母、妻、昆弟大功是也。不敢不服之意，與前傳所謂不敢降者同。後放此。

盛氏世佐曰：案此言公子之服與否，皆從乎公而爲之也，與上文父之不臣，子亦不敢臣，父之所臣，子亦臣之之意相類，故引以爲證。前傳云「父之所不降，子亦不敢降」，亦是此意。彼主爲大夫，故言降與不降。此主爲諸侯，故言服與不服，以諸侯有絶而無降也。

欽定義疏：疏謂虞舜與漢高，皆庶人起爲天子，蓋亦不臣諸父、昆弟而有服。案諸侯于所不臣者尚不爲服，況天子乎？天子即創業者，于正尊之外無所不臣，疏説非也。豈其有庳之君而不臣于舜乎？案天子、國君絶其旁親〔一〕，以尊也。大

〔一〕「國君」，原脱，據光緒本、欽定儀禮義疏卷二四補。

夫之尊次于國君，故爲旁親率降一等，以殊于士。貴貴之義則然。抑期功之喪，至衆卿大夫，國政綦重，而宗廟之祭，不可以屢缺，若不降則不可以服國事與鄰國之事，而祭亦屢廢矣。服制以士爲始，與旁親爲等夷，自無所降。且員多而所任者輕，一人有喪，同僚足共其職。又士卑，則其廟亦卑，雖廢祭，而適得其分之宜也。親親、長長、貴貴、尊賢，固是四義。以服制論之，只二事耳。長長附于親親，尊賢附于貴貴。貴賤有定，而賢不肖無定，故服制不可以賢不肖之説意爲輕重也。若受誅于甸人，被論于司敗，古之人有大義滅親者，旁親期功之服，雖不當絶不當降者，亦絶之可知。以貴貴之義反觀之，則見矣。

蕙田案：臣與不臣，皆指爲君者言，非指公子言，似不必如敖氏分公在、公没爲説。

右大功九月

五禮通考卷二百五十七

凶禮十二

喪禮

緦衰葬除之

儀禮喪服：緦衰裳，牡麻絰，既葬除之者。疏：此緦衰是諸侯之臣爲天子，在大功下、小功上者，以其天子七月葬，既葬除，故在大功九月下、小功五月上。又縷雖如小功，升數又少，故在小功上也。此不言帶屨者。案下傳云「小功之緦也」，則帶屨亦同小功可知。

敖氏繼公曰：此服特爲諸侯之大夫爲天子而制，故必于其七月既葬乃除之。葬時大夫若會若否，其除之節同也。前「齊衰」章傳云「帶緣各視其冠」，又記云「繐衰冠八升」，則此帶亦八升矣。又此承大功之下，疑其亦用繩屨，與齊衰三月者同。蓋服至尊之屨，或當然也。

郝氏敬曰：不言冠、帶、屨，與大功同。

傳曰：繐衰者何？以小功之繐也。 注：治其縷如小功，而成布四升半。細其縷者，以恩輕也。升數少者，以服至尊也。凡布細而疏者謂之繐。今南陽有鄧繐。 疏：問者，正問縷之粗細，不問升數多少，故答云「小功之繐也」。諸侯之大夫于天子爲陪臣，是恩輕。諸侯爲天子服至尊，義服斬，縷如三升半。陪臣降君，改服至尊，加一升，四升半也。

敖氏繼公曰：小功之布有三等，此繐衰之縷，其如小功之上者與？

諸侯之大夫爲天子。 疏：此經直云「大夫」，則大夫中有孤卿。以其小聘使下大夫，大聘或使孤或使卿也，故大行人云「諸侯之孤，以皮帛繼子男」。

敖氏繼公曰：惟言諸侯之大夫，則其士、庶不服可知。諸侯之大夫，于天子爲陪臣，不可以服斬，又不可以無服，故爲之變而制此繐衰焉。不齊衰三月者，亦辟于其舊國君之服也。

傳曰：何以繐衰也？諸侯之大夫，以時接見乎天子。 注：接猶會也。諸侯之大夫，以時會見于天子而服之，則其士、庶民不服可知。 疏：周禮大宗伯云：「時聘曰問，殷頫曰視。」此並是以時會見天子，天子待之以禮，皆有委積、飧饔、饗食燕與時賜，加恩既深，故諸侯大夫報而服之也。畿外內民庶于天子有服無服[一]，無明文。今因畿外諸侯大夫接見天子者乃有服[二]，不聘天子者即無服，明民庶不爲天子服可知。諸侯之士與卿大夫聘時作介者，雖亦得禮，介本副使，不得天子接見[三]，故亦不服也。

射氏慈曰：諸侯之大夫有出朝聘之事，會見天子，故言接見。雖未接見，猶服此服。

敖氏繼公曰：接見乎天子者，謂爲天子所接見也。經惟言諸侯之大夫，而傳意乃爾。若然，則諸侯之大夫，其亦有不爲天子服者乎？

張氏爾岐曰：謂諸侯使大夫來見天子，適有天子之喪，則其服如此。諸侯若來會葬，則其從行者或亦然。

盛氏世佐曰：案諸侯之大夫爲天子緦衰七月，乃其分所宜然，不論其曾接見與否也。傳言此者，明其有是恩義，故有是服。聖人不爲恩義所不及者制服也。以時接見乎天子者，謂聘問之時，得以名聞于至尊，而天子禮而見之也。既爲大夫，雖未嘗聘問王朝，而其可以接見之禮自在，故無不爲天子服者。疏云「不聘即不服」，非。説者又以接見天子爲會葬，尤謬也。

欽定義疏：案檀弓：「叔仲衍使子柳之妻爲其舅緦衰，且曰：『昔者吾喪姑、姊

〔一〕「内」，諸本脱，據儀禮注疏卷三三補。
〔二〕「諸侯」，諸本脱，據儀禮注疏卷三三補。
〔三〕「天子接見」，諸本倒作「接見天子」，據儀禮注疏卷三三乙正。

妹，亦如斯，未吾禁也。』」而縣子亦以「綌衰繐裳」爲非古。則知春秋之季，俗尚輕細，期功之服，以繐爲之者多矣。繐不一種，則亦有大功與緦之繐與？又春秋傳襄二十七年衛獻公喪，其弟鱄「如稅服終身」。杜注：「稅，即繐也。」繐衰裳，非五服之常，痛愍之，特爲此服。繐之見于經傳者，如此而已。

右繐衰葬除之

殤小功五月

小功布衰裳，澡麻帶絰，五月者。注：澡者，治去莩垢，不絶其本也。小記曰：「下殤小功，帶澡麻，不絶其本，屈而反以報之。」疏：此本齊衰、大功之親，爲殤，降在小功，故在成人小功之上也。但言小功者，對大功是用功粗大，則小功是用功細小精密者也。自上以來，皆帶在絰下，今此帶在絰上者，以大功已上絰帶有本，小功以下斷本。此殤小功中有下殤，小功帶不絶本，與大功同，故進帶于絰上。倒文以見重，故與常例不同也。且上文多直見一絰包二，此別言帶者，亦欲見帶不絶本，與絰不同，故兩見之也。又殤大功直言「無受」，不言月數，此直言月，不言無受者，聖人作經，欲互見爲義。大功言無受，此亦無受；此言五月，彼則九月、七月可知。且下章言「即葛」，此章不言即葛，亦是兼見無受之義也。不言布帶與冠，文略也。不言屨者，當與下章同，吉屨無絇也。注引小記者，欲見下殤小功中有本是齊衰之喪，故特言下殤。若大功下殤，則入緦麻，是以特據下殤。云「屈而反以報之」者，謂先以一股麻不絶本者爲一條，展之爲繩，報，合也，以一頭屈而反，鄉上合之，乃絞垂。必屈而反以合者，見其重故也。若然，此章亦有大功長殤在小功者，未知帶得與齊衰下殤小功同不？絶本不？案服問云：「小功，無變也。」又云：「麻之有本者，變三年之葛。」彼云「小功無變」，據成人小功無變，三年之葛，有本得變之，則知大功殤長、中在小功者，絰帶無本也。以此而言，經、注專據齊衰下殤小功重者而言，其中無有大功之殤在小功帶麻絶本者也〔一〕。姑、姊妹出適，降在小功者，以其成人，非所哀痛，帶與大功之殤同，亦無本也。

敖氏繼公曰：小功布之縷，粗于緦之縷矣，乃曰小功者，對大功立文也。不言牡麻與無受者，可知也。

叔父之下殤，適孫之下殤，昆弟之下殤，大夫庶子爲適昆弟之下殤，爲姑、姊妹、女子子之下殤。 疏：自「叔父」已下至「女子子之下殤」八人，皆是成人期。長殤、中殤大功，已在上「殤大功」章。此下殤小功，故在此章也。仍以尊者在前，卑者居後。

馬氏融曰：本皆期服，下殤降二等，故小功也。

盛氏世佐曰：案以「殤大功」章校之，子之下殤，公爲適子、大夫爲適子之下殤，皆當在此經，不盡

〔一〕「無」，諸本作「兼」，據儀禮注疏卷三二改。

見之者，略可知也。

爲人後者，爲其昆弟、從父昆弟之長殤。疏：此二者以本服大功，今長殤小功，故在此章。從父昆弟情本輕，故在出降昆弟後也。

馬氏融曰：成人服大功也，長殤降一等，故小功也。

敖氏繼公曰：爲從父昆弟者，異人也，經文省爾。其姊妹之殤亦如之。

欽定義疏：案爲人後者，經于大功章見爲其昆弟之服，此見爲其昆弟長殤之服，則爲其昆弟之子、女子子在室者當小功，女子子適人者當緦矣。經不言者，舉昆弟而昆弟之子遞降一等可知。

傳曰：問者曰：中殤何以不見也？大功之殤中從上，小功之殤中從下。注：問者，據從父昆弟之下殤在緦麻也。大功、小功，皆謂服其成人也。大功之殤中從上，則齊衰之殤亦中從上也。此主爲丈夫之爲殤者服也。凡不見者，以此求之也。疏：鄭云「問者，據從父昆弟之下殤在緦麻也」者，以其「緦麻」章見從父昆弟之下殤，此章見從父昆弟之長殤，惟中殤不見故也。云「大功之殤中從上，小功之殤中從下」，「緦麻」章云「齊衰之殤中從上，大功之殤中從下」，兩文相反，故鄭注以彼謂婦人爲夫之族類，此謂丈夫爲殤者服也。鄭必知義然者，以其此傳發在從父昆弟丈夫下，下文發傳在婦人爲夫之親服下也。

敖氏繼公曰：大功之殤始見于此，而又不言中殤，故發問也。喪服之等，其重者自大功而上，輕者自小功而下，已于麻本有無之類見之矣。此復以二者之中殤各異其從上從下之制，亦因以見義。云「從父昆弟之殤，丈夫與女子子在室者」爲之同也，然則此傳亦兼婦人之爲其親族之殤者言矣。

郝氏敬曰：殤有長、中、下三等，功服惟大小二等，故傳以情輕重變通于上下之間。大功、小功謂殤服降在大功者，情重，寧以中從上；降在小功者，情輕，則以中從下，可也。叔父以下中殤在大功，而此又云「中殤從下」，然則中殤十二三以下者，從小功亦可耳。又曰：三殤之等，分疏煩瑣，故傳融會其旨。此章以殤服權其中，「緦麻」章又以成人服權其重。此言大小功、緦麻，亦可推矣，蓋以小功律大功，則小功之中殤從下；如以緦麻律小功，則小功之中殤又從上；以大功律齊衰，則大功之中殤又從下，情重者升，情輕者降，意自通融，不應如鄭注固執作解。

張氏爾岐曰：成人當服大功者，其中殤與長殤同。成人當服小功者，其中殤與下殤同。凡不見于經者，皆當以此例求之。此男子服殤者之法，若婦人爲夫族服殤法，又在後「緦麻」傳也。

盛氏世佐曰：大功、小功，指成人之服而言，非謂殤服也，注説是。郝氏詆之，過矣。「殤大功」章長殤、中殤並見，則齊斬之殤中從上，經文已明。至此章但見長殤而不及中殤，「緦麻」章又或但見下殤而不及中殤，故傳發其例于此，以是大功之殤之第一條也。從上者，比本服降一等也。從下者，比本服降二等也。大功之殤中從上，皆降爲小功，惟下殤緦麻也。小功之殤中從下，皆降爲無服，惟長殤緦麻也。親者引而進之，疏者推而遠之，于中殤之從上從下，而大功、小功之隆殺判矣。

爲夫之叔父之長殤。 注：不見中殤者，中從下也。疏：夫之叔父義服，故次在此。成人大功，故長殤降一等，在小功。云「不見中殤者，中從下也」者，下傳云「大功之殤中從下」，主謂此婦人爲夫之黨類，故知中從下在緦麻也。

昆弟之子、女子子、夫之昆弟之子、女子子之下殤。 疏：此皆成人爲之齊衰期，長、中殤在大功，故下殤在此小功也。

馬氏融曰：世、叔父母爲之服也。成人在期，下殤降二等，故服小功。

陳氏詮曰：妻爲夫之昆弟之子、女子子與夫同。

黄氏榦曰：妾服見「大功」章「大夫之妾爲君之庶子」條。

爲姪、庶孫丈夫、婦人之長殤。 疏：謂姑爲姪，成人大功，長殤在此小功。不言中殤，中從上。庶孫者，祖爲之大功，長殤、中殤亦在此。皆不言男子、女子，而言丈夫、婦人，是見恩疏之義也。

馬氏融曰：適人姑還爲姪，祖爲庶孫，成人大功，長殤降一等，故小功也。言丈夫、婦人者，明姑與姪、祖與孫疏遠，故以遠辭言之。

雷氏次宗曰：前「大功」章爲姪已言丈夫婦人，今此自指爲庶孫言，不在姪。

敖氏繼公曰：姪之殤服，亦姑之適人者爲之也。于庶孫之下言丈夫、婦人者，明庶孫之文不可以兼男女，亦爲其與姪連文故也。

盛氏世佐曰：案姑在室爲姪，與世叔父同，本服期，長殤當降爲大功。今在此小功，明是已適人者也。丈夫、婦人，兼姪與庶孫言，雷説非。爲此二者之服異人，而連言之，以其皆大功之殤也。

大夫、公之昆弟、大夫之子，爲其昆弟、庶子、姑、姊妹、女子子之長殤。注：大夫爲昆弟之長殤小功，謂爲士者若不仕者也，以此知爲大夫無殤服也。公之昆弟不言庶者，此無服，無所見也。大夫之子不言庶者，關適子亦服此殤也。云「公之昆弟爲庶子之長殤」，則知公之昆弟猶大夫。

疏：此三人爲此六種人，成人以尊，降至大功，故長殤小功，中亦從上。注云「大夫爲昆弟之長殤小功，謂爲士者若不仕者也」，凡爲昆弟，成人期，長殤在大功，今小功，明大夫爲昆弟降一等。若昆弟亦爲大夫同等期，不降。今言降在小功，明是爲士若不仕者也。云「以此知爲大夫無殤服也」者，已爲大夫則冠矣，大夫冠而不爲殤也。大夫二十而冠，而有兄弟殤者，已與兄姊同十九，而兄姊于年終死，己至明年初二十，因喪而冠，是以冠成人而有兄姊殤也。且五十乃爵命，今未二十已得爲大夫者，五十乃爵命，自是禮之常法，或有大夫之子有盛德〔一〕，未必至五十爲大夫者也。

馬氏融曰：大夫以尊降，公之昆弟以尊厭，大夫子以父尊厭，各降在大功，長殤復降一等，故小功也。大夫無昆姊之殤，此言殤者關有罪，若畏厭溺，當殤服之。

〔一〕「子有」，諸本脱，據儀禮注疏卷三二補。

敖氏繼公曰：其中殤亦從上，若下殤則不服之，蓋大夫無緦服也。公之昆弟于庶子而下，則爲以尊而降，于昆弟，則亦以其父之所厭而降也。大夫之子所以降之意，前章詳之矣。此已爲大夫，不應有昆與姊之殤，而此經乃爾，蓋以昆弟姊妹宜連文，且此條亦不專主于大夫故也。

盛氏世佐曰：案古者五十而後爵，無大夫而殤死者，亦無既爲大夫而有兄若姊之殤也。注疏説泥，當以敖説爲正。

欽定義疏：案「不杖期」章有大夫之子爲子、昆弟之子爲大夫者之服，則大夫不必五十，亦有少年爲之者可知。疏謂「有盛德」者固然，亦有公族高勳世爲大夫者，適子年雖未冠，已爲大夫，而姊若庶兄尚在長殤之限者，亦其一也。春秋譏世卿，仕者世禄不世官，大夫可世乎？曰：世臣與國同休戚，國所恃以固也。若公族高勳爲大夫，而其適子不世，則朝廷無世臣，廟制宗法皆廢格而不可行矣。二惠弱一个而齊危，欒郤降皂隸而晉替，春秋之勢，不可謂非西周之遺也。即如王朝「南仲太祖，太師皇父」，非其明驗乎？然則譏世卿與不世官者，何也？曰：卿執政者，當于大夫中選而爲之，非謂大夫不可世也。士無世官，謂士耳，不謂大夫也。若大夫雖不盡世，必有世者矣。不可以末季世卿之流弊，而謂先王之法遂無世臣也。案馬氏說于經無所據，疑未必然。敖氏云昆姊連文，聖經字字必有實義，豈連文之謂乎？

大夫之妾爲庶子之長殤。注：君之庶子。　疏：妾爲君之庶子，成人在「大功」章。今長殤降一等，在此小功。云「君之庶子」者，若嫡長，則成人隨女君三年，長殤在大功，與此異。

敖氏繼公曰：上已言君之庶子，故此略之。爲君之女子子亦然。是雖大功之殤，亦中從上，蓋女君之爲此子與夫同，而妾爲君之黨服得與女君同，故皆宜中從上，不可以婦人之從服者例論也。其下殤，亦不服之。

欽定義疏：案「緦麻」章婦人爲夫之族類之殤中從下，惟此與彼殊，敖說是也。妾服如此，則女君不待言矣。

右殤小功五月

小功五月

小功布衰裳，牡麻絰，即葛，五月者。注：即，就也。小功輕，三月變麻，因故衰以就葛絰帶而五月也。閒傳曰：「小功之葛，與緦之麻同。」舊說小功以下，吉屨無絇也。　疏：此是「小功成人」章，輕于殤小功，故次之。此章有三等：正、降、義。其衰裳之制澡絰等，與前同，故略也。云「即葛五月者」，以此成人文縟，故有變麻從葛，故云「即葛」；但以日月爲足，故不變衰也。不列冠屨，承上大功文略，小功又輕，故亦不言也。注引閒傳，欲見小功有變麻服葛法。既葬，大小同，故變同之也。案周禮屨人職：屨、舄皆有絇、繶、純。純者，于屨口緣。繶者，牙底接處縫中有絛。絇者，屨鼻頭有飾爲行戒。吉時有行戒，故有絇。喪中無行戒，故無絇。

敖氏繼公曰：經不言澡，可知也。此變麻即葛，乃不易衰者，爲無受布也。即葛不云三月者，已于「大功」章見之，故不言也。

郝氏敬曰：牡麻，洗治之。牡麻不言澡，同也。絰兼首、要。不言冠纓屨，同也。即葛，謂三月既葬，以葛帶易澡麻帶，所以異于降服小功也。衰不變而帶變，以故衰就葛帶，終五月之期。

盛氏世佐曰：案上章言「澡麻」而不言「牡」，此言「牡麻」而不言「澡」，文互備也。言澡于前者，見其始異于大功以上。于是復云牡，則著其同也。

欽定義疏：大功、小功，期滿則除，九月、七月、五月皆無祭。然則除殤服者，無祭可知。記所謂「祭不爲除喪」者，于此可見。

從祖祖父母、從祖父母，報。注：祖父之昆弟之親。　疏：此亦從尊向卑。從祖祖父母是曾祖之子，祖之昆弟。從祖父母者，是從祖祖父之子，父之從父昆弟之親，故鄭并言「祖父之昆弟之親」。云

「報」者，恩輕，欲見兩相爲服，故云報也。

朱子語類：顯道問服制曰：「唐時添那服制，添得也有差異處。且如親伯叔是期，堂叔須是大功，乃便降爲小功，不知是怎生地？」閎祖記朱子云：「無大功尊。父母本是期，加成三年。祖父母、世父母、叔父母本是大功，加成期。其曾祖父母小功，及從祖伯叔父母小功者〔二〕，乃正服之不加者耳。」

黄氏榦曰：祖父加至期，祖父之昆弟加所不及，據期斷，是以五月。族祖父又疏一等，故緦。父爲衆子期，兄弟之子宜九月，今亦期者，兄弟之子猶子也。從父昆弟之子服，從世叔無加，故報，亦小功也。祖爲孫大功，以疏一等，故兄弟之孫小功。案從祖祖父者，祖之昆弟也。其子謂從祖父，又其子謂從祖昆弟，又其子謂從祖昆弟之子，凡四世。上三世以祖父己旁殺之義推之，皆當服小功，名爲三小功。下一世以子旁殺之義推之，當服緦。此三小功一緦，與己同出曾祖。

敖氏繼公曰：此與爲之者，尊卑雖異，亦旁尊也，故報之。于此即言報者，略輕服。齊衰、大功重，報服或别見之。

盛氏世佐曰：案爲從祖祖父者，昆弟之孫也；爲從祖父者，從父昆弟之子也；并服其妻者，以名

〔二〕「祖」，諸本脱，據朱子語類卷八五補。

服也。此四人皆報，故合言之。

華氏學泉曰：或問：世叔父期，則從祖父母宜大功，而服小功何也？曰：親親，以三爲五，以五爲九，故四世而緦，服之窮也；五世祖免，殺同姓也。是故曾伯叔祖無從，伯叔祖之服一從而止，伯叔之服再從而止，兄弟之服三從而止。其服則皆緦也。伯叔之服，再從而緦，則從祖父母宜小功，從祖父母之報，其姪亦小功，至孫而緦，而親盡矣。若從祖父母宜大功，則再從小功，三從然後緦。三從之伯叔父，則同六世祖矣，而何服之有？曰：然則朱子語類載朱子之疑之何也？曰：此非朱子之疑，乃其門人之問，而朱子之答，未及載也。且此自是儀禮，何嘗是唐時所增也？朱子語類，門人所録，非其手筆，多錯雜處，宜刪節。以一學者之聞見，此尤其較著者也。其前閎祖所録，則固瞭然矣。

欽定義疏：案記傳云「小功以下爲兄弟」，則雖從祖祖父母、從祖父母若外祖父母之尊，皆以兄弟之誼視之矣。又案：父之兄弟期，則祖父之兄弟宜大功，乃降至小功者，五服惟兄弟行遞降一等，而其他則否，所謂「四世而緦，服之窮也」。不然，則服及五世矣，亦以世叔父之期本是加服故也。

從祖昆弟。注：父之從父昆弟之子。疏：此是從祖父之子，己之再從兄弟。以上三者，爲三小功也。

陳氏詮曰：從祖父之子，同出曾祖也。

黄氏榦曰：兄弟期，疏一等，故從昆弟大功，從祖昆弟小功，族昆弟緦。

盛氏世佐曰：案以上三小功，皆云「從祖」者，言其從祖而分也。

從父姊妹。 注：父之昆弟之女。　疏：不言出適與在室，姊妹既逆降，宗族亦逆降報之。

張氏爾岐曰：疏説可疑，此當通下文「孫適人者」爲一節，皆爲出適而降小功也。

盛氏世佐曰：案女子子所逆降者，唯旁期耳。爲其嫁當及時，不可以旁親，故妨之也。至于大功之末，可以嫁子，于昏姻之時固無害。故其成人而未嫁者，亦與未成人者同，無逆降例也。女子子既不逆降其旁親大功已下，而宗族顧可逆降之乎？此舊説所以難通也。敖、張二説皆合下節爲一，得之。

孫適人者。 注：孫者，子之子。女孫在室，亦大功也。

馬氏融曰：祖爲女孫適人者降一等，故小功也。

敖氏繼公曰：三者適人，其服同。云適人則爲女孫，無嫌，故不必言女。

爲人後者，爲其姊妹適人者。 注：不言姑者，舉其親者，而恩輕者降可知。

馬氏融曰：在室者齊衰期，適人大功，以爲大宗後，疎之，降二等，故小功也。不言姑者，明降一體，不降姑也。

陳氏詮曰：累降也。姑不見者，同可知也。猶爲人後者爲昆弟而不載伯父，同降不嫌。

敖氏繼公曰：經于前章爲人後者，惟見其父母、昆弟、姊妹之服，餘皆不見，是于本服降一等者，止于此親爾。所以然者，以其與己爲一體也。然則自此之外，凡小宗之正親、旁親，皆以所後者之親疏爲服，不在此數矣。此姊妹之屬不言報，省文也。記曰：「爲人後者，于兄弟降一等，報。」

湛氏若水曰：姊妹期也，何以小功？以爲人後，降也；以適人，又降也。

盛氏世佐曰：案下記云「爲人後者，于兄弟降一等，報」，爲經所不見者言也。經惟見其父母、昆弟、姊妹之服，其餘皆没不言，文不具耳。「大功」章「爲人後者爲其昆弟」條下疏云「于本宗餘親皆降一等」，得之。敖説誤。

欽定義疏：案爲後者，若係親昆弟之子，則姑猶是姑也，如其服服之，如馬氏説矣。若係從父昆弟之子，更遞疏以迄于無服者，則當降之，如注説矣。姑之期，加服也，本服大功，已出爲後，降小功。姑適人則緦，不與姊妹同差，以其與世叔父均無大功之降也。經以其不定也，故闕之。馬、鄭二家皆是，但各見一邊耳。案經不見本生祖父母、曾祖父母、世叔父母諸人之服者，亦以所後者之親疏不定也。其同祖者，親自親矣。其不同祖者，自祖父母、世叔父母以及其餘，概從降一等之例。惟同曾、高者，則曾、高猶是齊衰三月耳。爲其父母不杖期，不以所後之親疏而異也。如敖氏謂除昆弟、姊妹之外，正親、旁親皆以所後者之親疏爲服，假令在疏屬五服之外，則于本生祖父母之喪竟脱然無一日之服也，而可乎？

爲外祖父母。

馬氏融曰：母之父母也，本服緦，以母所至尊，加服小功。

汪氏琬曰：或問：先儒言前母之黨當爲親，而不言其服，何以無服也？曰：禮，爲其母之黨服，則不爲繼母之黨服。宗無二統，外氏亦無二統。前母之子不服後母之黨，則後子不逮事前母者亦如之也。禮，從服者，所從亡則已。前母既亡，如之何其有從服與？或問：繼母如母，何以不服繼母之黨也？曰：鄭玄謂外氏不可二也，庾蔚之亦謂若服繼母之黨，則亂于己母之出故也。禮，慈母與繼母同。喪服小記曰：「爲慈母之父母無服。」則其不服繼母之黨，宜也。嗟乎！爲人後者言若子，繼母言如母，夫謂之「如」與「若」者，蓋其父母之文同而情則異者也，故不得已而爲繼母之黨服。虞喜謂「縱有十繼母，惟當服次其母者之黨」，此説殆近是矣。

傳曰：何以小功也？以尊加也。疏：外親之服，不過緦麻。以祖是尊名，故加至小功。

敖氏繼公曰：尊云者，謂其爲母之父母也。子之從其母而服母黨者，當降于其母一等。母爲父母期，子爲外祖父母小功宜也，非以尊加也。

徐氏乾學曰：案外祖父母之名，總之則一，分之則十有三：爲母之父母一也，前母子爲後母之父母二也，後母子爲前母之父母三也，庶子爲適母之父母四也，庶子爲繼適母之父母五也，庶子爲生母之父母六也，爲人後者爲所後之母之父母七也，爲人後者爲所生母之父母八也，庶女之子爲母之父母九也，女之子爲母之生母十也，慈母之子爲慈母之父母十一也，出母之子爲母之父母十二也，嫁母之子爲母之父母十三也。凡若此者，其在于古，有服有不服，今則無有不服。所不服者，惟庶子爲生母之父母而已。獨怪後母之子于前母之家猶己外家也，乃以爲恩不相及而不服。甚至晉滿武秋爲曹彦真前母之兄，而相見如路人，不亦可異之甚乎！蔡謨、江思悛以爲：「人疑服繼母之黨不服前母者，以不相及也。繼祖母亦有不相及者，而皆與其黨爲親，何至前母而獨疑之？」其論當矣。又曰：己母被出，而服繼母之黨。虞喜謂：「縱有十繼母，惟當服次其母之黨。」不知次其母者久亡，此從服也，所從亡則已，曷爲服之？竊謂當服在堂繼母之黨耳。

欽定義疏：案敖氏深得制服之條理，然傳意自不可廢也。外親之服不過緦麻，篤本宗而重一本也。堯典首親九族，周室時庸展親，聖人之意可見矣。下逮編氓，親親之殺無異，乃末俗猶有薄于同氣而暱其母妻之黨者，是何心哉？又案：前母之黨，經不言有服，何也？曰：禮外親亦無二統。前母之子不服後母之黨，則後子不逮事前母者亦如之也。從服者，所從亡則已。前母既亡，不從不亦宜乎？己母出，則服繼母之黨。如繼母多，則奚服？曰：服在堂繼母之黨，服其所從也。虞喜以爲「縱有十繼母，唯服次其母者之黨」，非也。又案：外祖父母有當服者六：子爲因母之父母一也，母出爲繼母之父母二也，庶子君母在爲君母之父母三也，庶子爲繼母之父母四也，庶子不爲父後者爲己母之父母五也，以上女子子同爲人後者爲所後母之父母六也。其餘則皆所不服。

從母，丈夫、婦人報。注：從母，母之姊妹。丈夫、婦人，姊妹之子，男女同也。疏：母之姊妹與母一體，從于己母而有此名，故曰「從母」。言丈夫、婦人者，母之姊妹之男女與從母兩相爲服，故曰報。

馬氏融曰：言丈夫、婦人者，異姓，無出入降，皆以丈夫、婦人成人之名名之也。

朱子曰：姊妹于兄弟，未嫁期，既嫁則降爲大功。姊妹之身却不降也〔一〕，故姨母重于舅也。又問：從母之夫、舅之妻皆無服，何也？曰：先王制禮：父族四，故由父而上，爲族曾祖父緦麻。姑之子，姊妹之子，女子子之子，皆由父而推之也。母族三：母之父，母之母，母之兄弟。恩止于舅，故從母之夫、舅之妻皆不爲服，推不去故也。妻族二：妻之父，妻之母。乍看時似乎雜亂無紀，子細看，則皆有義存焉。

敖氏繼公曰：從母之義與從父同，以其在母列，故但以從母爲稱。丈夫、婦人即爲從母服者也。

〔一〕「却」，諸本作「知」，據朱子語類卷八七改。

此爲加服，而從母乃報之者，以其爲母黨之旁尊，不足以加尊焉，故報之也。經凡三以「丈夫、婦人」連文，而所指各異，讀者詳之。

汪氏琬曰：先王之制禮也，在父黨則父之昆弟爲重，而于父之姊妹則恩殺矣，故服諸父期而服姑、姊妹大功。在母黨則母之姊妹爲重，而于母之昆弟則恩殺矣，故服從母小功而服舅緦。先王所以分内外、别男女而遠嫌疑者也。唐太宗顧加舅服，使與姨母同。太宗知禮，孰不知禮？

傳曰：何以小功也？以名加也，外親之服皆緦也。注：外親異姓，正服不過緦。疏：「以名加」者，以有母名，故加至小功。外親以本非骨肉，情疎，故聖人制禮，無過緦也。

馬氏融曰：外祖、從母，其親皆緦也，以尊名加，故小功也。

雷氏次宗曰：二親恩等，而中表服異。君子類族辯物，本以姓分爲判。故外親之服不過于緦，于義雖當，求情未愜，苟微有可因，則加服以伸心。外祖有尊，從母有名，故皆得因此加以小功也。舅情同二人而名理闕，無因，故有心而不獲遂也。然情不止于緦，亦以見于慈母矣。至于餘人，雖有尊名而不得加者，服當其義，情無不足也。

庾氏蔚之曰：男女異長，母之在室，與其姊妹有同居共席之禮，故許其因母名以加服。

杜氏佑曰：晉袁準論曰：「從母小功五月，舅緦麻三月，禮非也。從母緦，時俗所謂姨母者也。舅之與姨，俱母之姊妹兄弟，焉得異服？從母者，從其母而爲庶母者也，親益重，故小功也。凡稱父母者，皆同乎父母之例者也。舅非父列，姨非母列，故舅不稱父，姨不稱母也。可稱姨，不應稱母。謂姨母爲從母者，此時俗之亂名，書之所由誤也。春秋傳：『蔡哀侯娶于陳，息侯亦娶焉。息嬀將歸，過蔡，蔡侯曰：「吾姨也。」止而享之。』爾雅曰：『妻之姊妹，同出爲姨。』此本名者也。左傳：『臧宣叔娶于鑄，生賈及爲而死，繼室以其姪，穆姜之姨子也。』以蔡侯、爾雅言之，穆姜焉得言姨？此緣妻姊妹之姨，因相謂爲姨也。姊妹相謂爲姨，故其子謂之姨子，其母謂之姨母。從其母而來，故謂之從母。從母、姨母，爲親一也，因復謂之從母，此因假轉亂而遂爲名者也。」或曰：「案準以經云從母是其母姊妹，從其母來，爲己庶母，其親益重，故服小功，非通謂母之姊妹也。」宣舒云：「二女相與，行有同車之道，坐有同席之禮，其情親而比，其恩曲而至。由此觀之，姊妹通，斯同矣；兄妹別，斯異矣。同者親之本，異者疎之源也。然則二女之服何其不重耶？兄妹之服何其不輕耶？曰：同父而生，父之所不降，子亦不敢降，故二女不敢相與重。然則舅何故三月耶？從母何故小功耶？曰：故母取其愛，是以外王父之尊，禮無厭降之道。爲人子者，順母之情，親乎母之類，斯盡孝之道也，是以從母重而舅輕也。曰：姑與父異德異名，叔父與父同德同名，何無輕重之降耶？曰：姑與叔父，斯王父愛之所同也。父之所不降，子亦不敢降，此叔父與姑所以服同而無降也。」

蕙田案：從母之名，因母而推，猶從父之因父而推，從祖之因祖而推也。袁準云「從母者，從其母而爲庶母者也」，若然，則從父、從祖更當何説？恐未必然。

敖氏繼公曰：母爲姊妹大功，子從服當緦，以有母名，故加一等而在此。云「外親之服皆緦」，以見此爲加也。然外親之服有在緦者，則以其從與報而爲之，不得不然耳，非故輕之，令例皆緦也。又爲外祖父母，亦從服之常禮也而在小功，乃云「皆緦」，何哉？

郝氏敬曰：外親之服，謂本非骨肉，而恩誼相聯，特爲緦麻處之。故緦麻三月以厚外親，亦猶齊衰三月以隆内尊也。緦麻以聯其疎，齊衰以殊其卑，皆止于三月，酌天時，通其變也。

顧氏炎武曰：唐玄宗開元二十三年制，令禮官議加服制。太常卿韋縚請加外祖父母服至大功九月，舅服至小功五月，堂姨、堂舅、舅母服至袒免。太子賓客崔沔議曰：「禮教之設，本于正家，家正而天下定矣。正家之道，不可以貳，總一定義，理歸本宗。所以父以尊崇，母以厭降，内有齊斬，外服皆緦。尊名所加，不過一等。此先王不易之道，其來久矣。貞觀修禮，特改舊章，漸廣渭陽之恩，不遵洙、泗之典。及弘道之後，唐元之間，國命再移于外族矣。禮亡徵兆，儻見于斯。開元初，補闕盧履冰嘗進狀論喪服輕重，勑令僉議。于時群議紛拏，各安積習。太常禮部奏：「依舊定，陛下運稽古之思，發獨斷之明，特降别勑，一依古禮，事符典故，人知向方。式固宗盟，社稷之福。更圖異議，竊所未詳。願守八年明旨，以爲萬代成法。」職方郎中韋述議曰：「天生萬物，惟人最靈，所以尊尊親親，别生分類，存則盡其愛敬，没則盡其哀戚，緣情而制服，考事而立言。往聖討論，亦已勤矣。上自高祖，下至玄孫，以及其身，謂之九族。由近而及遠，稱情而立文，差其輕重，遂爲五服。雖則或以義降，或以名加，教有所從〔一〕，理不踰等，百王不易，三代可知。若以匹敵言之，外祖則祖也，舅則伯叔父之列也。父母之恩不殊，而獨殺于外氏者，所以尊祖禰而異于禽獸也。且家無二尊，喪無二斬，持重于大宗者，降其小宗；爲人後者，減其父母之服；女子出嫁，殺其本家之喪。蓋所存者遠，所抑者私也。今若外祖及舅，更加服一等；堂舅及姨，列于服紀之内，則中外之制，相去幾何？廢禮徇情，所務者末。且五服有上殺之義，必循原本，方及條流。伯叔父母，本服大功九月。今從父昆弟亦大功九月，並以上出于祖，其服不得過于祖也。從祖祖父母、從祖父母、從祖昆弟皆小功五月，以出于曾祖，服不得過于曾祖也。族曾祖父母、族祖父母、族父母、族昆弟皆緦麻三月，以出于高祖，服不得過于高祖也。堂舅、姨既出于外曾祖，若爲之制服，則外曾祖父母及外伯叔祖父母亦宜制服矣。外祖加至大功九月，則外曾祖父母合至小功，外高祖合至緦麻。若舉此而舍彼，事則不均；棄親而録疏，理則不順。推而廣之，則與本族無異矣。且服皆有報，則堂外甥、外曾孫、姪女之子皆須制服矣。聖人豈薄其骨肉，背其恩愛？蓋本于公者薄于私，存其大者略其細，義有所斷，不得不然。苟可加也，亦可減也。往聖可得而非，則禮經可得而隳矣。先王之制，謂之彝倫，奉以周旋，猶恐失墜，一紊其叙，庸可止乎？」禮部員外郎楊仲昌議曰：「案儀禮爲舅緦，鄭文貞公、魏徵議同，從母例加至小功五月。雖文貞賢也，而周、孔聖也，以賢改聖，後學何從？今之所請，正同徵論。如以外祖父母加至大功，豈不加報于外孫乎？外孫爲報服

〔一〕「教」，原作「數」，據光緒本、日知録集釋卷五改。

大功，則本宗庶孫又用何等服邪？竊恐内外乖序，親踈奪倫。情之所沿，何所不至？昔子路有姊之喪而不除，孔子曰：『先王制禮，行道之人皆不忍也。』子路除之。此則聖人援事抑情之明例也。記不云乎：『毋輕議禮。』」時玄宗手敕再三，竟加舅服爲小功，舅母緦麻，堂姨堂舅袒免。宣宗舅鄭光卒，詔罷朝三日。御史大夫李景讓上言：「人情于外族則深，于宗廟則薄。所以先王制禮，割愛厚親。士庶猶然，況于萬乘？親王、公主，宗屬也；舅氏，外族也。今鄭光輟朝日數與親王、公主同，非所以別親疏、防僭越也。」優詔報之，乃罷朝兩日。夫由韋述、楊仲昌之言，有以探本而尊經；由崔沔、李景讓之言，可以察微而防亂，豈非能言之士，深識先王之禮，而亦目見武、韋之禍，思永監于將來者哉？

華氏學泉曰：或問：母之姊妹反重于母之兄弟之服，何也？曰：此從服也。子從母而服其母之黨降一等，故外祖父母，母爲之服期，子從母降一等，而爲之服小功。母爲姊妹亦期，子從服而爲之降二等亦小功。母出室，降其兄弟大功，故子從母降二等而爲之緦也。

欽定義疏：父之黨，從乎父而推，則首及世叔父。母之黨，從乎母而推，則首及從母。男女異長，姊妹之間，其情尤暱，此從母之服所以過于舅也。

夫之姑、姊妹，娣姒婦，報。注：夫之姑、姊妹，不殊在室及嫁者，因恩輕，略從降。疏：夫之姑、姊妹，夫爲之期，妻降一等，出嫁小功。因恩疏，略從降，故在室及嫁同小功。

馬氏融曰：妻爲夫之姊妹服也。娣姒婦者，兄弟之妻相名也。長稚自相爲服。不言長者，婦人無所專，以夫爲長幼，不自以年齒也。妻雖小，猶隨夫爲長也。先娣後姒者，明其尊敵也。報者，姑報姪婦也。言婦者，廟見成婦，乃相爲服。

王氏肅曰：案左氏傳曰：魯之穆姜，晉子容之母，皆謂稚婦爲娣婦，長婦爲姒婦。此婦二義之不同者。今據傳文，與左氏正合，宜即而案之。

敖氏繼公曰：爲夫之姑、姊妹，從服也。乃小功者，唯從其夫之降服也。記曰：「夫之所爲兄弟服，妻降一等。」夫爲其姑、姊妹在室者期，正服也。出嫁者大功，降服也。妻不隨其夫之正服、降服而爲升降者，從服者宜有一定之制，而不必隨時變易也。所以不從其夫之正服者，恐爲其出嫁者或與夫同服，則失從服之義也。此爲從服，故姑、姊妹言報。娣姒婦固相爲矣，亦言報者，明其不以夫爵之尊卑而異也。先娣後姒，則娣長姒穉明矣。

欽定義疏：案昆弟一爲大夫，一爲士，則大夫降其昆弟大功。娣姒婦相爲小功，雖命婦亦不更降，以其夫之于昆弟妻無服，故不隨夫爵而異也。娣姒婦與夫之姊妹皆同輩也，上非母道，下非婦道，而相爲服，如此則嫂叔之無服以遠嫌而不以同輩，又可見矣。

傳曰：娣姒婦者，弟長也。何以小功也？以爲相與居室中，則生小功之親焉。

注：娣姒婦者，兄弟之妻相名也。長婦謂稚婦爲娣婦，娣婦謂長婦爲姒婦。疏：「娣姒」二字皆以女爲

形，以弟爲聲，則據二婦互稱，年小者爲娣，年大者爲姒。假令弟妻年大，稱之曰姒；兄妻年小，稱之曰娣。是以左氏傳穆姜是宣公夫人，大婦也；聲伯之母是宣公弟叔肹之妻，小婦也。聲伯之母不聘，穆姜云：「吾不以妾爲姒。」是據二婦年大小爲娣姒，不據夫年爲大小也。

譙氏周曰：父母既没，兄弟異居，又或改娶，則娣姒有初而異室者矣。若不本夫爲論，唯取本室而已，則親娣姒與堂娣姒不應有殊。經殊其服以夫之親疎者，是本夫與爲倫也。婦人于夫之昆弟，本有大功之倫；從服其婦，有小功之倫；于夫從父昆弟，有小功之倫；從服其婦，有緦麻之倫也。夫以遠之而不服，故婦從無服而服之。然則初而異室，猶自以其倫服。

徐氏邈曰：報服在娣姒下，則知姑、姊之服亦是出自恩紀，非從夫之服報也。所發在于姑、姊耳。

庾氏蔚之曰：傳以同居爲義，蓋從夫謂之同室，以明親近，非謂常須共居。設夫之從父昆弟，少長異鄉，二婦亦有同室之義，聞而服之緦也。今人謂從父昆弟爲同堂，取于此也。婦從夫服，降夫一等，故爲夫之伯叔父大功，則知夫姑、姊妹皆是從服。夫之昆弟無服，自别有義耳，非如徐邈之言出自恩紀者。

敖氏繼公曰：婦人于夫之昆弟當從服，以遠嫌之故而止之，故無服。假令從服，亦僅可以及于其昆弟之身，不可以復及其妻也。然則娣姒婦無相爲服之義，而禮有之者，則以居室相親，不可無服故爾。然二人或有並居室者，有不並居室者，亦未必有常共居者，而相爲服之義惟主于此者，蓋本其禮之所由生者言也。娣，長也，釋娣婦之爲長婦也，其下亦似有脱文。

郝氏敬曰：次適曰娣，似姒曰姒，以娣自謂，以姒謂彼，妯娌之通稱。猶男子同輩，呼彼曰兄，自稱曰弟也。傳以「弟長」釋之，言自弟而長彼也。生小功之親，言本非親，因同室相親爲小功也。

盛氏世佐曰：案云「娣姒婦者，弟長也」者，以弟解娣，以長解姒也。爾雅云：「長婦謂稚婦爲娣婦，娣婦謂長婦爲姒婦。」公羊傳亦云：「娣者何？弟也。」皆與此傳合。敖本「弟長」之「弟」誤作「娣」，因謂傳釋娣婦爲長婦非。婦人之義，從夫之爵，坐以夫之齒，則其娣姒之稱，亦以夫之長幼爲斷，明矣。疏説誤。左傳穆姜謂聲伯之母爲姒，叔向之嫂謂叔向之妻爲姒，二者皆呼夫弟之妻爲姒者。朱子云「單舉則可通。謂之姒，蓋相推讓之義耳」，是也。

欽定義疏：案婦人坐以夫之齒，無自以其年爲大小之理。疏既與傳違，亦乖注義。注本爾雅，然案之此經及左傳則適相反，豈時俗有不同者與？

蕙田案：疏文非是，諸家論之甚明。而娣姒之解，則以郝氏、盛氏爲的。其「弟長也」之義，盛稍優于郝，然語終欠條暢。敖氏以爲有脱文，近之。

大夫、大夫之子、公之昆弟，爲從父昆弟、庶孫、姑、姊妹、女子子適士者。注：從父昆弟及庶孫，亦謂爲士者。疏：從父昆弟、庶孫本大功，此三等以尊降入小功。姑、姊妹、女子子本期，此三等出降入大功。若適士，又降一等，入小功也。此等以重出其文，姑、姊妹又以再降，故在此。

敖氏繼公曰：此姑、姊妹、女子子再降，故其服在此。不言適人而言適士者，所以見從父昆弟及庶孫亦謂爲士者也。經之例多類此。公之昆弟于其從父昆弟之不爲大夫者，乃小功者，以其非公子也。周之定制，諸侯父死子繼，不立昆弟，于此亦可見矣。

欽定義疏：三者之從父昆弟、姑、姊妹，不敢以小功報，而如其大功之本服服之。惟大夫之子，父没則不降。

大夫之妾爲庶子適人者。注：君之庶子，女子子也。庶女子子在室大功，其嫁于大夫亦大功。疏：此適人者，謂士也。

馬氏融曰：適夫人庶子也，在室大功，出降一等，故服小功。

敖氏繼公曰：女子子不必言庶，文有脱誤也。經凡言庶子，皆主于男子也。此非己子，故其服如此。若爲己之女子子，在室期，適人亦大功。又考喪服記與小記言妾爲君之長子之服，「大功」章及此章凡三見。大夫之妾爲君之庶子及其女子子之服，若其君之他親，則無聞焉。然則，凡妾之從乎其君而服其君之黨者止于此耳，是亦異于女君者也。

盛氏世佐曰：案女子子云「庶」者，别于己所生也。女君所生者，亦存焉。己子在室期，適人大功。妾不得體君，爲其子得遂也。

欽定義疏：女君所生之女子子，妾爲之服，與庶子同，故女子子無分于適庶。經言庶子者，嫌他妾所生之女子子或異于女君所生者也。又案：妾爲君之父母、祖父母，亦當與女君同，猶臣之從君服也。其旁親，皆不服之，彼不來服妾，亦無庸偏服之，且嫌並適也。妾服不及其孫，妾子之子無爲父之妾母之服，妾又何孫服之有乎？

蕙田案：此條馬融以出降一等爲説，王肅以適士降一等爲説。馬説是也。經明言適人，是以出降故小功，非以適士降故小功。

庶婦。注：夫將不受重者。疏：小記注云：「世子有廢疾，不可立，而庶子立。」其舅姑皆爲其婦小功，則亦兼此婦也。

黄氏榦曰：適婦大功，庶婦小功，兄弟子婦小功。貞觀十四年，侍中魏徵奏：「適子婦，舊服大功，請加爲周。衆子婦，舊服小功，今請與兄弟子婦同服大功九月。」問：「魏徵以兄弟子之婦同于衆子婦，先師朱文公曰：『禮經嚴適，故儀禮適婦大功，庶婦小功，此固無可疑者。但兄弟子之婦，則正經無文，而舊制爲之大功，乃更重于衆子之婦。雖以報服使然，然于親疏輕重之間，亦可謂不倫矣。』」故魏公因太宗之問而正之，然不敢易其報服大功之重，而但升適婦爲期，乃正，得嚴適之義；升庶婦爲大功，亦未害于降殺之差也。前此未喻，乃深譏其兄弟子婦而同于衆子婦爲倒置人倫，而不察其實，乃以衆子婦而同于兄弟子之婦也。幸更詳之。案儀禮婦服舅姑期，故舅姑服適婦大功。今加適婦爲期，雖得嚴適之義，又非輕重降殺之義，當考。今服制令，舅姑爲適婦不杖期，爲衆子婦大功，爲兄弟子之婦大功。

敖氏繼公曰：庶婦爲舅姑期，舅姑乃再降之爲小功者，所以別于適婦也。

君母之父母、從母。注：君母，父之適妻也。從母，君母之姊妹。疏：此亦謂妾子爲適妻之父母及君母姊妹如適妻子，爲之同也。

馬氏融曰：妾子爲之服小功也。自降外祖服緦麻，外無二統者。

傳曰：何以小功也？君母在，則不敢不從服。君母不在，則不服。注：不敢不服者，恩實輕也。凡庶子爲君母，如適子。疏：不在者，或出或死也。君母在，既爲君母父母服，其己母之父母或亦兼服之。若馬氏義，君母不在，乃可伸矣。

馬氏融曰：從君母爲親服也。君母亡，無所復厭，則不爲其親服也，自得伸其外祖小功也。

敖氏繼公曰：「君母在，則不敢不從服」者，以其配父尊之也。「君母不在則不服」者，別于己之外親也。此庶子雖服其君母之父母姊妹，彼于此子則無服也。蓋庶子以君母之故，不得不服其親，而彼之視己，實非外孫與姊妹之子，故略而不服。

郝氏敬曰：服爲哀節，戚爲喪本，服由情生，貌以飾情。仁人之于喪，非以不敢不服服也，欲服而不敢服則有之，不欲服而不敢不服則幾乎偷矣。君母在不敢不服，斯禮也，雖聖人無如之何。聖人于禮，人情耳，人情所不敢，聖人因之，尊尊親親，所以不得不相爲用也。

盛氏世佐曰：案服問云：「母出，則爲繼母之黨服。母死，則爲其母之黨服。爲其母之黨服，則不爲繼母之黨服。」注云：「雖外親，亦無二統。」以是推之，則爲君母之黨服，亦不爲其母之黨服矣。疏云兼服之，殆非。君母不在，乃得伸，馬説得之。

君子子爲庶母慈己者。注：君子子者，大夫及公子之適妻子。疏：鄭云「君子子者，大夫及公子之適妻子」者，禮之通例，君子與貴人，皆據大夫已上。公子尊卑比大夫，故鄭據而言。又國君之子爲慈母無服，士又不得稱君子，亦復自養子，無三母具，故知此二人而已。必知適妻子者，妾子賤，亦不合有三母故也。

敖氏繼公曰：此服固適妻之子爲之，若妾子，則謂其母或不在，或有他故，不能自養其子，而庶母代養之，不命爲母子者也。

郝氏敬曰：君子，謂君與女君所生子，是大夫、公子適妻之子。重言子，明異于士庶人與妾子之爲子也。庶母，父衆妾。慈己，謂非慈母而有慈養之恩者。然無父命爲母子之義，故與慈母殊。慈母如母，庶母緦麻，貴人降則絶。此慈己者，分不及慈母，而情厚于庶母，故不從降例，爲之服小功。禮記曾子問疑慈母無服，蓋誤以此母爲慈母如母者耳。

蕙田案：慈母有三：一則「齊衰」章「慈母如母」，謂妾之無子，妾子之無母者，父命爲子，服齊衰三年。一則「小功」章「庶母慈己」者，謂大夫之適妻子，庶母慈養己者，服小功。一則内則章「擇于諸母與可者，其次爲慈母」，曾子問内有慈母，君命所以教子也。此天子、諸侯之子皆無服。此條鄭注引內則，非是。

傳曰：君子子者，貴人之子也，爲庶母何以小功也？以慈己加也。注：云「君子子」者，則父在也，父殁則不服之矣。「以慈己加」，則君子子亦以士禮爲庶母緦也。內則曰：「異爲孺子室于宫中，擇于諸母與可者，必求其寬裕慈惠、温良恭敬、慎而寡言者，使爲子師，其次爲慈母，其次爲保母。皆居子室，他人無事不往。」又曰：「大夫之子有食母。」庶母慈己者，此之謂也。其可者，賤于諸母，謂傅姆之屬也。其不慈己，則緦可矣。不言師、保，慈母居中，服之可知也。國君世子生，卜士之妻，大夫之妾，使食子，三年而出，見于公宫則劬，非慈母也。士之妻自養其子。疏：云「父在」者，以其言子繼于父。且大夫、公子不繼世，身死則無餘尊之厭，如凡人，則無三母慈己之義，故知父在也。曰「父没則不服」者，以其無餘尊，雖不服小功，仍服庶母緦麻，如士禮。鄭注內則云：「爲君養子之禮。」今此鄭所引，證大夫、公子養子之法。以其大夫、公子適妻子，亦得立三母故也。又云「大夫之子有食母」者，謂大夫三母之內，慈母有他故，使賤者代慈母養子，謂之乳母，死則服之三月，與慈母服異。引之者，證三母外又有此母也。君與士皆無此事。國君子三母之外別有食子者，然皆無服。曾子問孔子曰：「古者男子外有傅，內有慈母，君命所使教子也，何服之有？」以此而言，則知天子、諸侯之子于三母皆無服也。

戴氏聖曰：君子子爲庶母慈己者，大夫之適妻之子養于貴妾，大夫不服賤妾，慈己則緦服也。其不言大夫之子而稱君子子者，君子猶大夫也。

馬氏融曰：貴人者，嫡夫人也。子以庶母慈養己，加一等小功也。爲父賤妾服緦。父没之後，貴賤妾皆小功也。

陳氏詮曰：君子子者，大夫之美稱也。貴人者，謂公卿大夫也。謂貴人之子，父殁之後得行士禮，爲庶母緦也。有慈養己者，乃加服小功。

雷氏次宗曰：大夫不服。凡妾，父所不服，子亦不敢服，安得爲庶母緦哉？大夫惟服姪娣，今所服者，將姪娣之庶母。

敖氏繼公曰：禮，爲庶母緦，謂士及其子也。其慈己者，恩宜有加，固小功矣。此云「君子子者」，明雖有貴者，其服猶然也。大夫之子、公子之子，于庶母亦當緦麻，以從其父而降，遂不服。其于慈己者，加在小功。若又從父而降，則宜在緦麻。今乃不降而從其加服者，嫌其與凡父在，而爲不慈己者之服同也。正者降之，加者伸之，其意雖異，而禮則各有所當也。云君子子，則父在也，父在且伸此服，則父没可知矣。其爲父後者則但服緦，蓋不可以過于因母也。若爲大夫，則不服之，以大夫于庶母本無服故也。

張氏爾岐曰：加，謂于緦麻上加至小功也。注「父没則不服」，謂不服其加服，仍爲服緦，以此慈母本庶母也。國君子于三母無服，士妻自養其子，故注知爲大夫、公子之適妻子也。

欽定義疏：案士之妻固自養其子，然或妻不能養而妾代養之，或此妾所生而彼妾代養之，皆爲庶母慈己者，則皆小功也。注引内則證此慈母之爲諸母耳。諸母

即庶母，與此經一也。但國君之世子、衆子皆不服之。服之者，惟公子之子及大夫之子以下耳。若非庶母，而以他人爲之，則僅可比「緦麻」章之乳母，且自大夫之子以上皆不爲之服矣。昭十一年左傳：「其僚無子，使字敬叔。」此庶母慈己者也，不爲大夫則服之。又案：内則言子師、慈母、保母，蓋國君之子備此三者。若公子之子、大夫之子，則三者不必備，即備，亦不必概爲之服，服慈己者而已，以其恩勤爲尤甚也。司馬筠謂内則慈、保擇他人爲之，非謂兄弟之母，而詆鄭康成爲「不辨三慈，混爲訓釋」。夫始生之子，不必遂有兄弟，固不必即有兄弟之母，而父妾皆可擇爲慈母也。渠蓋忽過内則「諸母」二字，未之審耳。又案：父命爲母子則三年。夫服三年則妾當從服，但孫不從服，己亦不服其黨耳。此庶母慈己者，經原不正名之曰慈母也。小功無從，自不待言。

蕙田案：庶母緦麻，慈己者加一等，故小功。言慈己，則非有慈母之名也。上之不同于「齊衰」章之「慈母如母」，下之不同于内則「其次爲慈母之無服」。善乎！義疏之言曰：「此庶母慈己者，經原不正名之曰慈母也。」義劃然矣。

右小功五月

五禮通考卷二百五十八

凶禮十三

喪禮

緦麻三月

儀禮喪服：緦麻，三月者。注：緦麻，布衰裳而麻絰帶也。不言衰絰，略輕服，省文。疏：此章五服之内輕之極者，故以緦如絲者爲衰裳，又以澡治莩垢之麻爲絰帶，故曰緦麻也。「三月」者，凡喪服，變除皆法天道，故此服之輕者，法三月一時，天氣變，可以除之也。

敖氏繼公曰：輕服既葬即除之，故但三月也。不别見殤服者，以其服與成人無異也。齊衰三月不言繩屨，大功不言冠布纓，小功不言布帶，緦麻不言衰絰，服彌輕則文彌略也。

傳曰：緦者，十五升抽其半，有事其縷，無事其布，曰緦。注：謂之緦者，治其縷，細如絲也。或曰：有絲，朝服用布。何衰用絲乎？抽猶去也。雜記曰：「緦冠繰纓。」疏：八十縷爲升，十五升，千二百縷，抽其半，六百縷，縷粗細如朝服，數則半之。冠與衰同用緦布，但繰纓者以灰澡治布爲纓，與冠别。

敖氏繼公曰：十五升者，將爲十五升布之縷也。抽其半而爲布，則成布七升有半也。此比于他服之布爲稍踈，比于他布之縷爲最細。細者所以見其爲輕喪，踈者所以明其非吉布。若布縷之或治或否，其意亦猶是也。曰緦者，蓋治其縷，則縷細如絲，故取此義而名之，亦以異于錫衰也。此布七升有半，乃在小功之下者，以其縷細也。凡五服之布，皆以縷之粗細爲序，其粗者則重，細者則輕，故升數雖多，而縷粗猶居于前，如大功在繐衰之上是也。升數雖少，而縷細，猶居于後，如緦麻在小功之下是也。

郝氏敬曰：有事謂澡治其縷，後織使滑易也；無事其布，謂成布則不治也。

張氏爾岐曰：事，鍛治之事。治其縷，不治其布也。

姜氏兆錫曰：十五升抽其半者，謂十四升有半，而縷計一千一百有六十也。疏家乃謂十五升中去其七升有半而六百縷，是亂經文也。考斬衰三升，齊衰則殺而爲四升、五升、六升，大功則又殺而爲七升、八升、九升，小功則更殺而爲十升、十一升、十二升。若以例降殺，則緦麻固應殺而爲十三升、十四升、十五升之差矣。其所以無三等之差者，先王制禮之義，禮之至重者與其雖輕而猶重者，其禮皆從詳而文；而其至輕者，其禮皆從略而質。夫自斬至小功，所以遞有升數之不同者，斬衰有正服、義服二等，正服三升，義服三升有半，皆如其服之二等，以爲升數之二等。其齊衰、大功、小功，皆有降服、正服、義服三等，齊衰降服四升，正服五升，義服六升，大功、小功三等之差亦如之。凡此斬齊，固皆重服，其下遞差，至大功、小功，猶皆三月後受服即葛，則雖輕猶重也。故其禮皆從詳而文。若緦麻之服，不過三月，既葬即釋，而五服之輕者，至此極矣，故其服從略而質。雖有降、正、義三等之服制，而升數之三等則無之也。所以必用十四升有半者，制禮之義，以輕從輕，不以輕從重。緦麻，服之至輕也。如斬、齊、功之例，本應降服十三升，正服十四升，義服十五升，而既以輕服，而無三等升數之差矣。今使以義從正，以正從降，是爲逆而從重；以降從正，以正從義，是爲順而從輕。其輕者乃十五升也，而十五升又爲朝服之服制，不可用，故去其半升而用之。斬衰之義服三升有半者，以其下則齊衰四升也。緦衰之諸服十四升有半者，以其下則朝服十五升也。若以十五升去其半升之制，而亂爲十五升去其七升有半之制，則以五服中緦服之至輕，逆而從重，不但加于三等小功之上，而且直居三等大功中正服之上。先王制禮，當不如是也。且即以經傳各文義推之，雜記云「朝服十五升，去其半而緦」，是猶以朝服相比而言也，則謂于朝服十五升之數，去其七升有半之數，猶可言也。若儀禮喪服傳、喪服記，若禮記閒傳，皆但云「十五升去其半而緦」，並無「朝服」二字，是固不以朝服相比而言矣。則苟爲七升有半之制，亦直云七升有半而已，否則，或云八升去其半而已。而謂懸舉十五升之布而去其中之七升有半，是不但于禮制不合，而于言亦不順矣，是尚可通乎？或曰：緦麻雖七升有半，而縷細如朝服，是固不嫌重也。喪服繐衰，治其縷如小功，而布則四升有半，緦衰當亦如之。且小功以上，皆生縷生布，而緦麻有事其縷，無事其布，爲熟縷生布，則不啻輕矣。曰：是未之考也。五服縷質之粗細，其與升數之多寡本相權，緦服升本宜多，縷本宜細，不得謂縷細而升可疏。例以繐衰之制也明矣。儀禮「繐衰」者，五服以外之制也。其服，繐衰裳，牡麻絰，既葬除之，諸侯之大夫以時接見于天子者服之也。夫諸侯之大夫以接見天子而服繐衰三月，其服本輕，而其升數則四升有半者，注蓋謂「細其縷者，其恩輕，而升數少者，明爲至尊服也」。由此推之，繐裳乃五服以外之權制，故縷與升之輕重互相備。而緦麻五服之正之極輕，非其比也。緦衰祖小功以上，由重入輕，故縷分生熟，而凡縷與布之生熟，亦皆與升數相權，故緦衰者十五升抽其半，而有事其縷、無事其布者也。錫衰者亦十五升抽其半，而無事其縷、有事其布者也。錫衰視緦衰，哀深而服較輕，故周禮「王爲三公服」，而注謂之「哀在内」；緦衰視錫衰，哀淺而服稍重，故「王爲諸侯服」，而注謂之「哀在外」。二制縷與布互有生熟，然其以服輕而升密，升密而熟治，則一也，又豈得謂細縷熟治而升可疏乎？

盛氏世佐曰：十五升抽其半，謂其縷之粗細如朝服，而但去其半升耳。治其縷而不治其布，亦異于吉者也，吉服縷與布皆治之。下記云「三升有半」，又云「四升有半」，半者皆謂半升也。以此證之，姜氏之言信矣。

蕙田案：斬衰三升、三升有半，凡二等。齊衰四升、五升、六升，大功七升、八

升、九升，小功十升、十一升、十二升，皆三等。緦麻至輕，惟有一等。經云「十五升抽其半」者，謂十四升有半也。大夫相弔錫衰，其升數與此同。若如舊説以爲七升有半，是比之大功正服反加重矣。姜氏、盛氏説，足正相沿之誤。

族曾祖父母、族祖父母、族父母、族昆弟。注：「族曾祖父」者，曾祖昆弟之親也。「族祖父」者，亦高祖之孫，則高祖有服明矣。疏：此即禮記大傳云：「四世而緦，服之窮也。」名爲四緦麻者也。「族曾祖父母」者，己之曾祖親兄弟也。「族祖父母」者，己之祖父從父昆弟也。「族父母」者，己之父從祖昆弟也。「族昆弟」者，己之三從兄弟也。皆名爲族，族，屬也，骨肉相連屬。以其親盡，恐相疏，故以族言之耳。此四緦麻又與己同出高祖，己上至高祖爲四世，旁亦四世，旁四世既有服，于高祖有服明矣。鄭言此者，舊有人解「齊衰三月」章，直見曾祖父母，不言高祖，以爲無服，故鄭從下鄉上推之，高祖有服可知。

黄氏榦曰：曾祖父據期斷，本應五月。曾祖之昆弟既疏一等，故緦。曾祖爲曾孫三月，兄弟曾孫以無尊降之，故亦緦。族曾祖父者，曾祖父之兄弟也，其子謂族祖父，又其子謂族父，又其子謂族昆弟，凡四世。以曾祖祖父己旁殺之義推之，皆當服緦。

敖氏繼公曰：以從父、從祖者差之，則此乃從曾祖之親也。變言族者，明親盡于此也。凡有親者皆曰族，記曰「三族之不虞」是也。

盛氏世佐曰：爲族曾祖父者，昆弟之曾孫也。爲族祖父者，從父昆弟之孫也；爲族父者，從祖昆弟之子也。自族父母而上皆反服，不云報者，省文也。族父母爲從祖昆弟之子服，見下文。以是推之，則族父母之父若祖可知矣。族昆弟，同出于高祖者也。

庶孫之婦。疏：以適子之婦大功，庶子之婦小功，適孫之婦小功，庶孫之婦緦，是其差也。

馬氏融曰：祖父母爲嫡孫之婦小功，庶孫婦降一等，故服緦。

敖氏繼公曰：庶孫之婦緦，則適孫之婦小功也，「小功」章不見之者，文脱耳。祖父母于庶孫之婦，其本服當小功，以別于適孫之婦，故亦降一等而在此。

庶孫之中殤。注：庶孫者，成人大功，其殤，中從上。此當爲下殤，言「中殤」者，字之誤爾。又諸言「中」者，皆連上下也。

馬氏融曰：祖爲孫，成人大功，長殤降一等，中、下殤降二等，故服緦也。言中則有下，文不備，疎者略耳。

王氏肅曰：此見大夫爲孫服之異也。士爲庶孫大功，則大夫爲之小功。降而小功者，則殤中從上，故舉中以見之。

盛氏世佐曰：案「殤小功」章傳云「大功之殤，中從上」，此鄭所據以改經也。馬説與傳例不合，王解與經例又舛矣。經凡言大夫服，則必特書大夫以別之。

從祖姑、姊妹適人者，報。疏：此本服小功，以適人降一等，在緦麻也。

敖氏繼公曰：云報者，謂亦既適人乃降之也。「小功」章已不著嫁者、未嫁者之服，又以此條徵之，則女子之逆降，固不及大功而下者矣。適人者謂此親非報服，略言之耳。

郝氏敬曰：從祖姑是從祖祖父之女，父之從姊妹也。從祖姊妹是從祖之孫女，己之再從姊妹也。

從祖父、從祖昆弟之長殤。 注：不見中殤，中從下。 疏：此本服小功，以長殤降一等，在緦麻也。云「不見中殤，中從下」者，以小功之殤中從下故也。其云從祖父之長殤，謂叔父也。

敖氏繼公曰：上章之首連言三小功，此惟見其二者之殤，蓋以從祖祖父未必有在殤者也。此與經不見曾祖之父及曾孫之子之服者，意頗相類。

欽定義疏：敖氏之説良然。若有從祖祖父在長殤者，與此同服緦可知。

郝氏敬曰：從祖父者，從祖祖父之子，父之從父昆弟，己之再從世叔父也。從祖昆弟，己之再從兄弟也。

盛氏世佐曰：自「從祖姑」以下，皆與己同曾祖者之降服也。

外孫。 注：女子子之子。 疏：以女出外適而生，故云外孫。

敖氏繼公曰：此服亦男女同。外孫爲外祖父母小功，不報之者，以其爲外家之正尊與？

從父昆弟、姪之下殤。 疏：從父昆弟，成人大功，長、中殤小功，故下殤在此章也。姪者，爲姑之出降大功，長、中殤小功，故下殤在此章也。

敖氏繼公曰：單言姪者，前既以丈夫、婦人言之，此無嫌也。又以前章例之，則爲人後者，爲其昆弟之下殤，亦當在此，經文闕耳。

盛氏世佐曰：姪姑適人者爲之也，于其本服皆降二等。

欽定義疏：爲兩下殤服者，異人也。「小功」章爲從父昆弟之長殤，據丈夫則此爲其下殤緦者，亦丈夫也。女子子在室者，服之亦同，適人則不服。其爲姪，則專主婦人耳。

夫之叔父之中殤、下殤。注：言中殤者，明中從下〔一〕。疏：夫之叔父，成人大功，長殤在小功，故中、下殤在此。以下傳言之，婦人爲夫之族類，「大功之殤中從下」，故鄭據而言之也。

敖氏繼公曰：見中殤者，明其與前條異。

從母之長殤，報。疏：從母者，母之姊妹，成人小功，故長殤在此，中、下之殤無服。

敖氏繼公曰：前章從母成人之服已言報，此復見之者，嫌其報加服者，或略于殤也。

欽定義疏：外親之殤服，僅有此條。嫌殤服或略于外親，故著之。

庶子爲父後者爲其母。疏：此爲無冢適，唯有妾子，父死，庶子承後，爲其母緦也。

〔一〕「明」，諸本脱，據儀禮注疏卷三三補。

馬氏融曰：承父之體，四時祭祀，不敢伸私親服，廢尊者之祭，故服緦也。

傳曰：何以緦也？傳曰：與尊者爲一體，不敢服其私親也。然則何以服緦也？有死于宫中者，則爲之三月不舉祭，因是以服緦也。注：君卒，庶子爲母大功。大夫卒，庶子爲母三年。士雖在，庶子爲母，皆如衆人。疏：傳發問者，怪其親重而服輕〔一〕，故問。云「私親」者，妾母不得體君，不得爲正親也。「有死于宫中」者，縱是臣僕，亦三月不舉祭，故此庶子因是爲母服緦也。注云「君卒，庶子爲母大功」者，「大功」章云「公之庶昆弟爲其母」是也。以其先君在，公子爲母在五服外。先君卒，則是今君，庶昆弟爲其母大功。先君餘尊之所厭，不得過大功。云「大夫卒，庶子爲母三年」者，以其母在大功〔二〕，「大功」章云「大夫之庶子爲母」是也。父卒，無餘尊所厭，故伸三年。「士雖在，庶子爲母，皆如衆人」者，士卑無厭故也。鄭并言大夫、士之庶子者，欲見不承後者如此服，若承後則皆緦，故并言之也。若天子、諸侯庶子承後，爲其母所服云何？案曾子問云：「古者天子練冠以燕居。」鄭云：爲庶子，王爲其母，無服。案服問云：「君之母非夫人，則群臣無服，惟近臣及僕驂乘從服，惟君所服服也。」注云：「妾，先君所不服也。禮，庶子爲後，爲其母緦。言惟君所服，伸君也。春秋之義，有以小君服之者。時若小君在，則益不可。」據曾子問所云，據小君在，則練冠五服外。服問所云，據小君没後，其庶子爲得

〔一〕「怪」，諸本作「惟」，據儀禮注疏卷三三改。
〔二〕「母」，諸本作「父」，據儀禮注疏卷三三改。

伸，故鄭云「伸君」，是以引春秋之義，母以子貴。若然，天子、諸侯禮同，與大夫、士禮有異也。

馬氏融曰：緣先人在時，哀傷臣僕有死宮中者，爲缺一時不舉祭，因是服緦也。

黄氏榦曰：晉孝武泰元中，太常車胤上言：「禮，庶子爲後爲其母緦麻三月。自頃公侯卿士，庶子爲後，爲其庶母同之于嫡。禮記云：『爲父後，爲出母無服。』無服也者，不祭故也。今身承祖宗之重，而以庶母之私廢烝嘗之事，求之情禮，失莫大焉。」又升平中，故太宰、武陵王所生母喪，表求齊衰三年，詔聽依樂安王故事，制大功九月。興寧中，故梁王逢所生母喪，亦求三年，詔依太宰故事，同服大功。並無居廬三年之文。尚書奏依樂安王大功爲正。詔可。開元禮：「庶子爲父後者，爲其母緦麻三月。」今服制令：「庶子爲後者，爲其母緦麻三月，亦解官申其心喪。」

敖氏繼公曰：爲父後者，或當爲適母後，故不服妾母，蓋與適子同也。有死于宮中則三月不舉祭者，吉凶之事，存亡共之。因是以服緦者，言非若是則不敢服也。蓋子之于母，情雖無窮，然禮所不許，則其情亦不可得而遂。今因有三月不舉祭之禮，乃得略伸其服焉。觀此，則孝子之心可知矣。何以不齊衰三月也？尊者之服，不敢用于妾母也。

盛氏世佐曰：妾不得體君，而此子與尊者爲一體，故屈母子之情，降而在此，不因君母之存没異也。大夫已上無緦服，而此禮則上下同之，以其至情所關，雖加一日愈于己，苟有死于宮中者之例可援，以少伸吾情焉，則雖天子、諸侯亦不以貴而絶其母也。

欽定義疏：此據士之庶子爲父後者言也，而大夫之庶子爲父後而不爲大夫者

亦存焉。爲母廢一時之祭，亦足以伸其情矣。若又過此，則非所以承宗廟也。大夫以上無緦服，則不服。雜記：「同宫，雖臣妾，葬而後祭。」謂練、祥之祭也。服緦則廢一時之吉祭可知。又案魯昭公之母齊歸薨，叔向譏其「有三年之喪，而無一日之慼」，是則諸侯之庶子爲父後者，于其母原應有三年之喪也。服問：「君之母非夫人，則群臣無服，唯近臣及僕、驂乘從服，唯君所服服也。」凡臣從君服，降一等。君若服緦，則近臣何服之有？曰群臣無服，則君固自有服也。曰近臣從服，曰唯君所服服，則君當服三年，而近臣從之以期矣。然據此經，士之庶子爲父後則緦，大夫之庶子爲父後若爲大夫則無服，以大夫無緦服也。諸侯以上，更不待言。然則奚從而可？庶子爲父後者不服其母，雖古有定制，而究不即于人心。公羊氏曰：「母以子貴。」春秋書成風、齊歸皆曰「小君」，則固以夫人之喪喪之矣。西周以前不可知，而春秋時則已變，亦因人心之所不安而通之，未可謂其必不然也。玩曾子問練冠以居之説，疑古者庶子王于其母，在外則無服，燕居則練服以終三年，是以群臣在外者不從服，近臣時在君側者則從以練服終期歟？君服其内而不服其外，則雖曰無服，而三年之慼未嘗不存。此與公子之妻服其皇姑之意略同。若然，則諸經傳之説，庶可以相通而不相左矣。

士爲庶母。疏：大夫已上，不服庶母。庶人又無庶母。爲庶母服者，惟士而已，故變例言士也。

雷氏次宗曰：爲五服之凡不稱其人者，皆士也。若有天子、諸侯下及庶人，則指其稱位，未有言士爲者，此獨言士，何乎？蓋大夫以上，庶母無服。庶人無妾，則無庶母。爲庶母，惟士而已，故詭常例，以著唯獨一人也。

朱子曰：父妾之有子者，禮經謂之庶母，死則爲之服緦麻三月。此其名分固有所繫，初不當論其年齒之長少。然其爲禮之隆殺，則又當聽從尊長之命，非子弟所得而專也。

敖氏繼公曰：言士者，承上經之下，宜别之，且起下文也。

汪氏琬曰：或問：均父妾也，必有子然後爲庶母，何也？曰：父妾之男，吾謂之昆弟矣；其女，則吾謂之姊妹矣。昆弟姊妹之母，猶吾母也，故謂之庶母，舍是則不得被此名也，是以爲吾庶昆弟姊妹之母則服，不爲吾庶昆弟姊妹之母則不服。或問：庶祖母宜何服？曰：其祖免乎？禮，大夫以上爲庶母無服，何庶祖母服之有？然則律文服庶母期矣，顧亦無庶祖母服者何與？曰：疏也〔一〕，無恩也，是

〔一〕「也」，原作「曰」，據光緒本、儀禮集編卷二五改。

則爲之袒免可也。

傳曰：何以緦也？以名服也。大夫以上，爲庶母無服。疏：以有母名〔一〕，故有服。云「大夫以上無服」者，以其降故也。

杜氏佑曰：大唐顯慶二年，修禮官長孫無忌等奏：「庶母，古禮緦麻，新禮無服。謹案庶母之子，即是己之昆弟，爲之不杖齊衰，而己與之無服，同氣之内，凶吉頓殊，求之禮情，深非至理。請依典故，爲服緦麻。」制從之。

敖氏繼公曰：大夫以上爲庶母無服者，以庶母之服緦，而大夫以上無緦服故也。又大夫以上，于其有親者且降之絶之，則此無服亦宜矣。

郝氏敬曰：大夫以上分尊，故庶母之服降而絶。

盛氏世佐曰：大夫以上，固絶緦矣。傳必著之者，嫌其或以母名而不絶也。

貴臣、貴妾。注：此謂公士大夫之君也。殊其臣妾貴賤而爲之服。貴臣，室老、士也。貴妾，姪娣也。天子、諸侯降其臣妾，無服。士卑無臣，則士妾又賤，不足殊，有子則爲之緦，無子則已。

馬氏融曰：君爲貴臣、貴妾服也。天子貴公，諸侯貴卿，大夫貴室老。貴妾，謂姪娣也。

〔一〕「有」，諸本作「其」，據儀禮注疏卷三三改。

陳氏詮曰：天子貴臣，三公；貴妾，三夫人。諸侯貴臣，卿大夫；貴妾，姪娣。大夫貴臣，室老、士；貴妾，亦爲姪娣。然則天子諸侯絶周，于臣妾無服，明矣。大夫非其同尊，每降一等，而已爲臣妾貴者有緦麻三月也。

杜氏佑曰：宋袁悠問雷次宗曰：「喪服大夫爲貴臣、貴妾緦，何以便爲庶母無服？又案檀弓云：『悼公之母死，哀公爲之齊衰。』有若曰：『諸侯爲妾齊衰，禮與？』鄭注云：『妾之貴者，爲之緦耳。』左傳云：『晉少姜卒，明年正月，既葬，齊使晏平仲請繼室。叔向對曰：「寡君以在衰絰之中。」』案此，諸侯爲妾便有服也。」次宗答曰：「大夫爲貴妾緦。案注：『貴妾，姪娣也。』夫姪娣實貴而大夫尊輕，故不得不服。至于餘妾，出自凡庶，故不服也。又天子諸侯一降旁親，豈容媵妾更爲服也？鄭注喪服無服是也。又注檀弓『哀公爲悼公母齊衰』云：『妾之貴者，爲之緦耳。』此注謂諸侯爲貴妾緦，既與所注喪服相違，且諸侯庶子，母卒無服，皆以父所不服，亦不敢服，未喻檀弓注云何以服，言諸侯爲貴妾緦耶？左傳所言，云少姜之卒，有衰絰之言者，是春秋之時，諸侯淫侈，至于甚者，乃爲齊衰。此蓋當時之弊事，非周公之明典也。」

敖氏繼公曰：此亦士爲之也。貴臣，室老也。貴妾，長妾也。此服似夫妻同之。妻爲此妾服，則非有私親者也。其有親者，宜以其服服之。大夫以上無緦服。

顧氏炎武曰：此謂大夫之服。貴臣，室老、士也。貴妾，姪娣也。皆有相助之義，故爲之服緦。穀梁傳曰：「姪娣者，不孤子之義也。」古者大夫亦有姪娣。左傳「臧宣叔娶于鑄，生賈及爲而死。繼室以其姪，生紇」是也。備六禮之制，合二姓之好，從其女君而歸焉，故謂之貴妾。士無姪娣，故喪服小記云「士妾有子而爲之緦」，然則大夫之妾雖有子猶不得緦也。惟夫有死于宮中者，則爲之三月不舉祭，近之矣。唐李晟夫人王氏無子，妾杜氏生子愿，詔以爲嫡子。及杜之卒也，贈鄭國夫人，而晟爲之服緦。議者以爲，準禮，士妾有子而爲之緦。開元新禮無是服矣。而晟擅舉復之，頗爲當時所誚。今之士大夫，緣飾禮文而行此服者，比比也。

張氏爾岐曰：大夫以上爲庶母無服，而服其貴臣、貴妾，于義似難強通。此殆承上「士爲庶母」之文言士禮耳，其私屬亦可謂之臣，妾之有子者即貴者也。

汪氏琬曰：儀禮「貴妾緦」，而律文無之。今之卿大夫宜何從？予應之曰：從律。何以知其宜從律也？古今之制不同，有從重服而改輕服者，有從輕服而從重服者，有從有服而退爲無服者，有從無服而進爲有服者。自唐以來，損益儀禮多矣，而猶欲取久遠不可考之文以自附于好古乎？荀卿氏曰「法後王」，是不可不深講也。今之卿大夫不然，舉凡服其餘親，莫不兢兢令甲而莫之敢越，而獨于其妾也則必秉周禮，毋乃暱于所愛乎哉？有難者曰：「母以子貴，非與？」曰：非是之謂也。諸侯娣姪媵之子得立，則國人從而尊其生母〔一〕，故存則書「夫人」，殁則書「薨」、書「葬」、書「小君」，皆得視其適。此春秋之例也。然則妾之子而既貴矣，天子且許之貤封，而家長可不爲之制服乎？曰：天子自貴其卿大

〔一〕「母」，原脱，據光緒本補。

夫之母，家長自賤其妾，律令之與敕誥皆出于天子，固並行不倍者也。或又難曰：「律文得毋有闕與？」曰：國家辨妻妾之分，嚴嫡庶之閑，其防微而杜漸也，可謂深切著明矣，而又何闕文之有？且吾考諸儀禮，則曰「大夫爲貴妾緦」；考諸喪服小記，則曰「士妾有子而爲之緦」。儀禮不言士妾，小記不言大夫妾，而唐開元禮則皆不爲之制服。宋司馬氏書儀、朱子家禮與前明孝慈録，亦概未之及也。蓋妾之無服，千餘年于此矣。今使家長之爲大夫者爲之服緦，則衆子之爲士者當如之，所生子爲父後者亦當如之，其父在者當爲所生母大功。顧己之服其妾也則從儀禮緦，而命衆子與所生子則又從律文，或齊衰杖期，或斬衰三年，是于古今之制胥失之矣。嗟乎！非天子不議禮。若好古而不純乎古，守今而不純乎今，是則自拂爲禮也，吾故曰不可不深講也。

盛氏世佐曰：案「斬衰」章傳云：「公、卿、大夫、室老、士，貴臣，其餘皆衆臣也。」貴臣之中兼有公、卿、大夫，則此禮亦通大夫以上矣。大夫無緦服，而此禮乃通乎其上者，以臣妾爲其君服斬，而君無服，仁人之心，爲不若是恝，故放死于宫中者之例而爲之緦，恤下之典也。然必簡其貴者而服之，所以殊尊卑也。且其服止于是爾，若加以衰絰，如魯哀、晉平之所以服其妾者，則其徇情而褻尊也甚矣。若然，父之所爲服，子亦不敢不服，大夫以上，宜有庶母服矣。傳乃云「無服」者，以其分卑恩輕，爲服之義，主于從父，而不生于己，父卒後，則得以其尊降之，故云「大夫以上爲庶母無服」也。馬氏解此傳兼天子諸侯言，得之。鄭氏專指大夫，敖、張二説專指士，皆非。禮，王爲三公六卿錫衰，爲諸侯緦衰，爲大夫士疑衰，其首服皆弁絰。公爲大夫錫衰以居，出亦如之。當事則弁絰。此君爲臣服之制也。以是差之，則其爲三夫人及娣姪者可知矣。

欽定義疏：據士昏、士喪，皆有室老。據士昏，則媵有娣姪。室老爲私臣之貴

者，娣姪之長爲妾之貴者。曲禮曰「士不名家相長妾」，亦足徵之。士之職位，未宜

有所降，生不名者，死則以緦服之，宜也。小記：「士妾有子，而爲之緦。」士爲妾服，

蓋兼此二者。貴則不必其有子也，有子則不必其貴也。尊降之法，士服而大夫

不服者有之矣，未有大夫服而士不服者也。大夫不爲庶母服，而乃自服其妾乎？

臣妾不可偏服，殊其貴者而服之，于士則宜，娣姪爲妻之族親，未可謂賤也，注欲伸

其無臣之説，故强此以就彼耳。

蕙田案：注疏及雷次宗、顧炎武專指大夫，馬融、陳銓、盛世佐通指大夫以

上，敖繼公、張爾岐則專指士，數説不同。今案天子諸侯絶旁期，固無爲臣妾制

服之法。大夫無緦服，亦不應獨私于臣妾。傳云「有死于宫中者，則爲之三月不

舉祭」，但曰不舉祭，則不爲服可知矣。貴臣、貴妾之服以爲主士者得之。而義

疏又引曲禮「士不名家相長妾」之文以爲證，其論始定。

傳曰：何以緦也？以其貴也。疏：以非南面，故簡貴者服之也。

盛氏世佐曰：傳言此者，明其非貴則不服耳，尊君之義也。

乳母。注：謂養子者有他故，賤者代之慈己。疏：內則云「大夫之子有食母」，彼注亦引此云「喪服所謂乳母」。以天子諸侯其子有三母，皆不爲之服。士又自養其子，唯大夫之子有此食母爲乳母，其子爲之緦也。

馬氏融曰：士爲乳母服。

杜氏佑曰：漢石渠禮議問曰：「大夫降乳母耶？」聞人通漢對曰：「乳母所以不降者，報義之服，故不降也。則始封之君及大夫皆不降乳母。」魏劉德問田瓊曰：「今時婢生口，使爲乳母，得母甚賤，不應報也。」瓊答曰：「婢生口，故不服也。」晉袁準曰：「保母者，當爲保姆，春秋『宋伯姬待姆』是也，非母之名也。母者，因父得稱。且保傅，婦人輔相，婢之貴者耳。而爲之服，不亦重乎？先儒欲使公之庶子爲母無服，而服乳母乎？此時俗之名，記者集以爲禮，非聖人之制。」賀循云：「爲乳母緦三月，士與大夫皆同，不以尊卑降功服故也。」梁氏云：「服乳母緦者，謂母死莫養，親取乳活之者，故服之報功也。」

欽定義疏：始封君所服，謂不臣者耳。乳母何人，而君與夫人服之乎？大夫降一等，則凡緦皆不服。大夫之子從乎大夫而降，則父在亦不服矣。宋仁宗以天子之尊宣召兩府，欲爲乳母制服，韓魏公曾爭之。「士爲庶母、貴臣、貴妾、乳母」，經本連文，傳、注家離之耳。

敖氏繼公曰：此亦蒙「士爲」之文也。士之妻自養其子，若有故，或使賤者代食之，故謂之乳母。其妾子亦然。若于大夫之子，則慈母之外又有乳母。内則曰：「大夫之子有食母。」鄭氏以爲即此乳母是也。大夫之子，父没乃爲之服。

郝氏敬曰：乳母，哺乳之母，外人婦代食子者，非其所生子，亦非其父妾，本不名母，而以乳得名；本無服，而以名得服。

盛氏世佐曰：此爲大夫士之子設也，諸侯已上則無是禮矣。大夫之子，父没乃得伸，敖説得之。

傳曰：何以緦也？以名服也。疏：有母名也。

從祖昆弟之子。注：族父母爲之服。

敖氏繼公曰：爲族曾祖父、族祖父、族父、族昆弟皆緦，其族昆弟固相爲矣。此條則族父報。然則族曾祖父于昆弟之曾孫，族祖父于族父昆弟之孫，以其爲旁親卑者之輕服，故略之而不報與？經但見族父爲此服，注兼言族母者，足經意也。婦人爲夫黨之卑屬，與夫同。

盛氏世佐曰：同高祖之親，自族昆弟而外凡三緦麻，其報服，經惟見其一耳，文不具也。敖説非。

曾孫。注：孫之子。疏：據曾祖爲之緦，不言玄孫者，此亦如「齊衰三月」章直見曾祖，不言高祖，以其曾孫、玄孫爲曾、高同〔一〕，曾、高亦爲曾孫、玄孫同也。

敖氏繼公曰：此曾祖爲之服也，以本服之差言之，爲子期，爲孫大功，則爲曾孫亦宜小功。乃在此者，以曾孫爲己齊衰三月，故己亦爲之緦麻三月，蓋不可以過于其爲己之月數也。不分適庶者，以其卑遠，略之，且不可使其庶者無服也。

盛氏世佐曰：此謂其庶也。若適子若孫皆没，而以適曾孫爲後，曾祖亦宜爲之期，以其將所傳重故也。然其事亦世所鮮有，故經不著之。

欽定義疏：緦麻在殤則無服。高祖于玄孫之成人者，罕及見之矣。王制「七十，惟衰麻在身」，謂父母之喪也。若卑屬功緦之服，則七十以上者，雖存其名，而不必强被之，經所以不著也。曾孫女成人、在室當亦同，或適人，或殤，則不服。經于「不杖期」章著適孫之服，「大功」章著庶孫之服，至此章則概之曰曾孫，不分適庶。然則雖有適子、適孫，皆不在，而適曾孫應爲後者，曾祖亦但爲之緦麻矣。蓋曾孫之爲曾祖三年，傳重也。祖父之於子孫，則不容無所降殺。爲適子斬衰，爲適孫不杖期，未嘗以適子不在而爲適孫斬也，則亦何庸以適孫不在而爲適曾孫期

〔一〕「玄孫」，原脱，據光緒本、儀禮注疏卷三三補。

乎？爲適孫不與適子同服，則爲適曾孫不與適孫同服，宜也。且自緦至期，相縣已甚，頓加三等，恐無此法。

父之姑。注：歸孫爲祖父之姊妹。疏：爾雅云：「女子謂昆弟之子爲姪」，「謂姪之子爲歸孫」。

敖氏繼公曰：此從祖之親乃緦者，以其爲祖父之姊妹，于屬爲尊，故但據已適人者言之。其意與姑爲姪者同。不言報者，亦以非其一定之禮故耳。

盛氏世佐曰：此同曾祖之親也。其成人而未嫁者，服之如從祖父。適人者，降一等，故在此。經不云適人者，亦文省。

從母昆弟。

馬氏融曰：姊妹子相爲服也。

敖氏繼公曰：從母姊妹亦存焉。外親之婦人，在室、適人同。

傳曰：何以緦也？以名服也。疏：因從母有母名而服其子也。

馬氏融曰：以從母有母名，其子有昆弟名。

敖氏繼公曰：名，謂昆弟之名。母爲姊妹之子小功，子無所從也，唯以名服之。從母以名，加此以名服。子于母黨，其情蓋可見矣。然則有可從而不從者，所以遠别于父族與？

甥。注：姊妹之子。

杜氏佑曰：大唐貞觀年中，八座議奏：「令舅服同姨小功五月，而律疏舅報于甥，服猶三月。謹案傍尊之服，禮無不報。己非正尊，不敢降也。故甥爲從母五月，從母報甥小功；甥爲舅緦麻，舅亦報甥三月，是其義矣。今甥爲舅，使同從母之喪，則舅宜進甥以同從母之報。修律疏人不知禮意，舅報甥服，尚指緦麻，于例不通，理須改正。今請脩改律疏，舅報甥亦小功。」制可。

敖氏繼公曰：亦丈夫、婦人同。

傳曰：甥者何也？謂吾舅者，吾謂之甥。何以緦也？報之也。疏：甥既服舅以緦，舅亦報甥以緦也。

馬氏融曰：甥從其母而服己緦，故報之。

汪氏琬曰：凡父黨之尊者，由父推之，則皆父之屬也，如世父、叔父、從祖祖父是也。至父之姊妹，則不可謂之父矣。不可謂之父，其可謂之母乎？二者皆不可以命名，故聖人更之曰姑。爾雅「謂我姑者，我謂之姪」，蓋姑亦不敢以昆弟之子爲子也。凡母黨之尊者，以母推之，則皆母之屬也，如從母是也。至母之昆弟，則不可謂之母矣。不可謂之母，其可謂之父乎？二者皆不可以命名，故聖人更之曰舅。爾雅「謂我舅者，我謂之甥」，蓋甥亦不敢以姊妹之子爲子也。此先王制名之微意也。

盛氏世佐曰：案甥之名不一，故傳釋之云「謂吾舅者，吾謂之甥」，明其對舅立文爲姊妹之子也。爾雅云：「姑之子爲甥，舅之子爲甥，妻之晜弟爲甥，姊妹之夫爲甥。」孟子云：「帝館甥于貳室。」是壻亦名甥矣。已上諸甥，皆與此異。此所謂甥，則爾雅云男子謂姊妹之子爲出是也。

壻。 注：女子子之夫也。

傳曰：何以緦也？報之也。 疏：壻既從妻而服妻之父母，妻之父母遂報之也。

妻之父母。

汪氏琬曰：或問：明孝慈録注「妻母之嫁者、出者皆服緦」，然則果應服乎？曰：否。嫁母、出母，爲父後者猶無服，何有于妻母之出且嫁者乎？厚于妻母而薄于己之所生，其非先王之意也明矣。律文無服是也。

姜氏兆錫曰：所謂外舅、外姑也。

傳曰：何以緦？從服也。 注：從于妻而服之。

杜氏佑曰：蜀譙周云：「天子諸侯爲外祖父小功，諸侯嫡子爲母、妻及外祖父母、妻父母，皆如國人。舊説外祖父母，母族之正統。妻之父母，亦妻族之正統也。母妻與己尊同，母妻所不敢降亦不降。」宋庾蔚之謂：「禮，父所不服，子不敢服。嫡子爲妻之父母服，則天子諸侯亦服妻之父母可知也。妻之父母猶服，況母之父母乎？」

敖氏繼公曰：從期服而緦，是降于其妻三等矣。妻從夫降一等，子從母降二等，夫從妻降三等，差之宜也。

盛氏世佐曰：案小記云「世子不降妻之父母」，則是服亦上下同之矣，唯公子、大夫之庶子則不得伸耳。此緦服也，大夫以上不絶者，以妻之父母，君所不臣故也。凡所不臣者，服之如邦人。

欽定義疏：妻爲其祖父母期，夫不從服。母爲其祖父母期，子亦不從服，但從其母、妻之所自生者。祖則遠矣，且以其期本加服，又出適而不降也。與朱子母族三、妻族二之説合觀之，則條理秩然矣。

姑之子。注：外兄弟也。疏：云外兄弟者，姑是内人，以出外而生故也。

傳曰：何以緦？報之也。疏：姑、舅之子，兩相爲服，故云報。

程子曰：報服，若姑之子爲舅之子服是也。異姓之服，只是推得一重。若爲母而推，則及舅而止。若爲姑而推，可以及其子。故舅之子無服，却爲既與姑之子爲服，姑之子須當報之也，故姑之子、舅之子其服同。

舅。注：母之兄弟。

汪氏琬曰：或問：舅妻何以無服也？曰：由父而推之，則有父族之服；由母而推之，則有母族之服。姑之夫不可以爲父族，舅之妻與從母之夫不可以爲母族者也。禮，絶族無施服，其此之謂與？

傳曰：何以緦？從服也。注：從于母而服之。

杜氏佑曰：大唐貞觀十四年，太宗謂侍臣曰：「舅之與姨，親疎相似，而服紀有殊，理未有得。集學者詳議。」于是侍中魏徵等議曰：「禮，所以決嫌疑，别同異，隨恩以薄厚，稱情以立文。舅與姨雖爲同氣，然舅爲母族之本，姨乃外成他姓，求之母族，姨不與焉。考之經文，舅誠爲重。故周王念齊，稱舅甥之國；秦伯懷晉，切渭陽之詩。在舅服止一時，爲姨居喪五月，循名求實，逐末棄本，蓋古人或有未達。謹案舅服緦麻，請與從母同小功。」制可。

朱子曰：外祖父母止服小功，則姨與舅合同與緦麻。魏徵反加舅之服以同于姨，則爲失耳。

敖氏繼公曰：從于母之大功而緦也。母于昆弟之爲父後者期，子乃不從之而服小功者，亦可以見從服一定之制矣。

顧氏炎武曰：唐人所議服制，似欲過于聖人。嫂叔無服，太宗令服小功。曾祖父母舊服三月，增爲五月。嫡子婦大功，增爲期。衆子婦小功，增爲大功。舅服緦，增爲小功。父在爲母服期，高宗增爲三年。婦爲夫之姨舅無服，玄宗令從夫服。又增舅母緦麻，堂姨舅袒免。而弘文館直學士王玄感遂欲增三年之喪爲三十六月。皆務飾其文，欲厚于聖王之制，而人心彌澆，風化彌薄，不探其本，而妄爲之增益，亦未見其名之有過于三王也。是故知廟有二主之非，則叔孫通之以益廣宗廟爲大孝者絀矣；知喪不過三年，示民有終之義，則王玄感之服三十六月者絀矣；知親親之殺，禮所由生，則太宗、魏徵所加嫂叔諸親之服者絀矣。唐書禮樂志言：「禮之失也，在于學者好爲曲説，而人君一切臨時申其私意，以增多爲盡禮，而不知煩數之爲黷也。」子曰：「道之不明也，賢者過之。」夫賢者率情之偏猶爲悖禮，而況欲以私意求過乎三王者哉？

華氏學泉曰：或問：從母之夫、舅之妻及姑、姊妹之夫皆無服，何也？曰：服有五而其族三，曰父族、母族、妻族，俗稱三黨是也。姑、姊妹之有服，父族也。從母及舅之有服，母族也。姑、姊妹之夫，不可謂父族；從母之夫、舅之妻，不可謂母族。父族由父而上之，至于高、曾，故歸孫爲祖之姊妹猶有服。母族不遠及，故母之從姊妹兄弟即無服，恩有所限也。妻族不旁及止于妻之父母，恩尤殺于母族矣。古之制服，其稱量之不爽如此。

舅之子。注：内兄弟也。疏：云「内兄弟」者，對姑之子。

傳曰：何以緦？從服也。疏：「從服」者，亦從于母而服之。

敖氏繼公曰：此與姑之子相爲，皆男女同也。子爲母黨服，止于外祖父母、從母、舅、舅之子、從母之子耳，其餘則無服也。外祖父母、從母、舅與母爲一體，至親也，故從服。舅之子與從母昆弟，則以其爲尊者至親之子而在兄弟之列，不可以無服，故或從服，而或以名服也。

郝氏敬曰：母于昆弟之子大功，子從以緦。

夫之姑、姊妹之長殤。

馬氏融曰：成人服小功，長殤降一等，故服緦也。中、下殤降一等，無服也。禮，三十而娶，而夫之姊殤者，關有畏厭溺者。

陳氏銓曰：夫未二十而娶，故有姊殤然矣。夫雖未二十，則成人。

孔氏倫曰：蓋以爲違禮早娶者制，非施畏厭溺也。

徐整問射慈曰：「古者三十而娶，何緣當服得夫之姊殤服？經文特爲士作，若説國君皆別言君若公。」慈答曰：「三十而娶，禮之常制也。古者七十而傳宗事與子，年雖幼，未滿三十，自得少娶。故曾子問曰：『宗子雖七十，無無主婦。』此言宗子已老，傳宗事與子，則宜有主婦。」

敖氏繼公曰：夫之姊無在殤者，此云姊，蓋連妹而立文耳。古者三十而娶，何夫姊之殤之有？

欽定義疏：雜記：「女雖未許嫁，年二十而笄。」笄則不爲殤矣。或其弟年十五六以上早昏，而姊未及笄而死者，容有之。女年垂成，痼疾數年而死，未及笄禮者，亦有之。則「姊」字不必定連文也。馬氏謂「關畏溺」，謬矣。

夫之諸祖父母，報。注：諸祖父者，夫之所爲小功，從祖祖父母，外祖父母。或曰曾祖父母。曾祖于曾孫之婦無服，而云報乎？曾祖父母正服小功，妻從服緦。疏：「夫之所爲小功」者，妻降一等，故緦麻。以其本疏，兩相爲服，則生報名。或人解諸祖之中兼有夫之曾祖父母，鄭以凡言報者，兩相爲服。

曾祖爲曾孫之婦無服，何得云報乎？故破其説。又言若今本不爲曾祖齊衰三月，而依差降服小功，其妻降一等，得有緦服〔一〕。今既齊衰三月，明爲曾孫妻無服。

敖氏繼公曰：夫之所爲服小功者，則妻爲之緦。若于夫之祖父母之行而服此者，唯其從祖祖父母耳。似不必言「諸」。然則此經所指者，其夫之從祖祖父母及從祖父母與？但言諸者，疑文誤且脱也。

盛氏世佐曰：曾祖父母、從祖祖父母、從祖父母及外祖父母，皆夫之諸祖父母也。但曾祖父母至尊，夫爲之齊衰三月，妻亦不可以輕服服之，其服當與夫同。「齊衰三月」章言丈夫、婦人爲宗子、宗子之母、妻，是其例矣。舊説曾孫婦爲夫之曾祖父母緦，殆失之。夫之外祖父母，妻當從服緦。而外祖父母爲外孫緦，則于其婦無服可知，不得云報。然則此經所指者，唯夫之從祖、祖父母、從祖父母而已，以其疏遠，故不復條目而總言諸祖也。凡從服降一等，夫之所爲服緦者，雖在祖父行，妻不服，如族曾祖父母之屬是已。

君母之昆弟。

馬氏融曰：妾子爲嫡夫人昆弟服也。

〔一〕「服」，諸本作「麻」，據儀禮注疏卷三三改。

敖氏繼公曰：此服亦不報，其義與君母之從母同。

傳曰：何以緦？從服也。注：從于君母而服緦也。君母在，則不敢不從服。君母卒，則不服也。疏：雖本非己親，敬君母，故從君母而服緦也。君母之昆弟，從服與君母之父母同，故亦取上傳解之也。皆徒從之，故所從亡則已。

敖氏繼公曰：庶子從君母之服，唯止于此，不及其昆弟之子與從母昆弟，異于因母也，若爲父後則服之。蓋其禮當與爲人後者同。

欽定義疏：爲父後即爲君母後矣，爲君母後則徒從者亦屬從矣。君母雖卒，猶當從服。然則小記所云「爲君母後者，君母卒，則不爲君母之黨服」，疑未必然。

從父昆弟之子之長殤，昆弟之孫之長殤。疏：此二人本小功，故長殤在緦麻，中、下殤無服。

敖氏繼公曰：此從祖父、從祖祖父爲之服也，然則從祖祖母、從祖母亦當服之矣。

爲夫之從父昆弟之妻。疏：同堂娣姒，降于親娣姒，故緦麻也。

敖氏繼公曰：「小功」章云「夫之姑、姊妹、娣姒婦，報」，是章唯見此服，不及夫之從父姊妹者，文不具耳。

傳曰：何以緦也？以爲相與同室，則生緦之親焉。注：同室者不如居室之親也。疏：

以本路人，夫又不服之，今相爲服，故發問也。大功有同室同財之義，故云「相與同室，則生緦之親焉」。「小功」章親娣姒言居室，而此云同室，輕重不等也。

敖氏繼公曰：此亦言其所以有服之由也。其義與娣姒婦以居室之故而有服者同。

欽定義疏：娣姒及堂娣姒皆從服所不及，又無名，故取諸居室、同室之義焉。

長殤、中殤降一等，下殤降二等。疏：云「長殤、中殤降一等」以下，乃是婦人爲夫之族著殤服法，雖文承上男子爲殤之下，要爲下婦人而發也。

敖氏繼公曰：此主言丈夫爲大功以上之殤。婦人爲夫族齊衰之殤也，不宜在此，蓋脱文也。婦人爲本族之殤服，其降之等，亦與丈夫同。

盛氏世佐曰：此所謂中從上也。降一等、降二等者，皆謂降于成人之本服也。是乃總論丈夫、婦人爲殤服法，不專指婦人爲夫族而言也。後人以傳文散置經文每條之下，而數語于經無所屬，故綴之于末。

齊衰之殤中從上，大功之殤中從下。注：齊衰、大功，皆服其成人也。大功之殤中從下，則小功之殤亦中從下也。此主謂妻爲夫之親服也。凡不見者，以此求之。

敖氏繼公曰：此亦脱文，失其次而在是也。

盛氏世佐曰：齊衰之殤中從上者，皆降一等爲大功也。大功之殤中從下者，皆降二等爲緦麻也。

婦人于夫族旁親，其情少疎，故其中殤之進退，比本族差一服也。又案夫族大功之殤，見于經者，唯夫之叔父耳。其長殤、中殤，夫爲之大功，妻從服降一等，皆當小功。今考「小功」章唯見其長殤之服，而中殤、下殤同在此章，故傳特爲之發此例。其文當在上經「夫之叔父之中殤、下殤」之下，簡脱在此。而其上必有發問之辭，則逸之矣。

右緦麻三月

五禮通考卷二百五十九

凶禮十四

喪禮

喪服記

儀禮喪服記：公子爲其母，練冠，麻，麻衣縓緣。爲其妻，縓冠，葛絰帶，麻衣縓緣。皆既葬除之。注：公子，君之庶子也。其或爲母，謂妾子也。麻者，緦麻之絰帶也。此麻衣者，如小功布深衣，爲不制衰裳，變也。詩云：「麻衣如雪。」縓，淺絳也。一染謂之縓。練冠而麻衣縓緣，三年練之受飾也。檀弓曰：「練，練衣黄裏、縓緣。」諸侯之妾子厭於父，爲母不得伸，權爲制此服，不奪其恩也。爲妻縓冠、葛絰帶，妻輕。　疏：云「練冠，麻」者，以練布爲冠，以麻爲絰帶也。麻衣謂白布深衣。

縓緣，謂以縓色繒爲領緣也。既葬除之者，與緦麻所除同也。注云「麻者，緦麻之絰帶也」者，以經有二「麻」字，上麻爲首絰、腰絰，緦麻亦言麻，此如緦之麻也。知此「麻衣如小功布深衣」者，案士之妾子，父在爲母期；大夫之妾子，父在爲母大功；則諸侯妾子，父在小功，是其差次，故知此當小功布也。云「爲不制衰裳，變也」者，以其爲深衣，不與喪服同也。詩云「麻衣如雪」者，彼麻衣十五升布深衣，與此小功布深衣異，引之者，證麻衣之名同，取升數則異也。云「權爲此制，不奪其恩」者，諸侯尊，絶期以下無服。公子被厭，不合爲母服。不奪其母子之恩，故五服外權爲制此服。必服麻衣縓緣者，麻衣，大祥受服；縓緣，練之受飾，雖被抑，猶容有三年之哀故也。「妻輕」者，以縓冠對母用練冠，以葛絰帶對母用麻，皆是輕也。

馬氏融曰：不見日月者，既葬而除之，無日月數也。

敖氏繼公曰：「縓冠」之「縓」，亦當作「練」，字之誤也。練冠者，九升若十升布，練熟爲之，與衆人爲母爲妻之練冠同。麻衣，以十五升布爲衣如深衣，然其異者，緣爾。縓緣，以縓色布爲領及純也。閒傳曰「練冠縓緣」，是冠紕亦以縓也。此縓皆視其衣冠之布，爲母但言麻，故於爲妻言葛絰帶以見之。練冠、麻、葛，凶服也，先言之；麻衣，吉衣也，後言之，文當然爾。此二喪本當有練有祥，故於此得用既練之冠、既祥之衣，與夫練服之飾，以明其服之本重。又小其麻、葛之絰帶，以見不敢爲服之意也。此爲妻之衣冠，一與爲母同，惟以絰帶爲輕重耳。妾與庶婦厭於其君，公子爲之不得伸，故權爲制此服，然君在，公子不得伸其服者多矣，乃于其母、妻特制此服者，爲其皆在三年之科，與他期服異也。諸侯之妾，公子之妻，視外命婦，皆三月而葬。

郝氏敬曰：爲其母，爲所生母。練冠，三年小祥之冠，以練熟布爲之。緣，衣領袖。諸侯妾之子厭于所尊，于所生母不得自伸，爲此服以變于吉也。爲其妻以淺絳帛爲冠，變于緇玄冠也。絞葛爲首要絰，輕于麻也。亦以壓于所尊，不得爲妻遂也。

欽定義疏：齊衰裳，正服也。練冠、麻衣縓緣，餘服也。公子之母、妻爲公所厭，奪其正，不奪其餘，而即以其餘服爲之正服，聖人之權衡于此者精矣。注謂爲母者，妾子也。若爲妻，則適夫人所生子，凡不爲父後者亦然。又案：齊衰降服四升，冠七升；正服五升，冠八升。既葬，降服受七升，冠八升；正服受八升，冠九升。至練，則衣服皆用布之練熟者爲之，降服八升，冠九升；正服九升，冠十升。是以謂之練冠、練衣也。曰練，則縷布皆有事，與大小功之布又有間矣。方氏慤謂練帛爲冠，非也。大祥始用縞，練冠，焉得遽用帛乎？八升、九升皆大功之布，故練衣亦謂之功衰。雜記「父母之喪尚功衰」，又曰「雖功衰不弔」，即練衣也。張子云：「練衣，練大功之布以爲衣，故言功衰。」

傳曰：何以不在五服之中也？君之所不服，子亦不敢服也。君之所爲服，子亦不敢不服也。注：君之所不服，謂妾與庶婦也。君之所爲服，謂夫人與適婦也。諸侯之妾，貴者視卿，賤者視大夫，皆三月而葬。　疏：云「諸侯之妾視卿、大夫，皆三月而葬」者，大戴禮文。諸侯一娶九女，夫人與左右媵各有姪娣，二媵與夫人之娣三人爲貴妾，餘五者爲賤妾。

敖氏繼公曰：「君之所不服，子亦不敢服」者，謂其母與妻皆君之所厭而不服者也，子亦從乎其君而不敢服之。傳以此釋其所以不在五服中之意。其實子從君而不敢服者，則不止于此也。「君之所爲服」，謂適與尊同者也，君爲之服，子亦各以其服服之。傳又因上文而并言此，以見凡公子之服與不服，其義皆不在己也。

郝氏敬曰：傳言此不在五服之内，蓋妾與庶婦，諸侯絶無服，公子不敢服，爲此濟五服之窮，非常禮也。

邵氏寶曰：子爲母服，禮也。夫爲妻服，亦禮也。謂五服外何居？庶母于君爲妾，庶子之妻于君爲庶婦，君服妻，不服妾，服冢婦，不服庶婦，君之所不服而制此服焉，權也，故曰五服之外。

欽定義疏：公之庶子爲父後者，父在，爲母爲妻，宜與此同。即位，則妻爲君夫人，而母服猶不得伸。古人所以嚴妻妾之分者如此。

蕙田案：孟子：「王子有其母死者，其傅爲之請數月之喪。」趙岐云：「王之庶夫人死，迫于適夫人，不得行喪親之數。」朱子集注采陳氏之説，亦云「厭于嫡母」，其實不然也。禮，家無二尊，故有厭降之義。父卒爲母三年，而父在則期，厭于父也。禮，尊君而卑臣，故亦有厭降之義。士之庶子，父在爲其母期；大夫之庶子，父在爲其母大功；公子，父在爲其母無服：厭于尊也。「大功」章「公之庶昆弟爲其母」，傳云：「先君餘尊之所厭，不得過大功。」蓋公之庶子，雖父已先卒，猶厭于父之餘尊，不云厭于嫡母也。王子之母死，以父在，不爲制服，非厭于嫡母。趙氏誤矣。

又案：此記公子爲其母、妻厭降之服。

大夫、公之昆弟、大夫之子，于兄弟降一等。注：兄弟，猶言族親也。凡不見者，以此求之也。疏：此三人所以降者，大夫以尊降，昆弟以旁尊降，大夫之子以厭降，是以總云「降一等」。上經當已言訖，今又言之者，上雖言之，恐猶不盡，記人總結之。

敖氏繼公曰：此言所爲之兄弟，謂爲士者也。惟公之昆弟雖與其兄弟同爲公子，亦降之也。三人所以降其兄弟之義，固或有異，而服則同。其兄弟之服，雖皆已見于經，然亦有不並列三人而言之者，故于此明之。大夫小功而下之親爲士者皆不爲之服，蓋小功降一等則緦，而大夫無緦服故也。

郝氏敬曰：前言昆弟，至此言兄弟者，昆，同也，同父母者也。兄，況也，尊長之名，親曰昆弟，族曰兄弟，婚姻異姓亦稱兄弟。此條所降之兄弟，皆指再從小功以下族親。小功兄弟，降一等則緦。凡兄弟降，皆于士也。尊同則不降，于士降則絕矣。故大夫無緦服。

盛氏世佐曰：此兄弟所該甚廣，凡旁親自期功而下及外親皆是，雖其行輩之尊卑或有與己不同者，亦存焉。郝專指小功以下族親言，非。降一等者，期降大功，大功降小功，小功降緦，緦降則絕矣。然則大夫無緦服者，謂無緦之正服耳。若自小功降而在此者，則固不得而絕與？

蕙田案：此記以尊降兄弟之法。

爲人後者于兄弟降一等，報。于所爲後之兄弟之子若子。注：言報者，嫌其爲宗子不降。疏：謂支子爲大宗子後，反來爲族親兄弟之類。以其出降本親，又宗子尊重，恐本親爲宗子有不敢降服之嫌〔一〕，故云「報」以明之。

敖氏繼公曰：此爲兄弟，于本親降一等，止謂同父者也。禮，爲宗子服，自大功之親以至親盡者，皆齊衰，但有月數之異爾。此云報者，昆弟與姊妹在室者，但視其爲己之月算也，而服亦齊衰，惟姊妹適人者則報以小功也。「之子」二字，當爲衍文。所後者之兄弟，凡己所降一等之外者皆是也。其有服若無服，皆如所後者親子之爲。

郝氏敬曰：爲人後，謂出繼宗人，則小功兄弟皆降一等。其所降之兄弟，亦如其降。反之，所爲後之兄弟爲己所後之父之衆兄弟也。之子，謂所爲後之父之衆子也，於其衆兄弟事之如世叔父，於其

〔一〕「敢」，諸本脱，據儀禮注疏卷三三補。

衆子待之如親昆弟若子，即如所後者之親生子也。

顧氏炎武曰：所後者，謂所後之親。所爲後，謂出而爲後之人。爲人後者于兄弟降一等，自期降爲大功也。兄弟之子報之，亦降一等，亦自期降爲大功也。若子者，兄弟之孫報之，亦降一等，自小功降而爲緦也。

盛氏世佐曰：經于爲人後者於其本宗之服及所爲後之親屬多略不具，故記又言之。兄弟，謂本宗期功以下之屬也。爲人後者降其兄弟，與女子子嫁而降其本宗意略相類，欲其厚于彼，則必薄于此也。敖止以同父者爲兄弟，郝止以小功爲兄弟，皆非。報謂本宗之兄弟亦各如其降服服之，不以其爲宗子而加隆也。所爲後之兄弟，謂大宗之親屬也。不云所後者之兄弟，而云所爲後之兄弟者，言所後者之兄弟，嫌若其世叔父然也。大宗之親屬多矣，不應單舉兄弟之子，「之子」二字，當從敖氏作衍文。郝云之子謂所爲後之父之衆子，誤甚。大宗無後，故以族人支子繼之，所爲後之父安得有衆子哉？「若子」之義，已見上「斬」章「爲人後者」條下，顧寧人以報字讀屬下句，其説鑿矣。

欽定義疏：爲人後者，經已著其爲父母、昆弟、姊妹之服，故記爲不見者廣言之。降一等，當從其本服而降也。蓋爲人後，不必盡皆親昆弟之子，但取同宗，則或有在五服之外者，其爲本生之親之服則同也。報者，但月數同耳。宗子爲兄弟服功緦，兄弟之報宗子若大小功者，皆服齊衰三月，而後以大小功之月數足之，若緦麻者，則竟服齊衰三月也。所爲後之兄弟之子，謂其有親昆弟之子而不以之爲後者也，但取同宗而不拘于倫序之戚疏，此足以徵之矣。爲所後者之餘親皆若子，舉兄弟之子以包其餘也。其有服若無服，或以尊而降，或以尊而絶，皆一如所後者之親子而無所異焉。

蕙田案：此記爲人後者降其兄弟。

兄弟皆在他邦，加一等。不及知父母，與兄弟居，加一等。注：皆在他邦，謂行仕出遊，若辟讎。不及知父母，父母早卒。疏：共在他國，一死一不死，相愍不得辭于親眷。父母早卒，兄弟共居而死，當愍其孤幼相育，故皆加一等。

敖氏繼公曰：兄弟以皆在他邦而死，加者，爲其客死于外故也。以不及知父母而加者，爲其有恩于己故也。凡兄弟之加服，惟此與姑、姊妹、女子子適人而無主者也，其餘則否。

欽定義疏：此兄弟不專指同輩者，凡父行、子行并祖行、孫行皆在焉，惟其所值而已。無大功之親，則有從母再嫁而謂他人父者矣。若小功以下至無服之親，能相爲收卹，使孤兒得以長成，即有母者亦使窮嫠得以完其貞潔，此尤人情所難也，加一等服之，所以勸篤親而厚風俗也。加一等，則無服者亦爲之緦麻矣。

傳曰：何如則可謂之兄弟？傳曰：小功以下爲兄弟。注：於此發兄弟傳者，嫌大功已上又加也。大功以上，若皆在他國，則親自親矣。若不及知父母，則固同財矣。疏：「小功以下爲兄弟」者，加一等大功，以上不可復加也。云「親自親矣，固同財矣」者，皆明恩自隆重，不可復加之義。

敖氏繼公曰：「謂之」二字似誤，亦當作「爲」。爲兄弟者，爲兄弟服也。此唯以加一等者爲問耳。小功以下爲兄弟，謂是乃小功以下之親爲兄弟之服者然也。然則，此等加服，不得過于大功矣。蓋大功以上，皆在親者之限，故不必復加云。

郝氏敬曰：此輩兄弟，皆内外族親，有緦、小功服者，或本無服而誼重者，皆可爲服。

盛氏世佐曰：云「何如則可謂之兄弟」者，問此兄弟自何等親也。答云「小功以下爲兄弟」，明其本疎屬，故有加爾，非親者之比也。爲，如字。敖讀作去聲，因以「謂之」二字爲誤，非。

蕙田案：此記兄弟加等之服。

朋友皆在他邦，袒免，歸則已。注：謂服無親者，當爲之主，每至袒時則袒，袒則去冠，代之以免。舊説以爲免，象冠，廣一寸。已猶止也。歸有主，則止也。主若幼少，則未止。小記曰：「大功者，主人之喪，有三年者，則必爲之再祭。朋友，虞祔而已。」疏：同門曰朋，同志曰友。袒而免，與宗族五世者同。朋友義合，故云無親。袒時，謂小斂訖，投冠括髮時。引小記者，證朋友爲主之義。子幼不能爲主，大功爲主者爲之再祭，謂練、祥。朋友輕，爲之虞祔而已。

敖氏繼公曰：朋友相爲，弔服加麻也。此亦爲其客死于外，尤可哀憐，故加一等，而爲之袒免，以示其情。歸于其國，則復故而如其常服，故曰「歸則已」也。死于他邦者，朋友袒免，兄弟加一等，其意正同。此云「歸則已」，是兄弟雖歸，其加服故自若也，亦足以見親疎之殺矣。

華氏學泉曰：或問：袒免之服宜何如？曰：袒者，袒也，去衣也。喪禮，凡踊先袒，將袒先免，故曰袒而踊之，又曰袒成踊，是袒以踊也。冠者不袒，冠至尊，不居肉袒之體，故爲之免以代之，是免以袒也。又有事則袒，故飯含，主人南面，左袒，扱諸面之右。凡殮者袒。大殮，主人及親者袒，既夕啓殯，商祝免袒之類。凡動變皆袒，于事便也。大殮之前，主人及緦麻皆免，既殯，緦、小功不免也，虞、卒哭則免之。故當事而袒免者，五服之所同也。但五世親盡，宜袒則袒，宜免則免，事畢則除之而無服耳，非如今律所載，素服尺布爲袒免也。亦皆古聖人制服之厚，雖親盡服絶，而猶當喪而致其哀，遇事而爲之助如此。

汪氏琬曰：宋儒程氏泰之嘗辨袒免，謂「免」如字，不當如鄭氏音問。予始愛其文，久而考之禮經，則程氏所辨未合也。程氏曰：「不應別立一冠，名之爲免。」予則曰：布廣一尺，從項交額而卻繞于紒，是故不成其爲冠也，鄭氏亦未嘗以冠名之也。程氏曰：「解除吉冠之謂免，如免冠之免。」予則曰：此非禮經之意也。禮，禿者不免〔一〕，謂其無紒可繞，故不免也。又問喪曰：「免者以何爲也？曰：不冠

〔一〕「不免」，原脱，據光緒本、儀禮集編卷二五補。

者之所服也。」洵如經言，則不止于不冠而已，如之何借免冠以爲釋也？程氏曰：「衰絰冠裳，俱有其制，而袒免則元無冠服，故經莫得而記。」予則曰：經文有之矣，程氏未之詳也。禮：「奔喪者自齊衰以下，入門左，中庭北面，哭盡哀，免麻于序東。」是免用麻也。「斬衰，括髮以麻。爲母，括髮以麻，免而以布。」是免用布也。布與麻者，免之制也，其可謂之無其制與？程氏曰：「禮，男子冠而婦人笄，男子免而婦人髽。是冠與免對也，故得以免冠爲免。」予則曰：非也。冠與笄對，免與髽對者也。髽不止于除笄，而免獨止于免冠乎？左傳韓之戰，秦穆公獲晉侯，「穆姬登臺履薪，使以免服衰絰逆」，則免之有服，審矣。程氏又釋喪小記曰：「父母皆應以麻括髮，而古禮母皆降父，故減麻用布，而特言免以明之。」予則曰：此又非也。經文上言「括髮」而下言「免」，則免與括髮不同，不可以合釋之也。有免而括髮者焉，母喪是也；有免而不括髮者，爲屬及五世之喪是也。

欽定義疏：免固不成冠，注亦未嘗以冠名之也。然問喪云：「免者以何爲也？不冠者之所服也。」則必有其服而不止于不冠矣。小記：「爲母括髮以麻，免而用布。」是免用布也。左傳韓之戰，秦穆姬「使以免服衰絰逆」，則免之爲服，審矣。

朋友，麻。注：朋友雖無親，有同道之恩，相爲服緦之絰帶。檀弓曰：「群居則絰，出則否。」其服，弔服也。周禮曰：「凡弔，當事則弁絰。」弁絰者，如爵弁而素，加環絰也。其服有三：錫衰也，緦衰也，疑衰也。王爲三公六卿錫衰，爲諸侯緦衰，爲大夫士疑衰。諸侯及卿大夫亦以錫衰爲弔服。當事乃弁絰，否則皮弁，辟天子也。士以緦衰爲喪服，其弔服則疑衰也。舊説以爲士弔服布上素下，或曰素委貌冠加朝服。論語曰：「緇衣羔裘。」又曰：「羔裘玄冠不以弔。」何朝服之有乎？然則二者皆有似也。此實疑衰也，其弁絰皮弁之時，則如卿大夫然，又改其裳以素，辟諸侯也。朋友之相爲服，即士弔服，疑衰素裳。冠則皮弁加絰。庶人不爵弁，則其弔服素冠委貌。疏：上文據在他國，加袒免。今此在國，相爲弔服，麻絰帶而已。注知緦之絰帶者，以其緦是五服之輕，爲朋友之絰帶，約與之等也。云「其服，弔服也」者，以其不在五服，五服之外，惟有弔服，故引周禮王弔諸臣之絰及三衰證此也〔一〕。案周禮司服：「王爲三公六卿錫衰，爲諸侯緦衰，爲大夫士疑衰，其首服皆弁絰。」又案服問：「公爲卿大夫錫衰以居，出亦如之。當事則弁絰，大夫相爲亦然。」是諸侯及卿大夫亦以錫衰爲弔服也。天子常弁絰，諸侯及卿大夫當大斂、小斂及殯時乃弁絰，非此時則皮弁，辟天子也。士弔服則疑衰，士卑，無降服，既以緦爲喪服，不得復將緦爲弔服，故向下取疑衰爲弔服也。舊説者以士弔服無文，前有此二種解，故鄭引論語破之。云「又改其裳，以素辟諸侯」者，諸侯及卿大夫不著皮弁，辟天子，此諸侯之士不著疑衰，裳而用素，又辟諸侯也。云「朋友之相爲服，即士弔服，疑衰而素裳」，是鄭正解士之弔服。「庶人不爵弁，則其冠素委貌」，不言其服，則白布深衣也。以白布深衣，庶人之常服，又尊卑始死〔二〕，未成服以前服之，故庶人得爲弔服也。凡弔服

〔一〕「臣」，諸本作「侯」，據儀禮注疏卷三四改。
〔二〕「始死」，諸本脱，據儀禮注疏卷三四補。

直云素弁環絰，不言帶，或云有絰無帶，但弔服既著衰，首有絰，不可著吉時之大帶，吉時之大帶有采。麻既不加于采，采可得加于凶服乎？案此經注「服緦之絰帶」，則三衰絰帶同有可知。其弔服之除，案雜記云：「君于卿大夫，比葬不食肉，比卒哭不舉樂。」是知未吉，則凡弔服亦當依氣節而除，並與緦麻同三月除之〔一〕。爲士雖比殯不舉樂，其服亦既葬除之矣。

敖氏繼公曰：天子弔服三：錫衰也，緦衰也，疑衰也。諸侯弔服二：錫衰也，疑衰也。皆用于臣。禮，國君不相弔，則亦未必有朋友之服，是記蓋主爲大夫以下言之。服問謂大夫相爲錫衰以居，當事則弁絰。此大夫于朋友之爲大夫者服也。以是推之，則大夫于士若士與大夫，皆疑衰裳，雖當事亦素冠也。士庶人相爲亦然。其服皆如麻，既葬乃已。若非朋友，則弔之時，其服皆與朋友同，所異者，退則不服耳。疑衰者，亦十五升而去其半，蓋布縷皆有事者也。布縷皆有事，則疑於吉；升數與緦、錫同，則疑于凶，故因以名之。

張氏爾岐曰：士之弔服則疑衰，其或弁絰，或皮弁，如卿大夫，而改其裳也。疑者，擬也，擬于吉也。吉服十五升，而此服用十四升，是近于吉。朋友之服，即此服而加麻也。周禮司服：「凡弔事，弁絰服。」此經注引之，作「凡弔當事則弁絰」，誤。當事則弁絰者，諸侯、卿大夫也，當正之〔二〕。

〔一〕「三月」，原作「五月」，據味經窩本、乾隆本、光緒本、儀禮注疏卷三四改。
〔二〕「正」，原作「證」，據光緒本、儀禮鄭注句讀卷一一改。

汪氏琬曰：或問：禮言「朋友，麻」而律文無之，則何也？曰：吾聞之，同門爲朋，同志爲友。古之爲朋友者，其將與之交也，則有始相見之禮；其既與之交也，則有終身同道之恩。蓋慎于初而厚于繼也如此。夫惟始慎之，繼厚之，故殁則哭于寢門之外，加麻三月。今交道廢矣，彼之憧憧往來者，飲食而已耳，博奕笑語而已耳。有善不相勉，有過不相規，此則孔子謂之「所知」、曾子謂之「相識」者也，非朋友也，而顧欲爲之加麻，不已重乎？夫朋友之服，不在五服之内，故律文略之。後之學者，緣情義之淺深厚薄而加折衷焉可也。或問：師弟子何以無服也？曰：昔者孔子之喪顔回也，若喪子而無服。子貢請喪孔子，若喪父而無服。今之爲師爲弟者，其視夫子、子貢何如而遂相爲服也。先儒謂「師不立，服不可立」，此説是也。然則弔服加麻，出入常經者，非與？曰：昔者朱文公之喪，黄文肅公爲其師加麻，制如深衣，用冠絰。何文定公之喪，王文憲公服深衣，加帶絰，冠加絲。許文定公薨，蒲人王楫衰絰赴葬，司賓者辭曰：「門人衰，禮與？」楫曰：「吾師也。術藝之師與？賓主之師與？吾猶懼乎報之無從耳。」由是言之，後世有人師、經師。如朱、何、許三先生者，夫亦可以用此服矣。

華氏學泉曰：或問：師之服不見于儀禮，何也？曰：古者師未嘗有服，師之心喪三年，自孔門弟子始也。孔子之喪，門人疑所服。子貢曰：「孔子之喪顔淵，若喪子而無服。請喪孔子，若喪父而無服。」于是乎有心喪三年。師之心喪三年，爲孔子設也。其師非孔子，難乎其服也。朋友有服與？記曰：「朋友，麻。」鄭注云：「朋友有同道之恩，相爲服緦之絰帶。」是爲朋友緦也。曾子曰：「朋友之墓，有宿草而不哭焉。」期以爲節也。此存乎交道之淺深矣。夫父生之，而師教之，朋友成之。師之喪視父，朋友之喪視兄弟，其可也，然而難乎其服也。

蕙田案：此記朋友之服。

君之所爲兄弟服，室老降一等。注：公士大夫之君。疏：天子諸侯絶期，今言爲兄弟服，明是公士大夫之君。於旁親降一等者，室老家相降一等。不言士，士邑宰，遠臣，不從服；室老，君近臣，故從君所服也。

敖氏繼公曰：君者，謂凡有家臣者皆是也。與室老對言，故曰君。亦如妾爲君、爲女君之比。

張氏爾岐曰：公卿大夫爲兄弟服，已降一等，室老從之而服，又降一等。

盛氏世佐曰：兄弟服，謂期功之屬。此大夫之臣從服之例也。從服者止于室老，其餘否，下天子諸侯也。天子諸侯爲其正統之親服，其臣皆從服，亦降一等。「不杖期」章「爲君之父母」，是其例矣，惟近臣，君服斯服，蓋不降也，是皆異于大夫者。

夫之所爲兄弟服，妻降一等。疏：妻從夫服其族親，即上經夫之諸祖父母，見于「緦麻」章；夫之世叔，見于「大功」章；夫之昆弟之子不降，叔嫂又無服，今言從夫降一等，記其不見者，當是夫之從母之類乎？

敖氏繼公曰：此惟指妻從夫服者而言，如爲夫祖父母之類是也。其在夫之昆弟之行者，則不從。

郝氏敬曰：夫之重服，則妻與同。如疎屬小喪，則妻降一等。前于尊親大喪從服皆有等，此括諸未備輕服言也。

欽定義疏：疏謂「不見者，是夫之從母」，非也。妻于夫之母黨不從服。敖氏謂「夫之祖父母」，祖父母不可謂之兄弟服也。其謂從祖父母而脱「從」字，與「小功」章爲夫之姑、姊妹，亦從夫而降一等者也。所不服者，惟男昆弟耳。此服大概已見經，惟「緦麻」章未明言夫之從祖、祖父母及夫之從父姊妹，記或爲此而發與？

蕙田案：此二條記從服降等之法。

庶子爲後者，爲其外祖父母、從母、舅無服。不爲後，如邦人。疏：以其與尊者爲一體，既不得服所出母，是以母黨皆不服之。

敖氏繼公曰：凡從服，皆爲所從在三年之科者也。庶子爲父後者，爲其母緦，則于母黨宜無服也。不爲後，如邦人，是君母與己母之黨或兼服之，明矣。

郝氏敬曰：邦人，猶言衆人。

顧氏炎武曰：與尊者爲一體，不敢以外親之服而廢祖宗之祭，故絀其服也。言母黨，則妻之父母可知。

張氏爾岐曰：若不爲後，亦如邦人，爲母黨服也。

汪氏琬曰：或問：禮有庶子爲其外祖父母、從母、舅之服，而律文無之，何也？曰：古者諸侯卿大夫之妾，出于買者少，而爲娣姪媵者多。若後世之爲妾者，皆庶姓也，其父母、兄弟、姊妹往往有不可考者，律文不爲之服，蓋以賤，故絀也。然則庶子之服其生母也，今且與適母同矣。夫使伸其死于母而獨絀于母之黨，毋乃稍失倫與？曰：非也。小不可加大，卑不可陵尊，賤不可干貴，聖人之立制也，姑以此示適庶之閑焉。此律文之微意也。故庶子得爲適母之黨服，而不得爲生母之黨服。鄉先生姚文毅公亦以無服爲善也。

華氏學泉曰：或問：儀禮庶子爲其生母之黨服歟？曰：本經無文，于記有之：「庶子爲父後者，爲其外祖父母、從母、舅無服。不爲後，如邦人。」然則庶子不爲父後者，爲其生母之黨服可知也。曰：今制于生母之黨不服，可歟？曰：可。古者諸侯娶一國之女，其二國同姓以姪娣媵。大夫士娶，亦各有妾媵。姪者，妻之兄弟之女。娣者，妻之妹。故古無甚賤之妾，其庶子安得不爲其黨服？今雖士大夫家無娶士族爲妾者，故今之爲妾微，微，故不得不略之也。古爲其妾緦，今無服，其亦以此歟？汪琬氏亦曰：「古諸侯卿大夫之妾，出于買者少，而爲娣姪媵者多。若後世之爲妾者，皆庶姓也，其父母、兄弟、姊妹往往有不可考者，律文不爲之服，蓋以賤，故絀也。」

盛氏世佐曰：庶子爲父後，于其所生母之黨無服，亦不敢服其私親之義也。不言從母昆弟、舅之子者，舉其重者，而輕者可知。「不爲後，如邦人」，據士禮而言也。若公子、大夫之庶子爲尊者所厭，于其母且不得伸三年，母黨之服詎得伸乎？大夫卒，庶子不爲後者亦如邦人矣。然君母在，爲君母之黨服，仍不兼服也。敖説誤。

蕙田案：此記庶子爲其母黨之服。

宗子孤爲殤，大功衰、小功衰，皆三月。親，則月算如邦人。注：言孤，有不孤者。不孤，則族人不爲殤服服之也。不孤，謂父有廢疾，若年七十而老，子代主宗事者也。孤爲殤，長殤、中殤大功衰，下殤小功衰，皆如殤服而三月，謂與宗子絶屬者也。親，謂在五屬之内。算，數也。「月數如邦人」者，與宗子有期之親者，成人服之齊衰期，長殤，大功衰九月；中殤，大功衰七月；下殤，小功衰五月。有大功之親者，成人服之齊衰三月。卒哭，受以大功衰九月。其長殤、中殤，大功衰五月；下殤，小功衰三月。有小功之親者，成人服之齊衰三月。卒哭，受以小功衰五月，其殤與絶屬者同。有緦麻之親者，成人及殤皆與絶屬者同。疏：「孤爲殤」者，謂無父未冠而死者也。「大功衰、小功衰」者，以其成人齊衰，故長殤、中殤皆在大功衰，下殤在小功衰也。「皆三月」者，以其衰雖降，月本三月，法一時，不可更服，故還依本三月也。云「親則月算如邦人」者，上三月者，是絶屬者。若在五屬之内親者，月數當依本親爲限，故云如邦人也。注云「不孤則族人不爲殤服服之也」者，以父在，猶如周之道，有適子，無適孫，以其父在，有適子則不爲適孫服，同于庶孫，明此本無服，父在亦不爲之服殤也。自大功親已下，盡小功親以上，成人月數雖依本皆服齊衰者，以其絶屬者猶齊衰三月。明親者無問大功、小功、緦麻，皆齊衰也。既皆齊衰，故三月既葬受服，乃始受以大功、小功衰也。至于小功親已下，殤與絶屬者同者，以其成人小功，至下殤即入三月，是以與絶屬者同，皆大功衰、小功衰三月也。絶屬者爲宗子齊衰三月，緦麻親亦三月，是以成人及殤死皆與絶屬者同也。

敖氏繼公曰：此言宗子孤而爲殤，其服乃如是。若不孤，則族人之親盡者不爲服，而有親者則或降服，或降而無服，亦如邦人也。

郝氏敬曰：宗子、大宗子，族人所爲齊衰三月者也。無父曰孤。宗子父未死，年老而傳子，代主宗事，十九以下死，是不孤而殤者也。族人不得以宗子殤爲服，何也？禮，有適子則適孫與庶孫同，有父在，即是宗子所殤者同于祖宗之適孫耳，故不爲宗子殤服。必其既爲宗子，父死子孤，十九以下死者，族人乃爲殤服，長殤、中殤大功布衰，下殤小功布衰，皆三月除。禮，宗子成人死，族人男女皆齊衰三月，今從殤降爲功衰三月，此疎屬無五服之親者也。其在五服親内者，各以所當服之月算，初喪服齊衰三月，後各以本服爲受，月滿而後除之，如衆人算服之當法也。

欽定義疏：宗子雖下殤，不以緦麻服之，重宗子也。宗子不孤，則其父雖不主宗事，而族人猶以宗子之服服其父。服其父則不服其子矣。此與宗子之母在，則不爲宗子之妻服意同。注謂「有大功之親者，成人服之齊衰三月，卒哭，受以大功衰九月」，謂以大功衰終九月之數，是連齊衰計之者也。

蕙田案：此記族人爲宗子殤服。

改葬，緦。注：謂墳墓以他故崩壞，將亡失尸柩者也。改葬者，明棺物毁敗，改設之如葬時也。其奠如大斂，從廟之廟，從墓之墓，禮宜同也。服緦者，臣爲君也，子爲父也，妻爲夫也。必服緦者，親見尸柩，不可以無服，緦三月而除之。疏：案既夕記朝廟至廟中更設遷祖奠云「如大斂奠」，即此移柩向新葬之處所設之奠，亦如大斂之奠，士用豚，三鼎，則大夫已上更加牲牢。大夫用特牲，諸侯用少牢，天子用太牢可知。又朝廟載柩之時，士用輁軸，大夫已上用輴，不用蜃車，飾以帷荒，即此「從墓之墓」，亦與朝廟同可知。臣爲君，子爲父，妻爲夫，惟據極重而言，餘無服也。不言妾爲君，以不得體君，差輕故也。不言女子子，婦人外成，在家又非常，故亦不言。諸侯爲天子，諸侯在畿外差遠，改葬不來，故亦不言也。君親死已多時，哀殺已久，可以無服。但親見君之尸柩，故制服以表哀，故皆服緦也。云「三月而除」者，謂葬時服之，及其除也，亦法天道一時，故亦三月除也。若然，鄭言三等，舉極痛者而言，父爲長子，子爲母，亦與此同也。

韓氏愈改葬服議：經曰：「改葬，緦。」春秋穀梁傳亦曰：「改葬之禮，緦；舉下，緬也。」此皆謂子之于父母，其他則更無服。何以識其必然？經次五等之服，小功之下，然後著改葬之制，更無輕重之差。以此知惟記其最親者，其他無服，則不記也。若主人當服斬衰，其餘親各服其服，則經亦言之，不當惟云「緦」也。傳稱「舉下，緬」者，緬猶遠也。下，服之最輕者也。以遠，故其服輕也。江熙曰：「禮，天子諸侯易服而葬，以爲交于神明者，不可以純凶，況其緬者乎？」是故改葬之禮，其服惟輕，以此而言，則亦明矣。衛司徒文子改葬其叔父，問服于子思，子思曰：「禮，父母改葬，緦，既葬而除之，不忍無服送至親也。非父母無服，無服則弔服而加麻。」此又其著者也。文子又曰：「喪服既除，然後乃葬，則其服何服？」子思曰：「三年之喪，未葬，服不變除，何有焉？」然則改葬與未葬者有異矣。古者諸侯五月而葬，大夫三月而葬，士踰月。無故，未有過時而不葬者也。過時而不葬，謂之不能葬，春秋譏之。若有故而未葬，雖出三年，子之服不變。此孝子之所以著其情，先王之所以必其時之道也。雖有文，未有著其人者，以是知其至少也。改葬者，爲山崩水涌毁其墓，及葬而禮不備者。若文王之葬王季，以水齧其墓；魯隱公之葬惠公，以有宋師，太子少，葬有闕之類是也。喪事有進而無退，有易以輕服，無加以重服。殯于堂則謂之殯，瘞于野謂之葬。近代以來，事與古異，或游或仕，在千里之外；或子幼妻稚，不能自還。甚者拘以陰陽畏忌，遂葬于其土。及其反葬也，遠者或至數十年，近者亦出三年，其吉服而從于事也久矣，又安可取未葬不變服之例而反爲之重服歟？在喪當葬，猶宜易以輕服，況既遠而反純凶以葬乎？若果重服，是所謂未可除而除，不當重而更重也。

黄氏榦曰：案通典漢戴德云：「制緦麻具而葬，葬而除，謂子爲父、妻妾爲夫、臣爲君、孫爲祖後也。無遣奠之禮。其餘親皆弔服。」魏王肅云：「司徒文子改葬其叔父，問服于子思，子思曰：『禮，父母改葬，緦，葬而除，不忍無服送至親也。』」肅又云：「本有三年之服者，道有遠近，或有艱，故既葬而除，不待有三月之服也。非父母無服，無服則弔服加麻。」

敖氏繼公曰：改葬者，或以有故而遷葬于他處，如文王于王季之類是也。或以向者之葬，不能如禮，後乃更之，如晉惠公之於共世子之類是也。此惟言緦，不著其人，則是凡有親而在其所者服皆然也。以其非常服，而事又略，故五屬同之。不言其除之之節。或既改葬則不服之與？注云「從廟之廟，從墓之墓，禮宜同也」，言此者，以徵改葬之奠當如大斂耳，蓋祖奠如大斂奠，故鄭氏以此況彼，謂改葬之奠，宜與之同也。

汪氏琬曰：或問：禮：「改葬，緦。」鄭玄謂「三月除之」，而明集禮既葬釋服，何以不同也？曰：集禮釋緦服者，謂釋其衰麻耳。下文素服云云，則猶未敢即吉也。是故吾從三月。或問：過時而葬宜何服？曰：禮，久而不葬者，主喪者不除。夫久而不葬，人子之過也，其可以不衰絰乎哉？又禮：「爲兄弟，既除喪已，及其葬也，反服其服。」兄弟且爾，而況于人子乎？

欽定義疏：此服上下同之，自天子至于士一也。大夫以上無緦服，此有之者，非常服，禮窮則同耳。既啓壙見尸柩，必有奠，以爲神之所依。如未能遽葬，則朝夕猶當設常奠如在殯時，届葬乃設葬奠也。葬畢而返，亦當有祭。如虞祭，其釋服而後祭與？

蕙田案：此記改葬服。

童子，唯當室緦。注：童子，未冠之稱也。當室者，爲父後，承家事者。爲家主，與族人爲禮。於有親者，雖恩不至，不可以無服也。疏：「當室」者，周禮謂之「門子」，與宗室往來，故爲族人有緦服。以其代父當家事，故注云「爲家主，與族人爲禮」。「于有親者」，則族内四緦麻以來皆是也。案内則，年二十「敦行孝弟」，十九以下未能敦行孝弟，故云恩不至。不在「緦」章者，若在「緦」章則内外俱報，此當室童子直與族人爲禮有此服，不及外親，故不在「緦」章而在此記也。

敖氏繼公曰：此言惟當室則緦，是雖父在亦得爲之。曲禮曰：「孤子當室。」言孤則有不孤者矣。

盛氏世佐曰：當室，謂父没及年老而傳者也。緦兼父黨母黨而言。童子未有室，唯無妻黨服耳。注疏專指族人，恐未是。童子死，親族當爲之緦者，皆降而無服，故云恩不至也。

蕙田案：當室之緦，注疏專指族人，不及外親，其義爲優。

傳曰：不當室，則無緦服也。

敖氏繼公曰：童子不當室，則無緦服，所以降于成人。當室則緦，所以異于衆子。

郝氏敬曰：凡緦，多中表之親。童子未當家，未與三黨周旋，故應無緦，唯父死當家之童子，親族備禮則有之，故傳以不當室反明之。

盛氏世佐曰：案記云「唯當室緦」，明其餘固無是禮也。此與童子不杖意相類，皆以其未成人略之。然唯云無緦服，則期功已上之服如成人，又可知矣。

欽定義疏：戴氏德謂童子當室，十五至十九。蓋以不及十五，則未能當室也。童子無緦服，則自小功以上皆有之矣。雜記：「童子哭，不偯，不踊，不杖，不菲，不廬。」言其爲父母者也，此不緦之意與彼同，以其未成人，故優之耳。三年之喪減其文之縟者，五服減其服之輕者，過此，雖幼不可缺也。

蕙田案：此記童子當室之服。

凡妾爲私兄弟，如邦人。注：嫌厭降之也。私兄弟，目其親族也。女君有以尊降其兄弟者，謂士之女爲大夫妻與大夫之女爲諸侯夫人、諸侯之女爲天王后者。父卒，昆弟之爲父後者，宗子亦不敢降也。疏：妾言「凡」者，總天子以下至士也。「女君有以尊降其兄弟者」，以其女君與君體敵，故得降其兄弟旁親之等。子尊不加父母，唯不降父母，則可降其兄弟旁親也。「父卒，昆弟之爲父後者，宗子亦不敢降」者，雖得降其兄弟，此爲父後，皆不得降，容有歸宗之義，歸於此家，故不降。

敖氏繼公曰：此經正言妾之服其私親者，惟有爲父母一條，其餘則皆與爲人妻者並言於凡適人者及嫁者、未嫁者爲其親屬之條中，恐讀者不察，故記言此以明之。

郝氏敬曰：私兄弟，謂妾父母家諸親族，如常人各以其等爲服。蓋妻與夫同體，故降其私親；妾不體君，得自伸也。

蕙田案：如邦人者，如女子子適人者之服也。嫌厭降，不得如禮，故特明之。「不杖期」章「女子子適人者爲其父母」，又云「公妾以及士妾爲其父母」，以是推之，則妾于私親之服皆與妻同也。如郝氏説，似以妾服私親較重于妻服，其誤甚矣。

張氏爾岐曰：妾爲私親，疑爲君與女君所厭降，實則不厭，故服同邦人常法，謂如女子適人者之服也。

欽定義疏：妾從女君而服女君之黨，既嫌屈于其君，又嫌服女君之黨則不自服其黨，故明之也。

蕙田案：此記妾爲私兄弟服。

大夫弔於命婦，錫衰。命婦弔於大夫，亦錫衰。注：弔於命婦，命婦死也。弔於大夫，大夫死也。小記曰：「諸侯弔，必皮弁錫衰。」服問曰：「公爲卿大夫，錫衰以居，出亦如之，當事則弁絰。大夫相爲亦然。爲其妻，往則服之，出則否。」疏：注引小記者，以記直言衰，不言首服，故引之。言「諸侯弔，必皮弁錫衰」者，謂諸侯因朝，弔異國之臣，著皮弁錫衰。雖成服後，亦不弁絰也。引服問者，有己君并有卿大夫與命婦相弔法。云「以居」者，君在家服之；出亦如之；出行不至喪所，亦服之。云「當事則弁絰」，謂當大、小斂及殯，皆弁絰也。云「大夫相爲亦然」者，一與君爲卿大夫同，「爲其妻，往則服之，出則否」，引之者，證大夫與命婦相弔服錫衰同也。

敖氏繼公曰：服問以錫衰爲大夫相爲之服，則命婦相弔亦錫衰矣。此記惟見「大夫於命婦、命婦於大夫」者，嫌所弔者異則服或異也。大夫、命婦之錫衰，惟于尊同者用之，則弔於其下者不錫衰，明矣。

郝氏敬曰：弔於命婦，與命婦弔，皆弔其主人之妻也。男女弔異而衰布同。

汪氏琬曰：大夫之弔命婦有之，命婦弔大夫則未也，何也？婦人之職，惟司酒食織紝而已，不當與聞閫外之事，故曰「婦人無外事」。禮，知生則弔，所識則弔。爲命婦者，何自而與大夫有素也？如其爲有服諸親，則聞喪之日必往而號踊哭泣，厠于姑、姊妹、娣姒衆婦人之列矣，夫安得行弔禮？且自有居喪之本服在夫，安得而用錫衰？舍是而出弔，則與外事之漸也。獨不觀魯之公父文伯之母乎？公父文伯之母，季康子之從祖叔母也，康子往焉，闔門與之言，皆不踰閾，仲尼謂之知禮。蓋古人謹于男女之辨如此。使先王而果制此服，是誨命婦以淫也。夫防之猶虞其未足，而顧誨之乎？其可疑矣。說者曰：禮尚往來，大夫弔命婦，命婦不可以不弔大夫，如之何？予告之曰：有命婦之夫與其子在。服問：「大夫相爲，錫衰以居，出亦如之。爲其妻往則服之，出則否。」獨不言命婦爲大夫，此可據也。說者又曰：婦人不越疆而弔人，禮禁其越疆，豈遂禁其弔人乎哉？予曰：非是之謂也。命婦死則命婦當弔，大夫死則命婦不當弔，殆亦不畔于禮者也。

蕙田案：汪氏説非是。禮曰：「知生者弔。」大夫死而命婦往弔其妻，以與其妻相知故也，何嫌于弔大夫乎？

姜氏兆錫曰：言大夫，該卿大夫、士之詞，以周禮司服「王爲公卿、大夫、士」推之可見。王弔且由公卿及于士，況凡相弔者乎？

盛氏世佐曰：弔於命婦，弔其夫也；弔于大夫，弔其妻也。婦人得出弔者，以其與死者之妻爲親族故也。本與死者無服，故但服弔服而已。大夫、命婦弔于敵者之服如是，則其弔於士也，蓋緦衰與？

傳曰：錫者何也？麻之有錫者也。錫者，十五升抽其半，無事其縷，有事其布，曰錫。

注：謂之錫者，治其布使之滑易也。錫者，不治其縷，哀在内也。緦者，不治其布，哀在外也。君及卿大夫弔士，雖當事，皮弁錫衰而已。士之相弔，則如朋友服，疑衰素裳。凡婦人相弔，吉笄無首，素緦。

疏：錫，謂不治其縷，治其布，以哀在内。緦則治縷，不治布，哀在外。以其王爲三公六卿，重于畿外諸侯故也。士輕，無服弁絰之禮，有事無事，皆皮弁錫衰而已。文王世子注：「諸侯爲異姓之士疑衰，同姓之士緦衰。」今言士與大夫又同錫衰，此言與士喪禮注同，亦是君于此士有師友之恩者也。云「凡婦人相弔，吉笄無首，素緦」者，下文「女子子爲父母，卒哭，折吉笄之首，布緦」，此弔服用吉笄無首，素緦。又男子冠、婦人笄相對，婦人喪服，又笄、緦相對。上注男子弔用素冠，故知婦人弔亦吉笄無首，素緦也。

敖氏繼公曰：「有錫」，疑當作「滑易」，蓋二字各有似，以傳寫而誤也。鄭司農注司服職云：「錫，麻之滑易者也。」其據此記未誤之文與？以天子弔服差之，錫重于緦，故緦治縷而錫則否。蓋凡服以麤細爲先後，錫不治縷，則其縷不如緦之細，所以差重也。然而必有事其布者，蓋弔服不可以無所事，既不治縷，則當治布也。治其布則滑易矣，所以謂之錫。

郝氏敬曰：錫與緦，皆十五升抽其半，而錫重於緦。錫，易治也。麻之有錫，言麻布加易治也。有，又通，加也。事猶治也。有事無事，及緦而言〔一〕。有事其縷，無事其布，則緦矣。曰錫，明所以異於緦。

盛氏世佐曰：國君弔士之服，當以文王世子注爲正。此注言與卿大夫同錫衰，自相違異，蓋誤也。且卿大夫弔士，亦不合服錫衰。說見上。

欽定義疏：錫衰，有事其布；緦衰，有事其縷。則小功而上，布縷兩無所事明矣。「斬衰」章傳云：「冠六升，鍛而勿灰。」雜記云：「加灰，錫也。」然則不加灰，雖鍛，不可謂之有事也。緦衰之縷，亦加灰治之，又可見矣。

蕙田案：此記大夫、命婦弔服。

〔一〕「及」，諸本作「反」，據儀禮集編卷二五改。

女子子適人者爲其父母，婦爲舅姑，惡笄有首，以髽。卒哭，子折笄首以笄，布總。注：言以髽，則髽有著笄者明矣。疏：此二者皆期服。但婦人以飾事人，是以雖居喪内，不可頓去修容，故使惡笄而有首。至卒哭，女子子哀殺，歸于夫氏，故折吉笄之首而著布總也。案「斬衰」章：「吉笄尺二寸，斬衰以箭，笄長尺。」檀弓齊衰期亦云尺，則齊衰已下皆與斬同一尺，不可更變，故折吉笄首而已。其總，斬衰六升，長六寸。鄭注：「總六升，象冠數。」則齊衰總亦象冠數。正服齊衰，冠八升，則正齊衰總，亦八升，是以總長八寸。笄總與斬齊長短爲差，但笄不可更變，折其首；總可更變，宜從大功總十升之布總也。舊有人解喪服小記云「男子免而婦人髽」，免時無笄，則髽亦無笄矣。但免、髽自相對，不得以婦人與男子有笄無笄相對，故鄭以經云「惡笄有首，以髽」，髽、笄連言，則髽有著笄明矣。

敖氏繼公曰：云「有首」，見惡笄之制也。是亦其異于箭笄者與？言「笄有首」，而復云「以髽」，見成服以後猶髽，且明齊衰而髽者之止於是也。然則婦人之髽者，惟妻爲夫，妾爲君，女子子在室爲父母與此耳。「以笄」之笄，著笄之稱也。卒哭，子折笄首以笄，則不復髽矣。婦則惡笄以髽自若也。此亦微有内夫家、外父母家之意。總之用布，五服婦人皆然，特以「齊衰」章亦不言總，故記因而見之也。下文放此。

郝氏敬曰：女子既嫁，父母死，奔服與婦爲舅姑同。惡猶凶也。笄，簪也。首，簪頭也。有首，言不折也。惡笄短，不必折其首。凡吉笄長尺二寸，凶笄長尺。露髪曰髽，猶男子免。以布覆髪曰總，猶男子冠，受布同。始死，盡去笄總，露髽。成服，則惡笄、布總。此女與婦同者也。既葬，虞，卒哭，女子適人者歸夫家，則以吉笄易凶笄，蓋笄不可更受，又不可純吉，用吉笄而去其首，此女與婦異者也。

盛氏世佐曰：經於婦人服制，惟一見于「斬」章，而齊衰以下不著焉，故記者詳之。女子子適人者爲其父母，婦爲舅姑，皆見「齊衰不杖期」章。惡笄有首，差飾也，然則斬衰箭笄無首明矣。髽，舊説云齊衰以下布髽也。云「以髽」者，見其著笄又著髽也。婦人之髽，對男子之免。免必去冠，髽仍著笄者，蓋冠所以冒首，免所以統髻，著冠則髻不露，故必去冠乃可以免也。婦人之笄，僅以貫髮而已，其重雖與冠等，而其制絶與冠異也。著笄之後，其髽仍露，故不礙其爲髽也。卒哭，子折笄首以笄，著其異於婦爲舅姑者也。婦人外成，在夫家而服父母之服，猶以爲己之私喪也，故去惡笄，著吉笄，然必折其首乃著之者，以其太飾故也。初喪，惡笄有首，受以吉笄無首，是其相變之意也。布總，言其同也。此不專爲女子子發，乃言於「子折笄首」之下者，上文終言笄制而後及之耳。

欽定義疏：小斂之後，未成服之前，婦人將斬衰者去纚而麻髽，將齊衰者去纚而布髽，此不著笄者也。成服，著布總，則斬衰者箭笄，齊衰者榛笄，而髽如故，以其去纚而露紒自若也。注言「髽有著笄者」，此也。斬衰箭笄，髽，以終三年，經著之矣。其齊衰期者，于卒哭後，又有終髽與不終髽之異，經未之見，故記明之。

傳曰：笄有首者，惡笄之有首也。惡笄者，櫛笄也。折笄首者，折吉笄之首也。

吉笄者，象笄也。何以言子折笄首而不言婦？終之也。注：櫛笄者，以櫛之木爲笄，或曰榛笄。有首者，若今時刻鏤摘頭矣。卒哭而喪之大事畢，女子子可以歸于夫家，而著吉笄折其首者，爲其大飾也。吉笄尊，變其尊者，婦人之義也。據在夫家，宜言婦。終之者，終子道于父母之恩。疏：吉時之笄，以象骨爲之，據大夫士而言。案弁師天子諸侯笄皆玉也。玉藻云：「沐櫛用樿櫛，髮晞用象櫛。」鄭云：「樿，白理木。」櫛即梳也，以白理木爲梳櫛也。彼樿木與象櫛相對，此櫛笄與象笄相對，故鄭云「櫛笄者以櫛之木爲笄」。又案檀弓云：「南宮縚之妻之姑之喪，夫子誨之髽，曰：『爾毋從從爾，爾毋扈扈爾。』蓋榛以爲笄長尺，而總八寸。」彼爲姑用榛木爲笄，此亦婦人爲姑，與彼同，但此用樿木，彼用榛木，不同耳。蓋二木俱用，故鄭兩存之也。出適女子子、在家婦俱著惡笄，婦不言卒哭折吉笄首，女子子即言折吉笄之首，明女子子有所爲，故獨折笄首耳。所爲者，以女子外成，既以哀殺，事人可以加容，故著吉笄，仍爲大飾，折去其首，故以歸于夫者解之。若然，喪大記云女子「既練而歸」，與此注違者，彼小祥歸，是其正法，此歸者，容有故，許之歸，故云可以權許之耳。

敖氏繼公曰：檀弓云南宮縚之妻爲姑，榛以爲笄。此傳所爲櫛者，疑即彼之榛也，蓋聲相近而轉爲櫛耳。言子折笄首而不言婦者，謂記先並言女子子與婦之笄髽，後乃獨言子折笄首而不及于婦也。終，終喪也，言婦惡笄以終喪，無折笄首之事，故不言婦也。傳引記文云「笄有首」，則記之「惡」字似衍。

張氏爾岐曰：案傳言「終之」者，因記本以女子子與婦人并言，「惡笄有首以髽」下，單言「子折笄首布總」而不言婦當如何，故解之曰「終之也」，謂當以惡笄終期也。注云「據在夫家，宜言婦」，仍指女子子而言，誤會傳文。

妾爲女君、君之長子，惡笄有首，布總。疏：妾爲君之黨服，得與女君同，爲長子亦三年。但爲情輕，故與婦事舅姑齊衰同，惡笄有首、布總也。

敖氏繼公曰：笄、總與上同，乃別見之者，明其不髽也。然則三年之喪，亦有不必髽者矣。妾爲女君不杖期，爲君之長子三年。

盛氏世佐曰：妾爲女君及君之長子，日月雖殊，而齊衰一也，故其首服同。此與婦爲舅無以異，乃別見之者，以其爲妾服故也。不言髽，文省也。小記云：「妾爲君之長子與女君同。」然則母爲長子之服亦猶是矣，箭笄，麻，髽，唯服斬者耳。以是差之，則大功以下，其皆吉笄折首以髽而布總與？

欽定義疏：記不別言母爲長子，則亦髽可知，以其爲正體也。妾爲君之長子得與女君同不髽者，異于女君也。妾之事女君，與婦之事舅姑等，不髽者，異于子婦也。此所以明其爲妾也歟？然則妾爲君之父母，亦不髽也明矣。

蕙田案：此記婦人髽、笄、總之制。

凡衰，外削幅；裳，內削幅。幅三袧。注：削猶殺也。大古冠布衣布，先知爲上，外殺其幅，以便體也。後知爲下，內殺其幅，稍有飾也。後世易之，以此爲喪服。袧者，謂辟兩側，空中央也。祭服朝服，辟積無數。凡裳，前三幅，後四幅也。　疏：自此已下盡「袪尺二寸」，記衰裳之制，用布多少、尺寸之數也。云「凡」者，總五服而言。「外削幅」者，謂縫之邊幅向外。「内削幅」者，謂縫之邊幅向内。「幅三袧」者，據裳而言。爲裳之法，前三幅，後四幅，幅皆三辟攝之。以其七幅，布幅二尺二寸，幅皆兩畔各去一寸爲削幅，則二七十四丈。若不辟積，其要中則束身不得就，故須辟積要中也。要中廣狹，任人粗細，故袧之。辟攝亦不言寸數多少，但幅別以三爲限耳。袧者，屈中之稱。一幅凡三處屈之，辟兩邊相著，自然中央空矣。幅別皆然也。「祭服朝服，辟積無數」者，朝服，謂諸侯與其臣以玄冠服爲朝服，天子與其臣以皮弁服爲朝服。祭服者，六冕與爵弁服皆是，玄端亦是士之家祭服也。凡服，惟深衣、長衣之等六幅破爲十二幅，狹頭向上，不須辟積，其餘要間已外，皆辟積無數，似喪冠三辟積，吉冠辟積無數也。「凡裳，前三幅，後四幅」者，前爲陽，後爲陰，故前三後四，各象陰陽也。唯深衣之等，連衣裳十二幅，以象十二月也。

敖氏繼公曰：凡衰，謂凡名衰者也。「衰外削幅」者，所以別于吉服之制，亦如喪冠外畢之類。裳幅不變者，衣裳同用，衣重而裳輕，變其重者以示異足矣，故裳不必變也。下云「袪屬幅」，則衰之削幅者唯袌耳。

郝氏敬曰：削，裁截也。幅，布邊幅。外内，謂削邊縫向外向内。袧，鉤也，屈折曰袧。每幅疊三折。衰獨外削者，衰以摧爲義，裳以常爲義，衣貴裳賤，衣變裳不變也。

若齊，裳内衰外。注：齊，緝也。凡五服之衰，一斬四緝。緝裳者，内展之。緝衰者，外展之。

疏：據上齊斬五章，有一斬四齊。此據四齊而不言一斬者，上文已論五服衰裳縫之外内，斬衰裳亦在其中。此據衰裳之下緝之用針功者，斬衰不齊，無針功，故不言也。言「若」者，不定辭，以其斬者不齊，故云若也。言「裳内衰外」者，上言衰外削幅，此齊還向外展之；上言裳内削幅，此齊還向内展之，並順上外内而緝之。此先言裳者，凡齊，據下裳而緝之，裳在下，故先言裳，順上下也。鄭言「展之」者，若今亦先展訖，乃有針功者也。

敖氏繼公曰：裳内衰外，與其削幅之意同，亦以衰齊別于吉也。凡齊主於裳也，故先言此。

郝氏敬曰：齊，緝其邊使齊，異于斬也。裳邊緝向内，哀邊緝向外。

負，廣出於適寸。注：負，在背上者也。適，辟領也。負出于辟領外旁一寸。疏：以一方布置于背上，上畔縫著領，下畔垂放之，以在背上，故得負名。出於辟領外旁一寸，總尺八寸也。

黃氏榦曰：負，亦名負板。

敖氏繼公曰：負之廣，無定數，惟以出于適旁一寸爲廣也，其長蓋比於衰云。

適，博四寸，出於衰。注：博，廣也。辟領廣四寸，則與闊中八寸也，兩之爲尺六寸也。出于衰者，旁出衰外，不著寸數者，可知也。疏：此辟領廣四寸，據兩相而言。云「出于衰」者，謂比胸前衰而言出也。注云「辟領，廣四寸」者，據項之兩相向外各廣四寸。云「則其闊中八寸也」者，謂兩身當縫中央總闊八寸，一邊有四寸，并辟領四寸，爲八寸。云「兩之總一尺六寸也」者，一相闊與辟領八寸，故兩之總一尺六寸。云「出于衰者，旁出衰外」者，以兩旁辟領向前，望衰之外也。衰廣四寸，辟領横廣總尺六寸，除中央四寸當衰，衰外兩旁各出衰六寸，故云不著寸數可知也。

黄氏榦曰：此謂度兩身既畢，即將兩身疊作四重，于領上領方裁入四寸。却以所裁者辟而摺之，垂于兩旁，使領中開處方闊八寸也。

敖氏繼公曰：適，辟領之布旁出者也。云「博四寸」，又云「出于衰」，則出于衰者，非謂其博也。然則博者，其從之廣與？凡爲衣，必先開當項之處，其上下之度相去四寸，左右之度則隨其人之肥瘠而爲之，闊狹不定也。凡吉衣，皆方翦之，所謂方領是也。此凶服亦方領，其異者，則但翦其上下之相去四寸者，而不殊其左右之布，使連于衣而各出于肩上之兩旁而爲適，所謂「適博四寸」也。以其横之闊狹不定，故不著其出于衰之寸數，唯言「出于衰」而已。

張氏爾岐曰：適以在兩肩者而言則四寸，並闊中共八寸，兩之則爲尺六寸。上文負廣出適旁各一寸，故疏以爲總尺八寸也。衰在胸前，出于衰者，以兩肩辟領向前，望衰之外也。

衰，長六寸，博四寸。 注：廣袤當心也。前有衰，後有負板，左右有辟領。孝子哀戚，無所不在。

疏：袤，長也。據上下而言也。綴于外衿之上，故得廣長當心。

敖氏繼公曰：五服之屬及錫與疑，皆以衰爲名，則是凡凶服、弔服，無不有此衰矣。其辟領亦當同之。若負板，則唯孝子乃有之，故記先言之也。孔子式負板者，以其服最重故耳。

郝氏敬曰：以布一方如負，聯領當心垂，其狀摧然，曰衰。衰長六寸，寬四寸，成終數也。

欽定義疏：大功衰、小功衰、緦衰，皆名衰。大夫卜宅與日，有司麻衣猶布衰，則凡服有衰必矣。敖氏謂惟孝子乃有負版，理或然也。非三年者，或亦不必有辟領與？

衣帶下尺。注：衣帶下尺者，要也。廣尺，足以掩裳上際也。疏：謂衣要也。云「衣」者，即衰也，但衰是當心廣四寸者，取其哀摧在于徧體，故衣亦名爲衰。今此云衣，據在上曰衣，舉其實稱。云「帶」者，此謂帶衣之帶，非大帶、革帶也。云「衣帶下尺」者，據上下闊一尺，若横而言之，不著尺寸者，人有粗細，取足爲限也。云「足以掩裳上際也」者，若無腰，則衣與裳之交際之間露見裹衣，有腰則不露見，故云掩裳上際也。言「上際」者，對兩旁有衽，掩旁兩厢下際也。

敖氏繼公曰：此接衣之布，其廣亦無常度，惟以去帶一尺爲準，豈亦以人有長短之不齊故與？帶謂要絰也。絞帶、布帶亦存焉。

郝氏敬曰：衣即衰。帶，大帶。凡禮服，吉凶皆有大帶。衣長出帶下尺，使不見裳要也。

盛氏世佐曰：據其當心而言則曰衰，據其在上而言則曰衣。負也，適也，衰也，皆縫著此衣者也。帶，謂在要者。吉服有大帶、革帶，凶服則要絰絞布帶是已。帶下尺者，言其衣之長出于帶下一尺也。人之粗細長短不可預定，故不著其廣衺尺寸，而惟以去帶一尺爲度，取足以掩裳上際而已。

衽，二尺有五寸。注：衽，所以掩裳際也。二尺五寸，與有司紳齊也。上正一尺，燕尾二尺五寸，凡用布三尺五寸。疏：云「掩裳際」者，掩裳兩厢下際不合處也。案玉藻士已上，大帶垂之皆三尺，又云有司二尺五寸，謂府史；紳即大帶也。屈而重，故曰紳。此但垂之二尺五寸，故云「與有司紳齊也」。取布三尺五寸，廣一幅，留上一尺爲正。正者，正方不破之言也。一尺之下，從一畔旁入六寸，乃邪向下一畔一尺六寸，去下畔亦六寸，橫斷之，留下一尺爲正。如是，則用布三尺五寸，得兩條衽，衽各二尺五寸，兩條共用布三尺五寸也。然後兩旁皆綴于衣，垂之向下掩裳際，此謂男子之服。婦人則無，以其婦人之服連衣裳，故鄭上「斬」章注云「婦人之服如深衣，則衰無帶，下又無衽」是也。

郝氏敬曰：衽，裳周圍連幅。

欽定義疏：左傳「魯昭公居喪，比葬，三易衰，衰衽如故衰」，其謂此衽與？以布麤疏，此衽又斜裁之而不緝，尤易敝也。士喪禮「掘肂見衽」，喪大記：「君三衽三束，大夫士二衽二束。」注云：「衽，小要也。」又深衣注云：「凡衽者，或殺而下，或殺而上，是以小要取名焉。衽屬衣，則垂而放之。屬裳，則縫之以合前後。」蓋棺上合縫之木亦名爲衽，所謂小要也。小要之形，上下廣而中狹，上半則殺而下，下半則殺而上。其殺而上者，似深衣之裳之衽也；其殺而下者，則似此掩裳際之衽也。若無掩裳際之衽，則棺衽無從而取諸矣。後世禮服兩腋下各有一片上闊下狹者，其此衽之遺制與？

袂，屬幅。注：屬猶連也。連幅，謂不削。　疏：屬幅者，謂整幅二尺二寸。凡用布爲衣物，皆去邊幅一寸，爲縫殺，今此屬連其幅，則不削去其邊幅，取整幅爲袂。必不削幅者，欲取與下文衣二尺二寸同，縱横皆二尺二寸，正方者也，故深衣云「袂中可以運肘」，二尺二寸亦足以運肘也。

敖氏繼公曰：袂屬幅而不削，是繚合之也。古者衣袂皆屬幅，乃著之者，嫌凶服之制或異于吉也。此袂之長短，蓋如深衣之袂，亦反屈之及肘。

郝氏敬曰：袂，袖也。全幅不殺，取其方。

衣，二尺有二寸。注：此謂袂中也。言衣者，明與身參齊。二尺二寸，其袖足以容中人之肱也。衣自領至要二尺二寸，倍之四尺四寸，加闊中八寸〔一〕，而又倍之，凡衣用布一丈四寸。　疏：云「此謂袂中也」者，上云袂，據從身向袪而言，此衣據從上向掖下而言。袂連衣爲之，衣即身也。兩旁袂與中央身總三事，下與畔皆等，變袂言衣，欲見袂與衣齊三也。云「衣自領已下」云云者，鄭欲計衣之用布多少之數，自領至要皆二尺二寸者，衣身有前後，今且據一相而言，故云衣二尺二寸，倍之爲四尺四寸，總前後計

〔一〕「闊中」，儀禮注疏卷三四作「辟領」。

之也。云「加闊中八寸」者〔一〕，闊中謂闕去中央安項處，當縫兩相總闊去八寸，若去一相，正去四寸，若前後據長而言，則一相各長八寸，通前兩身四尺四寸，總五尺二寸也。云「而又倍之」者，更以一相五尺二寸并計之，故云又倍之。云「凡衣用布一丈四寸」者，此惟計身，不計袂與袪及負衽之等者。彼當丈尺寸自見，又有不全幅者，故皆不言也。

盛氏世佐曰：衣，袂之身也。以其著于臂，故亦謂之衣，與上所云「衣帶下尺」者異矣。袂以全幅布連屬爲之，兩相各尺一寸，其廣已明，此則言其從掖下向袪長短之度也。必二尺二寸者，取其廣袤等也。

袪，尺二寸。注：袪，袖口也。尺二寸，足以容中人之併兩手也。吉時拱尚左手，喪時拱尚右手。疏：云「袪，袖口也」者，則袂末接袪者也。「尺二寸」者，據複攝而言，圍之則二尺四寸，與深衣之袪同。不言緣之深淺尺寸者，緣口深淺亦與深衣同寸半可知，故略不言也。

黄氏榦曰：案衰服衣、衽、袂、袪、帶下，自斬至緦皆同。唯衰、負版、左右辟領，據儀禮疏云：「衰者，孝子有哀摧之志。負者，負其悲哀。適者，指適緣于父母，不念餘事。」若然，則此四者，唯子爲父母用之，旁親皆不用歟？

楊氏復曰：案記云「衣二尺有二寸」，蓋指衣身自領至要之長而言之也。用布八尺八寸，中斷以

〔一〕「闊」，儀禮注疏卷三四作「闕」。下「闊中」、「闊去八寸」同。

分，左右爲四尺四寸者二。又取四尺四寸者二，中摺以分，前後爲二尺二寸者四，此即尋常度衣身之常法也。合二尺二寸者，四疊爲四重，從一角當領處四寸下，取方裁入四寸，乃記所謂「適博四寸」，注疏所爲「辟領四寸」是也。案鄭注云：「適，辟領也。」則兩物即一物也。今記曰「適」，注疏又曰「辟領」，何爲而異其名也？辟猶攝也，以衣當領，裁入四寸處，反攝向外，加兩肩上，故曰「辟領」，即疏所謂「兩相向外，各四寸」是也。左右有辟領，以明孝子哀戚無所不在，故曰「適」。既辟領四寸，加兩肩上以爲左右適，故後之左右各有四寸虚處當脊而相並，謂之闊中，前之左右各有四寸虚處近胸而相對，亦謂之闊中，乃注所謂「闊中八寸」是也。此則衣身所用布之數與裁之之法也。注又云「加辟領八寸而又倍之」者，謂别用布一尺六寸，以塞前後之闊巾也。布一條，縱長一尺六寸，横闊八寸，又縱摺而中分之，其下一半裁斷，左右兩端各四寸除去不用，只留中間八寸，以加後之闊中，元裁辟領各四寸處而塞其缺，此所謂「加辟領八寸」是也。其上一半，全一尺六寸不裁，以布之中間從項上分左右對摺向前垂下，以加于前之闊巾，與元裁斷處相接，以爲左右領也。夫下一半加于後之闊中者，用布八寸，而上一半從項而下以加前之闊中者，又倍之而爲一尺六寸焉，此所謂「而又倍之者」是也。此則衣領所用之布與裁之之法也。古者衣服，吉凶異制，故衰服領與吉服領不同，而其制如此也。注又云「凡用布一丈四寸」者，衣身八尺八寸，衣領一尺六寸，合爲一丈四寸也。然此即衣身與衣領之數，若負、衰、帶下及兩衽，又在此數之外矣。但領必有袷，此布何從出乎？曰：「衣領用布，闊八寸而長一尺六寸。」古者布幅闊二尺二寸，除衣領用布闊八寸之外，更餘闊一尺四寸而長一尺六寸，可以分作三條施于袷，而適足無餘欠也。云「袂二尺二寸而袪乃尺二寸」者，縫合其下一尺，又留上一尺二寸以爲袖口也。云「衣帶下尺」者，衣身二尺二寸，僅至腰而止，無以掩裳上際，故于衣帶之下用縱布一尺，上屬于衣，横繞于腰，則以腰之闊狹爲準，所以掩裳上際，而後綴兩衽于其旁也。又曰：「衰裳之制，五服皆同，以升數多少爲重輕。」父母重，故升數少。上殺、下殺、旁殺輕，故升數多。注云：「前有衰，後有負板，左右有辟領，孝子哀戚之心，無所不在。」惟子爲父母用之，此外皆不用。

敖氏繼公曰：此袂廣二尺二寸而袪尺二寸，亦謂圜殺一尺，如深衣之袪也。此衣與袪、衽、帶下之度，吉服亦然，特于此見之耳。

汪氏琬曰：或問：衰衣之有衰、負板、辟領也，果獨爲父母用之與？曰：否。經傳無明文，鄭玄之注、賈公彦之疏亦然。如曾孫爲曾祖父母也，適孫祖在爲祖母也，爲人後者爲本生父母也，是皆難以旁親例者也，其遂可不用衰、負板、辟領與？家禮之與儀禮圖説，蓋各發明注疏而猶各有所未盡也。吾故謂衰齊必當有二式。

盛氏世佐曰：袪，接于衣之末者也，尺二寸，言其廣也。不言其長短之度者，以袪衣既有定制，則此接于衣者，必須視肘而爲之伸縮，亦不可預定也。

蕙田案：以上記衰裳之制。

衰三升，三升有半。其冠六升。以其冠爲受，受冠七升。注：衰，斬衰也。或曰三升半者，義服也。其冠六升，齊衰之下也。斬衰正服，變而受之此服也。三升，三升半，其受冠皆同，以服至尊，宜少差也。疏：自此至篇末，皆論衰冠升數之多少也。云「衰三升，三升有半，其冠六升」，衰異冠同者，以其三升半，爲縷如三升半，成布還三升，故其冠同六升也。「以其冠爲受」者，據至虞變麻服葛時，更以初死之冠六升布爲衰，更以七升布爲冠，以其葬後哀殺，衰冠亦隨而變輕故也。「斬」章有正、義。子爲父，父爲長子，妻爲夫之等，是正斬；諸侯爲天子，臣爲君之等，是義斬。此三升半是實義服，但無正文，故引或人所解爲證也。云「六升，齊衰之下也」者，齊服之降服四升，正服五升，義服六升，以其六升是義服，故云「下」也。父與君尊等，恩情則别，故恩深者三升，恩淺者三升半，成布還三升，故云少差也。

司馬氏光曰：古者既葬，練、祥、禫皆有受服，變而從輕。今世俗無受服，自成服至大祥，其衰無變，故于既葬，别爲家居之服，是亦受服之意也。

語類：或問：今之墨衰，可便于出入，而不合于禮經，如何？曰：若能不出，則不服之亦好。但要出外治事，則只得服之。喪服四制說：「百官備，百物具，不言而事行者，扶而起；言而後事行者，杖而起；身自執事而後行者，面垢而已。」蓋唯天子、諸侯始得全伸其禮。庶人皆是自執事，不得伸其禮。

黄氏榦曰：案練再受服，經傳雖無明文，謂既練而服功衰，則記禮者屢言之。服問曰：「三年之喪既練矣，期之喪既葬矣，則服其功衰。」雜記曰：「三年之喪，雖功衰不弔。」又曰：「有父母之喪，尚功衰，而祔兄弟之殤則練冠。」是也。案大功之布有三等，七升、八升、九升，而降服七升爲最重。斬衰，既練而服功衰，是受以大功七升布爲衰裳也。故喪服「斬」章賈氏疏云：「斬衰，初服粗，至葬後、練後、大祥後漸細，加飾。斬衰，裳三升，冠六升。既葬後，以其冠爲受，衰裳六升，冠七升。小祥，又以其冠爲受，衰裳七升，冠八升。」「女子子嫁反在父之室」，疏云：「至小祥，受衰七升，總八升。」又案間傳：「小祥練冠。」孔氏疏云：「至小祥，以卒哭後，冠受其衰，而以練易其冠。」而横渠張子之説又曰：「練衣，必煅煉大功之布以爲衣，故言功衰。」功衰，上之衣也，以其著衰于上，故通謂之功衰。必著受服之上，稱受者，以此得名。受，蓋以受始喪斬疏之衰而著之變服，其意以喪久變輕，不欲摧割之心亟忘于内也。據横渠此説，謂受以大功之衰，則與傳記注疏之説同；謂「煅煉大功之布以爲上之衣」，則非特練中衣，亦練功衰也。又取成服之初，衰長六寸博四寸，縫于當心者，著之于功衰之上，是功衰雖漸輕，而長六寸博四寸之衰猶在，不欲哀心之遽忘也。此説則與先儒異。今並存之，當考。

敖氏繼公曰：以其冠爲受，謂受衰之布與冠布同也。此言衰布有二，其冠以下惟見其一，則是斬衰正義之服，冠與受布皆同，但初死之衰差異耳。

汪氏琬曰：古人之喪服也，至纖至悉，而于三年之喪，尤加慎焉。是故三日而成服，三月而葬，則有受衰、服葛絰。至于小祥，則除首絰，服練冠、練衣、黄裏、縓緣、繩屨無絇。至于大祥，則除衰服，斷杖，服縞冠、素紕、麻衣、白屨無絇。蓋孝子之哀以次而衰，則其服亦以次而變。有子既祥而絲屨組纓，則記者譏之，以爲蚤也。唐開元禮練縞皆如儀，而受衰廢矣。明集禮倣家禮行之，益不能盡合乎古。

而小祥祭前一日陳練服，大祥陳禫服，猶有禮之遺意焉。

齊衰四升，其冠七升。以其冠爲受，受冠八升。注：言受以大功之上也。此謂爲母服也。齊衰正服五升，其冠八升；義服六升，其冠九升，亦以其冠爲受。凡不著之者，服之首主於父母。

疏：此據父卒爲母齊衰三年而言也。若父在爲母，在正服齊衰。云「言受以大功之上也」者，以其降服大功衰七升，正服大功衰八升，故云「大功之上」。上斬言三升，主于父。此言四升，主于母。正服已下輕，故不言，從可知也。

敖氏繼公曰：此齊衰四升，其于三年者爲正服，于期者爲降服也。齊衰三年，有正有義。義服五升，冠八升。齊衰期有降、有正、有義。正服五升，冠八升；義服六升，冠九升，亦皆以其冠爲受。其受冠之升數，亦多于受服一等。記不著之者，蓋特舉重者，以見其餘也。

盛氏世佐曰：上經列齊衰之服，凡四章，有三年，有杖期，有不杖期，有三月。記惟云「四升」者，據其最重者言也。間傳云「齊衰四升、五升、六升」，則加詳矣，然以四章之差分爲三者，蓋惟據降、正、義爲别，而不計其日月之多少也。

欽定義疏：父卒爲母三年，正服，非降服也。父在爲母期，乃降服耳，疏于篇首已言齊衰三年有正而無降矣，此又云然，宜黄氏榦謂其自相牴牾也。齊衰期之降服與齊衰三年之正服，衰冠升數並同，然則子爲母服，雖有三年與期之不同，其爲

衰四升、冠七升則一也。

繐衰四升有半，其冠八升。注：此諸侯之大夫爲天子繐衰也。服在小功之上者，欲著其縷之精粗也。升數在齊衰之中者，不敢以兄弟之服服至尊也。疏：據升數合在杖期以上，以其升數雖少，縷精粗與小功同，不得在杖期上，故在小功之上也。

敖氏繼公曰：注云「服在小功之上」者，謂此經喪服之序，繐衰在小功之上也。云「升數在齊衰之中」者，齊衰四升、五升、六升，而此繐衰四升有半，是在齊衰之中也。云「不敢以兄弟之服服至尊」者，用「齊衰三月」章傳文。

大功八升若九升，小功十升若十一升。注：此以小功受大功之差也。不言七升者，主于受服，欲其文相直。言服降而在大功者衰七升，正服衰八升，其冠皆十升；義服九升，其冠十一升，亦皆以其冠爲受也。斬衰受之以下大功，受之以正者，重者輕之，輕者從禮，聖人之意然也。其降而在小功者，衰十升，正服衰十一升，義服衰十二升，皆以即葛及緦麻，無受也。此大功不言受者，其章既著之。疏：云「此以小功受大功之差也」者，以其小功、大功俱有三等，此惟各言二等故也。以此二小功衰，受二大功之冠爲衰，二大功初死，冠還用二小功之衰，故轉相受也。不言七升者，以其七升乃是殤大功，「殤大功」章云「無受」，此主于受，故不言七升者也。直者，當也，正大功衰八升，冠十升，與降服小功衰十升同。既葬，以其冠爲受，受衰十升，冠十一升。義服，大功衰九升，其冠十一升，與正服小功衰同。既葬，以其冠爲受，受衰十一升，冠十二升。初死，冠皆與小功衰相當，是冠衰之文相直也。降服既無受，而亦覆言之者，欲見大功正服與降服冠升數同之意。必冠同者，以其自一斬及四齊，衰與降大功冠皆校衰三等，及至正大功衰八升，冠十升，冠與降大功同，止校二等者，若不進正大功，冠與降同，則冠宜十一升。義大功衰九升者，冠宜十二升，小功、緦麻冠衰同，則降小功衰冠當十二升，正服小功冠衰當十三升，義服小功冠衰當十四升，緦麻冠衰當十五升。十五升即與朝服十五升同，與吉無别。故進正大功冠與降大功同，則緦麻不至十五升。若然，正服大功不進之，使義服小功至十四升，緦麻十五升抽其半，豈不得爲緦乎？然者，若使義服小功十四升，則與疑衰同，非五服之差故也。聖人之意，重者恐至滅性，故抑之，受之以輕服，義服齊衰六升是也；輕者從禮者，正大功八升，冠十升，既葬，衰十升，受以降服小功；義服大功衰九升，冠十一升，既葬，衰十一升，受以正服小功。二等大功皆不受以義服小功，是從禮也。小功因故衰，惟變麻服葛爲異。其降服，小功以下升數，文出間傳，故彼云：「斬衰三升，齊衰四升、五升、六升，大功七升、八升、九升，小功十升、十一升、十二升。緦麻十五升去其半，有事其縷，無事其布，曰緦。此哀之發于衣服者也。」鄭注云：「此齊衰多二等，大功、小功多一等。服主于受，是極列衣服之差也。」鄭彼注顧此文，校多少而言。云「服主于受」，據此文。不言降服大功、小功、緦麻之受，以其無受。又不言正服、義服齊衰者，二者雖有受，齊斬之受，主于父母，故亦不言。若然，此言十升、十一升小功者，爲大功之受而言，非小功有受。彼注云是「極列衣服之差」者，據彼經總言，是極盡陳列衣服之差降，故其言與此異也。

聶氏崇義曰：凡五服衰裳，一斬四齊，自齊衰以至緦麻，衰並齊。然則君衰棄彼麤名，麤名自顯；功緦遺其齊號，齊號亦明。而四齊之衰並外削幅，皆外展而方齊；其裳並內削幅，皆內展而始緝。又案喪服上下十有一章，從斬至緦，升數有異。其義者，斬衰有二，正、義不同。爲父以三升爲正，爲君以三升半爲義，其冠則同六升。其三年齊，惟有正之四升，冠七升。繼母慈母雖是義服，繼母以配父不敢殊，慈母以重命不敢降，故與母同，是以略爲一節，同正而已。父在爲母，爲妻，齊衰杖期，雜記云「十一月而練，十三月而祥，十五月而禫」是也。然母則恩愛也，妻則義合也，雖父尊厭屈，禫杖猶申，故與三年同正服而齊衰五升，冠八升。又齊衰三月者，義服也，衰則六升，冠九升。曾祖父母，計是正服，但正服合服小功，以尊其祖，而服齊衰三月，既非本服，故與義同服也。又殤大功有義，爲夫之昆弟之長殤，義也，其衰九升，冠十一升，餘皆降也，其衰七升，冠十升。成人大功，有降，有正，有義。姑姊妹出適之等是降也；婦人爲夫族類，義也；餘皆正也。其衰八升，冠十升。又繐衰唯有義服，其衰四升半，冠七升。諸侯之大夫爲天子，故同義服也。殤小功有降、有義。婦人爲夫之族類，義也，衰冠同十二升；餘皆降也，衰冠同十升。成人小功有降、有正，衰冠同十一升，有義。緦麻之衰冠，降、正、義皆同，十五升抽去其半而已。

朱子曰：温公儀凶禮斬衰用古制，而功緦又不用古制。古者五服皆用麻，但布有差等，皆有冠絰，但功緦之絰小耳。今定家禮，斬衰衣裳用極粗生布，齊衰用次等粗生布，杖期又用次等生布，不杖期及齊衰三月又用次等生布，大功用稍粗熟布，小功用稍熟細布，緦麻用極細熟布。

敖氏繼公曰：此齊衰以至小功，服各有三等。自大功而上，皆有受服、受冠。其受服當下于本服三等，故斬衰受以齊衰之下，齊衰三等受以大功三等，各如其次焉。大功之上亦受小功之上，皆校三等也。以例言之，大功之中當受以小功之中，大功之下當受以小功之下。如是則可與前之受服者輕重相比，而乃不然。中者亦受以小功之上，下者則受以小功之中，止校二等。此非有他故，蓋欲以小功之下十二升者爲大功義服之受冠而然也。大功受冠，亦多于受布一等。案注云「不言七升者，主于受服，欲其文相直」，謂記者于小功言「十升若十一升」，不言十二升，是主于受服，故于大功亦但言「八升若九升」以當之，而不必言七升，是欲其文相直。若謂七升者，亦受十升而并言之，則大功三而小功二，其文不相直也。鄭氏之意，蓋或如此。

汪氏琬曰：斬、齊、大功、小功、緦麻，五服之服，通謂之衰，雖弔服亦謂之衰。鄭玄云：「凡服，上曰衰，下曰裳。」又五服之衰，一斬四緝。三山楊氏喪服圖：「衰裳之制五服皆同，前有衰，後有負板，左右有辟領，惟子爲父母用之，旁親則否，此先王之禮然也。蓋衰之爲言摧也，明孝子有哀摧之心也。」夫哀摧之心，凡在五服中者莫不有之，奚獨孝子？亦曰孝子之于父母，視旁親有加戚焉，非謂旁親而遂可以不哀摧也。然則五服之服，通謂之衰，宜矣。顧近世士大夫，自大功之喪而下，俱無有服衰者，皆非知禮者也。案喪服傳：「大功布衰裳，牡麻絰，無受，或牡麻絰纓，布帶，有受。小功布衰裳，澡麻帶經或牡麻絰。」又記：「宗子孤爲殤，大功衰，小功衰，皆三月。」又雜記：「功衰食菜果，飲水漿，無鹽酪。不能食，食鹽酪可也。」此大功小功爲衰之明驗也。鄭玄云：「緦，麻布，衰裳而麻絰帶。」又周禮：「王爲三公六卿錫衰，爲諸侯緦衰，爲大夫士疑衰。」此緦麻爲衰之明驗也。自朱子家禮、明集禮、孝慈録莫不仍之，顧律令大功以下，言服不言衰，非不爲衰也，省文也。士大夫亦無有服功衰、緦衰者，此近世薄于旁親而然，夫豈先王之制與？

盛氏世佐曰：案大功不言七升，小功不言十二升，文不具耳。注云「主于受服」，似泥。繐衰亦無受服，何以特言之邪？且大功七升無受者，唯殤服耳。其成人之降服七升，未嘗無受也。疏説曲于護注，亦非。大功已下不言其冠者，以上文推之可知也。斬衰二等，而其冠同六升，受以齊衰之下也。齊衰四升、五升、六升，而其冠同七升，受以大功之上也。大功七升、八升、九升，而其冠同十一升，受以小功之中也。小功十升、十一升、十二升，而其冠同十五升抽其半，以緦麻無上中下之别，但有一衰故也。小功無受，緦麻冠衰同者，以喪冠之升數窮于此，不可以吉冠受之也。五服之衰，各有降、正、義之别，而冠唯一等。異其衰，見其情有淺深；同其冠，見其服無重輕。男子重在首，故衰異而冠不異也。

蕙田案：盛氏所説冠衰升數與諸儒舊解不同，未知孰是。

語類：問：喪服制度。朱子曰：此等處，但熟考注疏，即自見之。其曲折，難以書尺論也。然「喪，與其易也，寧戚」，此等處未曉，亦未害也。又問：喪服用古制，恐駭俗。不知當何如？曰：駭俗猶小事，但恐考之未必是耳。若果考得是，用之亦無害。又問：居喪冠服。答曰：今考政和五禮，喪服却用古制。準此而行，則亦無特然改制之嫌。

王氏應麟曰：夏侯勝善説禮服，謂禮之喪服也。蕭望之以禮服授皇太子，則漢世不以喪服爲諱也。唐之姦臣，以凶事非臣子所宜言，去國卹一篇，而凶禮居五禮之末。五服，如父在爲母、叔嫂之類，率意輕改，皆不達禮意者。五服制度附於令，自後唐始。

蕙田案：此記衰冠升數。

右喪服記

五禮通考卷二百六十

凶禮十五

喪禮

儀禮士喪禮

儀禮士喪禮：鄭目録云：士喪其父母，自始死至于既殯之禮。于五禮，喪屬凶〔一〕。疏：此諸侯之士也。士有上中下，及行喪禮，其節同，但銘旌有異耳。鄭直云「士喪父母」，不言妻與長子二者〔二〕，

〔一〕「喪」，原脱，據光緒本、儀禮注疏卷三五補。
〔二〕「二者」，原作「一者」，據光緒本、儀禮注疏卷三五改。

亦依士禮。

欽定義疏：此有位之士而其子喪之之禮。玩記「赴曰：君之臣某死」可見。至此士之父、母、妻、長子死，喪之亦同，記又云「赴母、妻、長子則云君之臣某之某死」是也。仕焉而已者，禮亦同之。若未仕之士，未必有赴于君、君弔之事，而其他或亦從殺矣。

士喪禮。死於適室，幠用斂衾。注：適室，正寢之室也。疾者齊，故于正寢焉。疾時處北牖下，死而遷之當牖下，有牀衽。幠，覆也。斂衾，大斂所并用之衾。衾，被也。小斂之衾當陳。喪大記曰：「始死，遷尸于牀，幠用斂衾，去死衣。」疏：言正寢者，對燕寢與側室非正。小斂之衾當陳，是不用小斂衾。以大斂未至，故且覆尸，至小斂訖，大斂之衾當陳，則用夷衾覆尸，是其次也。此所覆尸，尸襲後，將小斂，乃去之。君、大夫、士皆小斂一衾，大斂二衾。始死，用大斂一衾以覆尸。至大斂之時，兩衾俱用，一衾承薦于下，一衾以覆尸，故云「大斂所并用之衾」也。死衣，病時所加新衣及復衣也。去之，以俟沐浴。

黄氏榦曰：始死之前，有有疾、疾病等事，經文不具。

蕙田案：以上始死。

復者一人，以爵弁服，簪裳于衣，左何之，扱領于帶。注：復者，有司招魂復魄也。天子則夏采、祭僕之屬，諸侯則小臣爲之。爵弁服，純衣纁裳。禮，以冠名服。簪，連也。疏：常時衣裳各別，此招魂，取其便，故連裳于衣。

張氏爾岐曰：復者人數多少，各如其命之數。士一命，故一人。簪裳于衣，連綴其裳于衣之下也。扱領于帶者，平疊衣裳，使領與帶齊，并何于左臂，以便升屋也。

欽定義疏：復者，蓋以私臣若隸子弟爲之。

升自前東榮，中屋，北面，招以衣，曰：「皋某復！」三。降衣于前。注：北面招，求諸幽之義也。皋，長聲也。某，死者之名也。復，反也。降衣，下之也。喪大記曰：「凡復，男子稱名，婦人稱字。」疏：升屋之時，使狄人設梯。復聲必三者，禮成于三。

受用篋，升自阼階，以衣尸。注：受者，受之于庭也。復者，其一人招，則受衣亦一人也。人君則司服受之。衣尸者，覆之，若得魂反之。疏：此復衣浴而去之，不用襲斂。復者降自後西榮。注：不由前降，不以虚反也。降，因徹西北厞，若云此室凶，不可居然也。自是，行死事。

敖氏繼公曰：前東榮者，東方之南榮也。屋有二梠，故每旁各有南榮、北榮。中屋，屋脊之中也。升自阼階，象其反也。既則降自西階。後西榮，西方北榮也。降于此者，與升時相變也。

張氏爾岐曰：復者，猶冀其生。復而不生，始行死事。

蕙田案：升屋三號，孔穎達疏以爲一號于上，冀神自天而下；一號於下，冀神自地而上，一號於中，冀神在天地之間而來。宋玉招魂一篇，蓋猶得此意。

又案：以上復。

楔齒用角柶。注：爲將含，恐其口閉急也。綴足用燕几。注：綴猶拘也。爲將履，恐其辟戾也。疏：案記云：「綴足用燕几，校在南，御者坐持之。」注云：「校，脛也。尸南首，几脛在南，以拘足，則不得辟戾矣。」几之兩頭皆有兩足，今竪用之一頭，以夾兩足。恐几傾倒，故使御者坐持之。案喪大記：「小臣楔齒用角柶，綴足用燕几，君、大夫、士一也。」又周禮天官玉府：「大喪，共含玉，復衣裳，角枕、角柶。」則自天子以下至于士，其禮同。

敖氏繼公曰：燕几，平時燕居時所凴者。

黄氏曰：復與楔齒、綴足之間，有遷尸一節，經文不具。

奠脯醢、醴酒，升自阼階，奠于尸東。注：鬼神無象，設奠以憑依之。疏：案檀弓曾子云：「始死之奠，其餘閣也與？」則此奠是閣之餘食爲之。小斂一豆一籩，大斂兩豆兩籩。此始死，亦無過一豆一籩而已。醴、酒亦科用其一，不並用。

朱子曰：自葬以前，皆謂之奠。其禮甚簡，蓋哀不能文，而于新死者亦未忍遽以鬼神之禮事之也。

蕙田案：敖氏以脯醢醴酒爲四物，是以醴酒並用也。以下記「若醴若酒」之文證之，此奠止有三物，故敖説不載。帷堂。注：事小訖也。疏：云「小訖」者，以其未襲斂。必帷之者，鬼神尚幽闇故也。張氏爾岐曰：喪禮凡二大端：一以奉體魄，一以事精神。楔齒、綴足，奉體魄之始；奠脯醢，事精神之始也。

蕙田案：以上設奠帷堂。

乃赴于君。主人西階東，南面命赴者，拜送。注：赴，告也。臣，君之股肱耳目，死當有恩。疏：大夫以上，父兄命赴者，士則主人親命。有賓，則拜之。注：賓，僚友群士也。其位猶朝夕哭矣。疏：此因命赴者，有賓則拜之。若不因命赴者，則不出。始喪之日，哀戚甚也。「其位猶朝夕哭矣」者，謂賓弔位猶如賓朝夕哭位。其主人之位，則異于朝夕，而在西階東，南面拜之，拜訖，西階下東面，下經所云「拜大夫之位」是也。

盛氏世佐曰：是時親族僚友亦當使人赴之，惟言君者，舉重而言。大夫士訃于同國、他國之詞，見于雜記者詳矣。敖氏謂大夫士赴告止于君者，非也。又案大夫士之喪，同國則赴，異國則否，以人臣無境外之交故也。雜記言他國之君大夫士亦皆赴，恐是春秋以後之禮，非古也。

蕙田案：以上赴於君。

入，坐于牀東。衆主人在其後，西面。婦人俠牀，東面。注：衆主人，庶昆弟也。婦人，謂妻妾、子姓也，亦適妻在前。疏：「入坐」者，謂上文主人拜賓訖，入坐于牀東也。**親者在室。**注：謂大功以上，父兄、姑、姊妹、子姓在此者。**衆婦人户外北面，衆兄弟堂下北面。**注：衆婦人、衆兄弟，小功以下。

楊氏復曰：始死，哭位辨室中、户外、堂下之位。喪大記人君禮，「子坐于東方，卿、大夫、父兄、子姓在其後；夫人坐于西方，内命婦、姑、姊妹、子姓立于其後。外命婦率外宗哭于堂上，北面。有司庶士哭于堂下，北面」，亦必辨室中、堂上、堂下之位者，非特男女、内外、親疏、上下之位不可以不正，亦治喪馭繁處變之大法也。

張氏爾岐曰：主人哭位，惟小斂以前在此，小斂後則在階下矣。

盛氏世佐曰：俠、夾通。俠牀，在牀西也。與男子相對，故云俠牀。親者，兼男子婦人而言。謂之親者，對户外、堂下者言耳。其實，比于在牀東西者爲少疎矣。云在室，則不必俠牀矣。是時牀在南牖下，則親者所立處，蓋室中半以北也。亦男子在東，婦人在西，皆南面。與衆婦人、衆兄弟親疎同，而所立有遠近者，内外之辨也。皆北面，向尸也。

蕙田案：以上哭位。

君使人弔。徹帷。主人迎于寢門外，見賓不哭，先入門右，北面。注：使人，士也。禮，使人必以其爵。使者至，使人入將命，乃出迎之。寢門，内門也。徹帷扂之，事畢則下之。疏：扂之，謂褰帷而上，非謂全徹去也。**弔者入，升自西階，東面。主人進中庭，弔者致命。**注：主人不升，賤也。致命曰：「君聞子之喪，使某如何不淑。」疏：云「主人不升，賤也」者，對大夫之喪，其子得升堂受命。**主人哭拜稽顙，成踊。**注：稽顙，頭觸地。成踊，三者三。疏：爲稽首之拜，但觸地無容，即名稽顙。成踊，三者三，凡九踊也。**賓出，主人拜送于外門外。**

敖氏繼公曰：喪不迎賓，唯于君及君使則迎之。此不出外門者，別于君之自來也。先入門右，導之。徹帷，爲君命變也。拜稽顙而成踊，惟于君及君命爲然，其餘則否。拜稽顙者，一拜而遂稽顙也。不再拜稽首者，喪禮宜變于吉也。拜送，一拜送之也。下云「拜送」者皆然。迎不拜而一拜送之，皆喪禮異也，凡喪，拜賓不再拜。

欽定義疏：「君使人弔」、「使人襚」，皆不言「若」，則是君於士喪，固皆有弔襚之禮，不必加賜而後然也。春官職喪：「掌卿大夫士凡有爵者之喪，以國之喪禮涖其禁令，序其事。凡公有司之所共，職喪令之，趣其事。」侯國亦當有之。既赴聞喪，則君隨使人弔襚，而兼使官爲涖而序之，而公有司各共其事。蓋以臣下之私喪爲國家之政治，所謂「爲國以禮」者，於此可想見焉。

蕙田案：以上君使人弔。

君使人襚。徹帷。主人如初。襚者左執領，右執要，入升，致命。注：襚之言遺也。衣被曰襚。致命曰：「君使某襚。」疏：「主人如初」者，如上弔時，迎于寢門外以下之事也。此君襚雖在襲前，主人襲與小斂俱不得用。君襚，大斂乃用之。主人拜如初。襚者入，衣尸，出。主人拜送如初。疏：主人拜如初者，亦如上主人進中庭，哭拜稽顙，成踊。唯君命出，升降自西階。遂拜賓。有大夫則特拜之，即位于西階下，東面，不踊。大夫雖不辭，入也。注：唯君命出，以明大夫以下時來弔襚不出也。始喪之日，哀戚甚，在室，故不出拜賓也。大夫則特拜，别於士旅拜也。即位西階下，未忍在主人位也。不踊，但哭拜而已。不辭而主人升入，明本不爲賓出，不成禮也。疏：小斂後始就東階下，西南面主人位。

盛氏世佐曰：「唯君命出」以下，總上兩節而言。受君弔之時，其儀亦如此也。

蕙田案：以上君使人襚。

親者襚，不將命，以即陳。注：大功以上，有同財之義也。不將命，不使人將之致於主人也。即陳，陳在房中。

欽定義疏：不將命，以親者本在室，且至親無文也。少儀曰：「親者兄弟，不以襚進。」與此同。

庶兄弟襚，使人以將命于室，主人拜于位，委衣于尸東牀上。注：庶兄弟，即衆兄弟也。變衆言庶，容同姓耳。將命曰：「某使某襚。」拜于位，室中位也。

張氏爾岐曰：委衣者，將命者委之也。

朋友襚，親以進，主人拜，委衣如初。退，哭，不踊。注：親以進，親之恩也。退，下堂反賓位也。主人徒哭不踊，别于君襚也。

張氏爾岐曰：委衣如初，如其于戶東牀上。委之者，朋友也。

徹衣者執衣如襚，以適房。注：凡於襚者出，有司徹衣。疏：「執衣如襚」者，上文君襚之時，襚者左執領，右執要，此徹衣者亦左執領，右執要，故云如襚也。

蕙田案：以上親者、庶兄弟、朋友襚。

爲銘，各以其物。亡則以緇，長半幅，䞓末，長終幅，廣三寸。書銘於末曰：「某氏某之柩。」注：銘，明旌也。雜帛爲物，大夫士之所建也。以死者爲不可别，故以其旗識識之，愛之斯録之矣。亡，無也。無旗，不命之士也。半幅，一尺。終幅，二尺。在棺爲柩。疏：布幅二尺二寸，今云二尺者，兩邊除二寸而言。凡書銘之法，男子稱名，婦人書姓與伯仲。

敖氏繼公曰：銘書其名者，以卒哭乃諱故也。

竹杠長三尺，置于宇，西階上。注：杠，銘橦也。宇，梠也。疏：此始造銘，且置宇下西階上。待爲重訖，置于重。卒塗，始置于肂。宇，謂檐下也。

姜氏兆錫曰：其時尸未斂于柩，至大斂乃以棺入斂。而今書銘置于階者，蓋預書此以表之。

蕙田案：以上爲銘。

甸人掘坎于階間，少西。爲垼于西牆下，東鄉。注：甸人，有司主田野者。垼，塊竈。西牆，中庭之西。

張氏爾岐曰：坎以埋沐浴餘潘及巾柶等。塊竈以煮潘水。

新盆、槃、瓶、廢敦、重鬲，皆濯，造于西階下。注：新此瓦器五種者，重死事。盆以盛水，槃承湙濯，瓶以汲水也。廢敦，敦無足者，所以盛米也。重鬲，鬲將縣于重者也。濯，滌溉也。造，至也，猶饌也。以造言之，喪事遽。疏：「盆以盛水」，祝淅米時所用。槃以盛湙濯，謂置于尸牀下，餘潘水名爲湙濯，以此槃盛之。瓶以汲水，管人汲用此也。凡物無足者稱廢。「鬲將縣于重」者，下文「鬻餘飯，乃縣于重」，此時先用煮潘沐也。

蕙田案：以上沐浴飯含之具陳于階下者。

陳襲事于房中，西領，南上，不綪。注：襲事，謂衣服也。綪，讀爲綼，屈也。襲事少，上陳而下不屈。江、沔之間謂縈收繩索爲綼。

張氏爾岐曰：不綼者，以衣裳少，單行列去可盡，不須屈轉重列也。

明衣裳，用布。注：所以親身，爲圭潔也。疏：明者，潔淨之義。

盛氏世佐曰：此生時之齊服也。陳用之云：「明衣，以致其精明之德。用布，以其有齊素之心。」是其義矣。古者有疾則齊，故襲時近體著此。

鬠笄用桑，長四寸，纋中。注：桑之爲言喪也。用爲笄，取其名也。長四寸，不冠故也。纋，笄之中央以安髮。疏：以髻爲鬠，義取以髮會聚之意。凡笄有二種：一是安髮之笄，男子、婦人俱有，此笄是也。一是爲冠笄，皮弁、爵弁笄，唯男子有，而婦人無也。二笄皆長，不唯四寸。今此笄四寸，僅取入鬠而已。以其男子不冠，冠則笄長矣。生時男子冠，婦人笄。今死，婦人不笄，男子亦不冠也。家語云「孔子之喪，襲而冠」者，家語，王肅之增改，不可依用。纋中者，兩頭闊，中央狹，則于髮安也。**布巾環幅，不鑿。**注：環幅，廣袤等也。不鑿者，士之子親含，反其巾而已。大夫以上，賓爲之含，當口鑿之，嫌有惡。疏：此爲飯含而設，所以覆死者面。**掩，練帛，廣終幅，長五尺，析其末。**注：掩，裹首也。析其末，爲將結于頤下，又還結于項中。疏：掩，若今人幞頭。但死者以後二脚于頤下結之，與生人爲異。**瑱，用白纊。**注：瑱，充耳。纊，新綿。**幎目，用緇，方尺二寸，䞓裏，著，組繫。**注：幎目，覆面者也。幎讀若詩曰「葛藟縈之」之「縈」。䞓，赤也。著，充之以絮也。組繫，爲可結也。疏：四角有繫，于後結之。**握手，用玄，纁裏，長尺二寸，廣五寸，牢中旁寸，著，組繫。**注：牢，讀爲樓。樓，謂削約握之中央以安手也。疏：名此衣爲握，以其在手，故云握手，不謂以手握之。

張氏爾岐曰：牢中旁寸者，削約其中一段之兩旁各一寸，兩頭皆廣五寸，中央容四指處廣三寸也。

決，用正王棘，若檡棘，組繫，纊極二。注：決猶闓也，挾弓以横執弦。詩云：「決拾既佽。」正，善也。王棘與檡棘，善理堅刃者，皆可以爲決。極猶放弦也。以沓指放弦，令不挈指也。生者以朱韋爲之，而三。死用纊，又二，明不用也。

張氏爾岐曰：決，著于右手巨指。極，冒于食指、中指、無名指。皆射所用具，備之以象生平。組繫，極之繫也。

冒，緇質，長與手齊；䞓殺，掩足。注：冒，韜尸者，制如直囊，上曰質，下曰殺。質，正也。其用之，先以殺韜足而上，後以質韜首而下，齊手。上玄下纁，象天地也。喪大記曰：「君錦冒黼殺，綴旁七。大夫玄冒黼殺，綴旁五。士緇冒䞓殺，綴旁三。」凡冒，質長與手齊，殺三尺。疏：「綴旁」者，旁綴質與殺相接之處，使相連也。

劉氏績曰：冒上者方正，故曰質。冒下身者漸狹，故曰殺。與手齊、揜足，準死者之身而爲之也。

爵弁服，純衣。注：謂生時爵弁之服也〔一〕。純衣者，纁裳。古者以冠名服，死者不冠。疏：爵

〔一〕「爵弁」下，諸本衍「所衣」二字，據儀禮注疏卷三五删。

弁服，即士之常服以助祭者也。**皮弁服**，注：皮弁所衣之服也。其服，白布衣素裳也。**褖衣**。注：黑衣裳赤緣之謂褖。褖之言緣也，所以表袍者也。喪大記曰：「衣必有裳，袍必有表，不襌，謂之一稱。」疏：此褖衣則玄端也。士冠禮陳三服，有玄端，無褖衣。此士喪，襲亦陳三服，無玄端，有褖衣，故知褖衣即玄端也。玄端有三等裳，此喪禮質，略同玄裳而已。此玄端連衣裳，與婦人褖衣同，故變名褖衣。連衣裳者，以其用之以表袍，袍連衣裳故也。

孔氏穎達曰：熊氏云：褻衣之用，尊卑不同。士襲用褻衣，故士喪禮陳襲事有褖衣。注云「褖，所以表袍」者，是襲有袍也。至小斂有散衣，注云「散衣，褖衣以下袍繭之屬」，是小斂有袍也。大斂亦有散衣，是大斂有袍也。若大夫襲，亦有袍，「子羔之襲，繭衣裳」是也。斂則必用正服，不用褻衣。檀弓云：「季康子之母死，陳褻衣。敬姜曰：『將有四方之賓來，褻衣何爲陳于斯？』命徹之。」注云「褻衣將以斂」，是大夫不當用褻衣斂也。若公，則襲及大小斂皆不用褻衣。雜記云「公襲無袍，繭」，襲輕尚無，大小斂可知矣。

緇帶。注：黑繒之帶。疏：上陳三服，同用一帶。**韎韐**。注：一命緼韍。疏：韎者，據色而言，合韋爲之，故名韎韐，亦名緼韍。三服共設韎韐，亦如帶矣。**竹笏**。注：笏，所以書思對命者。玉藻曰：「笏，天子以璆玉，諸侯以象，大夫以魚須文竹，士以竹，本象可也。」又曰：「笏度，二尺有六寸，其中博三寸，其殺六分而去一。」又曰：「天子搢珽，方正於天下也。諸侯荼，前詘後直，讓于天子也。大夫前詘後詘，無所不讓也。」夏葛屨，冬白屨，皆繶緇絇純，組綦繫于踵。注：冬皮屨，變言白者，明夏時用葛亦白也。此皮弁之屨。士冠禮曰：「素積白屨，以魁柎之；緇絇、繶、純，純博寸。」綦，屨係也，所以拘止屨也。疏：三服相參，帶用玄端，屨用皮弁，韎韐用爵弁，各用其一，以當三服而已。繶，謂條在牙底相接之縫中。絇在屨鼻。純，謂緣口，皆以絛爲之。庶襚繼陳，不用。注：庶，衆也。不用，不用襲也。多陳之爲榮，少納之爲貴。疏：庶襚，親者、庶兄弟、朋友所襚。繼陳，謂繼襲衣之下陳之。此不用以襲，至小斂則用之，唯君襚至大斂乃用也。多陳之爲榮，庶襚皆陳是也；少納之爲貴，襲時惟用三稱是也。

欽定義疏：襚者出，徹衣者輒執衣以適房，是庶襚本在房中，故陳襲事于房中，即以繼陳之也。小斂之衾亦陳之，不言君襚者，君襚尊，不敢褻也。襚時衣尸之後，即徹而另置他所，至大斂乃出而陳之。襲訖，則陳而不用之衣當另置他所。明日將小斂，又陳之，故以篋而升，降自西階也。

蕙田案：以上襲衣服陳于房中者。

貝三，實于笲。注：貝，水物，古者以爲貨，江水出焉。笲，竹器名。疏：士飯含用米貝，大夫以上則兼用珠玉。稻米一豆，實於筐。注：豆四升。沐巾一，浴巾二，皆用綌，於笲。注：巾，所以拭汙垢。浴巾二者，上體下體異也。綌，麤葛。　疏：此士禮，上下同用綌。玉藻云：「浴用二巾，上絺下綌。」彼據大夫以上。**櫛，於簞。**注：簞，葦笥。**浴衣，於篋。**注：浴衣，已浴所衣之衣。以布爲之，其制如今通裁。　疏：浴衣，既浴所著之衣，用之以晞身。**皆饌于西序下，南上。**注：皆者，皆貝以下。東西牆謂之序，中以南謂之堂。　疏：謂從序半以北陳之。東西牆謂之序，序中半以南乃得堂稱。以其堂上行事，非專一所，若近户，即言户東、户西；近房，即言房外之東、房外之西；近楹，即言東楹、西楹；近序，即言東序下、西序下；近階，即言東階、西階。若自半以南無所繼屬者，即以堂言之。其實户外、房外皆是堂也。

盛氏世佐曰：南上，以貝爲上，稻米以下，次而北也。

蕙田案：以上沐浴飯含之具陳于西序下者。

管人汲，不説繘，屈之。注：管人，有司主館舍者。不説繘，將以就祝濯米。屈，縈也。

敖氏繼公曰：繘，瓶之綆也。此下當有盡階不升堂授祝之事，不著之者，文脱耳。

張氏爾岐曰：喪事遽，故汲水者不解脱其繘，但縈屈之，往就用處。

祝淅米于堂，南面，用盆。注：祝，夏祝也。淅，沃也。

楊氏復曰：祝淅米者，淅筐之稻米以取潘也。此米凡三用：祝淅米取潘以沐，一也；祝受宰米并貝以含，二也；祝以飯米之餘煮鬻，用二鬲，縣于重，三也。

管人盡階不升堂，受潘，煮于垼，用重鬲。注：盡階，三等之上。喪大記曰：「管人受沐，乃煮之。甸人取所徹廟之西北厞薪用爨之〔一〕。」疏：廟之西北厞薪，即復人降自西北榮所徹者也。

李氏如圭曰：潘，淅米汁也。用之以沐，故又曰沐。

祝盛米于敦，奠于貝北。注：復于筐處也。疏：敦，即上廢敦也。向未淅，實于筐。今淅訖，盛于敦所置之處，還于筐，所以擬飯之所用也。士有冰，用夷槃可也。注：謂夏月而君加賜冰也。夷槃，承尸之槃。喪大記曰：「君設大槃，造冰焉。大夫設夷槃，造冰焉。士併瓦槃，無冰。設牀襢第，有枕。」

張氏爾岐曰：夷槃造冰，本大夫禮。君加賜有冰，則用夷槃可也。造猶内也。

外御受沐入。注：外御，小臣侍從者。沐，管人所煮潘也。疏：外御對内御爲名，下記云：「其母之喪，則内御者浴。」則此外御，是士之侍御僕從者。受沐，受之于管人也。

敖氏繼公曰：受沐亦于堂上，管人亦盡階不升堂授之。此堂更有管人汲而授浴水之事，亦文不具也。喪大記云：「管人汲，不説繘，屈之，盡階不升堂，授御者。御者入浴。」受潘與水皆以盆。

主人皆出户外，北面。注：象平生沐浴裸裎，子孫不在旁。主人出而襢第。疏：襢第去席，

〔一〕「用」，諸本脱，據儀禮注疏卷三五補。

盝水便也。乃沐，櫛，挋用巾。注：挋，晞也，清也。 疏：挋，謂拭也。櫛訖，又以巾拭髮〔一〕，使清淨無潘糷。拭訖，仍未作紒，待蚤揃訖，乃鬠用組，是其次也。浴用巾，挋用浴衣。注：用巾，用拭之也。喪大記曰：「御者二人浴，浴水用盆，沃水用枓。」 疏：枓，酌水器。渜濯棄于坎。注：沐浴餘潘水、巾、櫛、浴衣，亦并棄之。 疏：潘水既經温煮，名之爲渜。已將沐浴，名之爲濯。已沐浴訖，餘潘水棄于坎。蚤揃如他日。注：蚤，讀爲爪，斷爪揃鬚也。人君則小臣爲之。他日，平生時。鬠用組，乃笄。設明衣裳。注：用組，組束髮也。 疏：鬠紒乃可，設明衣以蔽體，是其次也。主人入，即位。注：已設明衣，可以入也。

敖氏繼公曰：主人入，則衆主人及婦人亦皆入即位也。

欽定義疏：沐浴裸裎，主人出，至設明衣裳而後入，人子之于父母若有所避然者，何也？古者自命士以上，父子異宮。明王之政，敬其妻子有道，必無裸裎以見其子孫者。死而沐浴，猶此志也。

蕙田案：以上沐浴。

〔一〕「拭」，原作「振」，據光緒本、儀禮注疏卷三五改。

商祝襲祭服，褖衣次。注：商祝，祝習商禮者。商人教之以敬，於接神宜。襲，布衣牀上。祭服，爵弁服、皮弁服，皆從君助祭之服。大蜡有皮弁素服而祭，送終之禮也。襲衣于牀，牀次含牀之東，衽如初也。喪大記曰：「含一牀，襲一牀，遷尸于堂又一牀。」

郝氏敬曰：周人重喪祭，禮兼三代，故祝有夏、商。嘉禮文，告則大祝、小祝。凶喪勞役，則夏祝、商祝。樂記曰：「宗祝辨乎宗廟之事，商祝辨乎喪禮。」商爲亡國，故凶事用之。

張氏爾岐曰：此但布衣牀上，尚未襲而云襲者，衣與衣相襲而布之也。其布衣先祭服，次褖衣。至襲于戶，則褖衣近明，祭服在外。

主人出，南面，左袒，扱諸面之右。盥于盆上，洗貝，執以入。宰洗柶，建于米，執以從。注：俱入戶，西鄉也。疏：扱諸面之右，面，前也，謂袒左袖，扱于右腋之下帶之內。「洗貝，執以入」者，洗訖，還于笲內，執以入。宰洗柶，建于米，亦于廢敦之內建之。

張氏爾岐曰：盆，即前淅米盆。盥手、洗貝、洗柶並于其上。

欽定義疏：主人含尸，左袒；含畢，襲。小斂訖，袒；奉尸俠于堂，襲。將大斂，袒；斂于棺，卒塗，襲。將葬，啓殯，袒；朝于祖，襲。載柩，袒；卒束，襲。將祖，袒；既祖，襲。柩行，袒；出宫，襲。將窆屬引，袒；窆訖，襲。又君視斂，君賵，皆袒，畢事，襲。蓋有勞事則袒，以便其運動。有敬事則袒，以致其不安。其在於喪，則于其勞敬之時，哀彌甚焉，而因以爲行禮之節。故檀弓云：「有所袒，有所襲，哀之節也。」

商祝執巾從入，當牖北面，徹枕，設巾，徹楔，受貝，奠于尸西。注：當牖北面，直尸南也。設巾覆面，爲飯之遺落米也。如商祝之事位，則尸南首明矣。疏：「受貝」者，就尸東主人邊受取笄貝，從尸南過，奠尸西牀上，以待主人親含也。未葬以前，不異于生，皆南首。檀弓云「葬于北方北首」者，從鬼神尚幽闇，鬼道事之故也。唯喪朝廟時北首，順死者之孝心也。主人由足西，牀上坐，東面。注：不敢從首前也。祝受貝米奠之，口實，不由足也。疏：祝由尸首受主人貝，奠之，并受米，奠于尸西，故主人空手由足過。祝又受米，奠于貝北。宰從，立于牀西，在右。注：米在貝北，便扱者也。宰立牀西，在主人之右，當佐飯事。

張氏爾岐曰：祝于宰邊受米訖，宰亦從主人，由足而西。

主人左扱米，實于右，三，實一貝。左、中亦如之。又實米，唯盈。注：于右，尸口之右。唯盈，取滿而已。疏：右，謂口東邊也。主人襲，反位。注：襲，復衣也。位在尸東。

欽定義疏：飯含訖，夏祝諸人徹飯餘之米敦、柶并貝笄，俱由足而東出，然後商祝行襲事。

蕙田案：以上飯含。

商祝掩瑱，設幎目，乃屨，綦結于跗，連絇。注：掩者，先結頤下，既瑱，幎目，乃還結項也。跗，足上也。絇，屨飾，如刀衣鼻，在屨頭上，以餘組連之，止足坼也。 疏：掩有四脚，後二脚先結頤下，待設瑱塞耳，并設幎目，乃結項後也。 連絇者，屨繫既結，有餘組，穿連兩屨之絇，使兩足不相離也。

乃襲，三稱。注：遷尸於襲上而衣之。凡衣死者，左衽，不紐。襲不言設牀，又不言遷尸于襲上，以其居當牖，無大異。 疏：上文已布衣于含東牀上，今飯含訖，乃遷尸以衣著于尸，故云遷尸于襲上而衣之也。「左衽，不紐」，出喪大記。衽鄉左，反生時也。 士襲三稱，小斂十九稱，大斂三十稱。 案雜記注云：「士襲三稱，子羔襲五稱，今公襲九稱，則諸侯七稱，天子十二稱與？」喪大記云小斂十有九稱，尊卑同。 大斂君百稱，五等同，大夫五十稱，士三十稱。 天子諸侯卿大夫士，命數雖殊，稱數亦等，三公宜與諸侯同。

敖氏繼公曰：三稱者，爵弁服一也，皮弁服二也，褖衣三也，衣裳具謂之稱。

欽定義疏：家語：「孔子之喪，襲衣十有一稱，加朝服一，冠章甫之冠。」案襲衣之數，士三稱，大夫五稱，孔子用大夫禮，亦止五稱，豈有以十一稱之禮？況古者襲尸不冠，蓋有掩加冒，則無所用冠也。此云「章甫之冠」，亦不可信。

明衣不在算。注：算，數也。不在數，明衣禪衣，不成稱也。

張氏爾岐曰：注疏皆以明衣禪，不成稱，故不算。愚謂此親體之衣，非法服，故不算也。

設韐、帶，搢笏。注：韐帶，韎韐、緇帶。不言韎、緇者，省文，亦欲見韐自有帶。韐帶用革。搢，插也，插于帶之右旁。疏：生時緇帶以束衣，革帶以佩韍玉之等。生時有二帶，死亦備此二帶。設決，麗于𢱭，自飯持之。設握，乃連𢱭。注：麗，施也。𢱭，手後節中也。飯，大擘指本也。決，以韋爲之籍，有彄。彄內端爲紐，外端有横帶設之，以紐擐大擘本也。因沓其彄，以横帶貫紐結于𢱭之表也。設握者，以綦繫鉤中指，由手表與決帶之餘連結之。此謂右手也。古文「𢱭」作「捥」。

張氏爾岐曰：其左手無決者，則下記云「設握，裹親膚，繫鉤中指，結于𢱭」是也。

欽定義疏：決著于右擘指𢱭，則掌之上，臂之下，可屈曲之一節也。麗于此者，其決之繫與自飯持之，謂此繫先擐大擘本繞之，而後乃以繞于𢱭也。于是設極于食指中指，乃設握焉，以握之中央之四寸者正當于掌右端，自小指而掩于食指之背，左端自食指而覆掩之，乃以其繫鉤中指之本而引之，以與決繫之麗于𢱭者互相纏繞而連結之。

觀承案：此節諸解，俱未分明。「自飯持之」，「飯」字尤不可曉。依注作「大擘指本」，亦不得其據。或曰「飯」當作「後」，謂指後也，稍似顯亮，然亦恐是臆測耳。宜並存之。

設冒，橐之。幠用衾。注：橐，韜盛物者，取事名焉。衾者，始死時斂衾。疏：始死，幠用大斂之衾。今雖襲訖，仍用此衾。巾、柶、鬠、蚤埋于坎。注：坎至此築之也。將襲辟奠，既則反之。

張氏爾岐曰：巾、柶，用以飯含者。鬠，亂髮。蚤，手足爪。辟奠，即始死之奠，設于尸東者。方襲時，辟之，襲訖，則反之尸東。此奠襲後，又名襲奠。

蕙田案：以上襲。

重，木刊鑿之。甸人置重于中庭，三分庭一，在南。注：木也，縣物焉曰重。刊，斲治。鑿之爲縣簪孔也。士重，木長三尺。疏：士重，木長三尺，則大夫當五尺，諸侯七尺，天子九尺，據竪之者，横者宜半之。

欽定義疏：始死，未忍以親之神魂爲遽離于尸也。至襲訖，而將斂，則尸漸不可得而見矣，而作主尚遠，故爲重焉。若欲使神之識之者然。置于中庭者，亦以表柩也。三分庭一，在南，設之。奠者奠訖，由其南以東，而因以爲踊者之節焉。縣簪，蓋亦以木爲之。

夏祝鬻餘飯，用二鬲于西牆下。注：夏祝，祝習夏禮者也。夏人教以忠，其於養宜。鬻餘飯，以飯尸餘米爲鬻也。重，主道也。士二鬲，則大夫四，諸侯六，天子八與？簠同差。疏：西牆下有竈，即上文「甸人爲垼」是也。**冪用疏布，久之，繫用靲，縣于重。冪用葦席，北面，左衽。帶用靲，賀之，結于後。**注：久讀爲炙，謂以蓋塞鬲口也。靲，竹䈴也，以席覆重，辟屈而反，兩端交于後。左衽，西端在上。賀，加也。

張氏爾岐曰：以粗布爲鬲之冪，塞令堅固可久。以竹䈴爲索，繫鬲，貫重木簪孔中而懸之。又以葦席北向掩重，東端爲下，向西，西端爲上，向東。又以竹䈴爲帶，加束之而結于後。

祝取銘，置于重。注：祝，習周禮者也。疏：以銘未用，待殯訖，乃置于肂。今且置于重。置于重者，重與主皆是録神之物故也。

張氏爾岐曰：以上並始死之日所用之禮。

蕙田案：以上設重。自篇首至此，皆喪第一日事。

厥明，陳衣于房，南領，西上，綪。絞，横三縮一，廣終幅，析其末。注：綪，屈也。絞，所以收束衣服爲堅急者也，以布爲之。縮，從也。横者三幅，從者一幅。析其末者，令可結也。喪大記曰：「絞一幅爲三。」

張氏爾岐曰：厥明者，繼昨日而言，死之第二日也。此下爲將小斂，陳其衣物奠牲。

緇衾，赬裏，無紞。注：紞，被識也。斂衣或倒，被無別於前後可也。凡衾制同，皆五幅也。**祭服次。**注：爵弁服，皮弁服。**散衣次。**注：褖衣以下袍繭之屬。**凡十有九稱。**注：祭服與散衣。

陳衣繼之。注：庶襚。不必盡用。注：取稱而已，不務多。疏：襲時庶襚，繼陳不用，此小斂用衣多，主人自盡不足，故容用之也。衣服雖多，不得過十九耳。

蕙田案：以上陳小斂衣。

饌于東堂下：脯、醢、醴、酒。冪奠用功布，實于簞，在饌東。注：功布，鍛濯灰治之布也。凡在東西堂下者，南齊坫。疏：堂隅有坫，以土爲之。

欽定義疏：吉祭豆籩陳于房中，以婦人薦也。喪奠不用婦人，故饌于東堂下。異于吉，且欲以奠者之升降爲踊節也。此小斂之饌，爲饌之始。至大斂饌有棜，則謂之東方之饌矣。其所饌之處同也。以後凡奠皆然。大斂用毼豆，無縢之籩，則此時猶未變也。俎用素而豆籩未變者，變之以漸也。大斂之前，燭俟于饌東，小斂當亦然，經不言者，互見耳。

設盆盥于饌東，有巾。注：爲奠設盥也。喪事略，故無洗也。疏：爲設奠人設盥洗及巾也。

蕙田案：以上饌小斂奠及東方之盥。

苴絰大鬲，下本在左，要絰小焉。散帶垂，長三尺。牡麻絰，右本在上，亦散帶垂。皆饌于東方。注：苴絰，斬衰之絰也。苴麻者，其貌苴，以爲絰。服重者尚麤惡，絰之言實也。

鬲，搹也。中人之手，搹圍九寸。絰帶之差，自此出焉。下本在左，重服統于内而本陽也。要絰小焉，五分去一。牡麻絰者，齊衰以下之絰也。牡麻絰者，其貌易，服輕者宜差好也。右本在上，輕服本于陰而統于外。散帶之垂者，男子之道，文多變也。饌于東方，東坫之南，苴絰爲上。疏：此小斂絰有散麻帶垂之，至三日成服絞之。對婦人初而絞之，與小功以下男子同。饌于東方，東坫南，非東堂下。婦人之帶，牡麻結本，在房。注：婦人亦有苴絰，但言帶者，記其異。此齊衰婦人，斬衰婦人亦有苴絰也。疏：男子帶有散麻，婦人則結本，是其異者。

欽定義疏：斬衰婦人首絰用苴麻，與男子同；要帶則用牡麻，殺于男子。若齊衰，則首絰與要帶並用牡麻也。死者小斂之衣，已陳于東房。以下文推之，則男子括髮之麻，免之布，亦宜在東房。婦人之絰帶，不宜混之，故敖氏億其在西房也。

蕙田案：以上陳小斂絰帶。

牀笫、夷衾，饌于西坫南。注：笫，簀也。夷衾，覆尸之衾。喪大記曰：「自小斂以往用夷衾，夷衾質殺之，裁猶冒也。」

張氏爾岐曰：夷衾之制，如作冒者，上以緇爲質，下以赬爲殺，但連而裁之，爲不同耳。

西方盥，如東方。注：爲舉者設盥也。如東方者，亦用盆布巾饌於西堂下。疏：舉者，爲將舉尸者。

蕙田案：以上陳牀笫、夷衾及西方之盥。

陳一鼎于寢門外，當東塾，少南，西面。其實特豚：四鬄，去蹄，兩胉、脊、肺。設扃鼏，鼏西末。素俎在鼎西，西順。覆匕，東柄。注：鬄，解也。四解之，殊肩髀而已，喪事略。去蹄，去其甲，爲不潔清也。胉，脅也。素俎，喪尚質。既饌，將小斂，則辟襲奠。疏：此亦爲小斂奠陳之。鼏用茅爲編。言西末，則茅本在東。四鬄并兩胉、脅與脊，總爲七體，若豚解皆然也。襲奠者，即始死之奠，襲後改爲襲奠，以恐妨斂事，故辟之，亦當於室之西南隅。如將大斂，辟小斂奠于西序南也。

蕙田案：以上陳鼎實。張爾岐曰：「小斂待用衣物計五節。」

士盥，二人以並，東面立于西階下。注：立，俟舉尸也。疏：舉尸，謂從襲牀遷尸於户内服上。布席于户内，下莞上簟。注：有司布斂席也。商祝布絞、衾、散衣、祭服。祭服不倒，美者在中。注：斂者趨方，或偵倒衣裳。祭服尊，不倒之也。美，善也。善衣後布，於斂則在中也。既後布祭服，而又言善者在中，明每服非一稱也。

張氏爾岐曰：案疏云「斂衣半在尸上」，是有藉者，有覆者。既云十九稱，取法天地之終數，當以十爲藉，九爲覆也。其斂法，于户内地上布席，席上布絞衾，絞衾上布衣，遷尸衣上，復用衣加尸上，乃結絞衾也。

蕙田案：「美者在中」，以尊卑言之，則皮弁美于褖衣，爵弁又美于皮弁。以新舊言之，則每服非一稱，如爵弁服數稱，其間必有尤美者矣。凡藉尸者，襐衣最下，以次而上；覆尸者，爵弁服最下，以次而上。如此，則在中者皆其美者矣。蓋以去尸遠近爲尊卑之差，而不取乎見美也。

士舉遷尸，反位。注：遷尸於服上。設牀第于兩楹之間，衽如初，有枕。注：衽，寢卧之席也，亦下莞上簟。

張氏爾岐曰：此牀待斂後俠尸。衽如初，如户内之莞簟也。

卒斂，徹帷。注：尸已飾。主人西面馮尸，踊無筭。主婦東面馮，亦如之。注：馮，服膺之。

欽定義疏：喪大記：「君于臣撫之，父母于子執之，子于父母馮之，婦于舅姑奉之，舅姑于婦撫之，妻于夫拘之，夫于妻、于兄弟執之。」撫者，身直而案之輕。馮者，身曲而伏之重。奉者，兩手仰承以示敬。執者，兩手若握以示親。拘，讀如「以袂拘而退」之拘，謂手馮尸而袂猶嚮内也。蓋雖哀，猶有遠嫌之意焉。此馮尸尊卑輕重微甚之節也。此主婦若死者之妻，則拘之；若主人之妻，則奉之。

主人髻髮，袒。衆主人免于房。注：始死，將斬衰者雞斯，將齊衰者素冠。今至小斂變，又將初喪服也。髺髮者，去笄纚而紒。衆主人免者，齊衰將袒，以免代冠。冠，服之尤尊，不以袒也。免之制未聞，舊説以爲如冠狀，廣一寸。喪服小記曰：「斬衰髺髮以麻，免而以布。」此用麻布爲之，狀如今之著幓頭矣。自項中而前，交于額上，卻繞紒也。于房、于室，釋髺髮宜于隱者。今文「免」皆作「絻」，古文「髺」作「括」。疏：禮記問喪云：「親始死，雞斯徒跣。」鄭注云：「雞斯，當爲笄纚。」髽與髺髮，皆以麻布自項而向前，交于額上，卻繞紒。免亦然，但以布廣一寸爲異。**婦人髽于室。**注：始死，婦人將斬衰者，去笄而纚；將齊衰者，骨笄而纚。今言髽者，亦去笄纚而紒也。齊衰以上，至笄猶髽。髽之異于髺髮者，既去纚而以髮爲大紒，如今婦人露紒，其象也。檀弓曰：「南宫縚之妻之姑之喪，夫子誨之髽。曰：『爾毋縱縱爾，爾毋扈扈爾。』」其用麻布，亦如著幓頭然。疏：古者男子、婦人，吉時皆有笄纚。有喪，至小斂，則男子去笄纚，著髺髮，婦人去纚而著髽。髽形先以髮爲大紒，紒上，斬衰婦人以麻，齊衰婦人以布，其著之如男子髺髮與免也。從小斂著未成服之髽，至成服之笄，猶髽不改。至大斂殯後，乃著成服之髽代之也。

陳氏禮書：婦人之髽，猶男子之括髮、免，故括髮以麻，則髽以麻矣；免以布，則髽以布矣。以麻則斬衰也，以布則齊衰也。小斂之髽不言笄，則未成服之髽無笄矣。女子子適人者爲其父母、婦爲舅姑，惡笄有首以髽。孔子言髽，而繼之以榛笄，則成服之髽有笄矣。小記言「齊衰，惡笄以終喪」，則斬衰、齊衰之髽皆終喪矣。男子之袒免及于五世，婦人之髽不及于大功者，以髽不特對免而上同于括髮故也。禿者不髽，以疾也。然則髽雖麻與布之不同，其爲露紒一也。

楊氏復曰：小斂變服，主人袒括髮，衆主人免，婦人髽。今人無此一節，何也？緣世俗以襲爲小斂，遂失此變服一節。在禮，奔喪入門，詣殯東，哭盡哀，乃括髮袒，既乃襲絰于序東。明日後日朝哭，皆袒，括髮成踊。至第四日，乃成服。夫奔喪，禮之變也。古人猶謹其序如此，況處禮之常，可欠小斂一節而無袒括髮乎？此則孝子知禮者所當謹而不可忽也。

士舉，男女奉尸，侇于堂，幠用夷衾。男女如室位，踊無算。注：侇之言尸也。夷衾，覆尸柩之衾也。堂謂楹間牀第上也。疏：初死，幠用大斂之衾，以小斂之衾當陳。今小斂後，大斂之衾當擬大斂，故用覆棺之夷衾以覆尸也。**主人出于足，降自西階。衆主人東即位。婦人阼階上，西面。主人拜賓，大夫特拜，士旅之。即位踊，襲絰于序東，復位。**注：拜賓，鄉賓位拜之也。即位踊，東方位。襲絰于序東，東夾前。疏：主人降西階拜賓訖，嚮東方阼階下即西面位踊，踊訖，襲絰也。

敖氏繼公曰：阼階上非婦人之正位，于主人之降乃居之者，辟賓客之行禮者也。後遂以之爲節，主人拜賓，鄉其位。

張氏爾岐曰：主人至此始即阼階下位也。

欽定義疏：不俟襲絰而拜賓者，賓至即當拜之，以方斂未暇，至此亟欲拜之，故

由降階之便，既乃襲經于序東也。主人拜賓，衆主人不拜者，喪無二主也。主人拜賓，賓皆不答拜，喪事遽，不以施報之常也。曲禮云：「凡非弔喪，非見國君，無不答拜者。」又案：尸柩所在，雖朝夕設奠，從無拜禮。不但弔賓不拜，即主人、主婦、子姓亦未嘗拜。蓋事之如生禮如是也。後世如開元、政和諸禮皆然。古人之於尸柩，子孫且不拜，奈何賓客而使之拜哉？今世弔賓無不拜靈座者，甚有高年尊長而僕僕下拜於卑幼，豈情之所安乎？

蕙田案：以上小斂。

乃奠。注：祝與執事爲之。舉者盥，右執匕，卻之，左執俎，横攝之，入，阼階前西面錯。錯俎，北面。注：舉者盥，出門舉鼎者。右人以右手執匕，左人以左手執俎，因其便也。攝，持也。西面錯，錯鼎於此，宜西面。錯俎北面，俎宜西順之。右人左執匕，抽扃予左手，兼執之，取鼏，委于鼎北，加扃，不坐。注：抽扃取鼏，加扃于鼏上，皆右手。乃朼載。載兩髀于兩端，兩肩亞，兩胉亞，脊、肺在于中，皆覆，進柢，執而俟。注：乃朼，以朼次出牲體，右人也。載，受而載于俎，左人也。亞，次也。凡七體，皆覆，爲塵。柢，本也。進本者，未異于生也。骨有本末。疏：諸進體皆不言覆，此以無尸，不食，故覆之。公食大夫進本是生人法，今以始死，故未異於生也。

盛氏世佐曰：執而俟者，謂左人執俎而俟奠也。右人于是加匕于鼎，反西階下位矣。

夏祝及執事盥。執醴先，酒、脯、醢、俎從，升自阼階。丈夫踊，甸人徹鼎巾，待于阼階下。注：執事者，諸執奠事者。巾，功布也。執者不升，已不設，祝既錯醴，將受之。奠于尸東，執醴酒，北面西上。注：執醴酒者先升，尊也。立而俟，後錯，要成也。豆錯，俎錯于豆東。立于俎北，西上。醴酒錯于豆南。祝受巾，巾之，由足降自西階。婦人踊。奠者由重南東，丈夫踊。注：巾之，爲塵也。東，反其位。疏：主人位在阼階下，婦人位在上，故奠者升，丈夫踊；奠者降，婦人踊，各以所見先後爲踊之節也。「奠者由重南東，丈夫踊」者，奠者奠訖，主人見之，更與主人爲踊節也。又以其重主道，神所憑依，故必由重南東過，是以主人又踊也。

張氏爾岐曰：立于俎北，西上，奠豆俎之人也。俟祝畢事，同由足降自西階。

賓出，主人拜送于門外。注：廟門外也。疏：士死于適室，以鬼神所在則曰廟，故名適寢爲廟也。

欽定義疏：拜送于外門外者，唯君命則然。凡賓，則廟門外而止，雖大夫亦然，重君命也。初喪，因事而出拜賓，亦不送。未小斂，尸尚在室，尤嚴也。小斂竟，則可以送賓矣。凡送賓，賓雖多，一拜之，不稽顙。唯送君則稽顙。

乃代哭，不以官。注：代，更也。孝子始有親喪，悲哀憔悴，禮防其以死傷生〔一〕，使之更哭，不絶聲而已。人君以官尊卑，士賤，以親疏爲之。三日之後，哭無時。周禮挈壺氏：「凡喪，縣壺以代哭。」疏：禮有三無時之哭：始死未殯，哭不絶聲，一無時；殯後葬前，朝夕入于廟，阼階下哭，又于廬中思憶則哭，是二無時；既練之後，在堊室之中，或十日或五日一哭，是三無時。練前葬後，有朝夕于阼階下哭，惟此有時，無無時之哭也。

張氏爾岐曰：此小斂後節哀之事。

蕙田案：以上小斂奠。

有襚者，則將命。擯者出請，入告。主人待于位。注：喪禮略於威儀，既小斂，擯者乃用辭。出請之辭曰：「孤某使某請事。」擯者出，告須，以賓入。注：須亦待也。出告之辭曰：「孤某須矣。」賓入中庭，北面致命。主人拜稽顙。賓升自西階，出于足，西面委衣，如于室禮，降，出。主人出，拜送。

張氏爾岐曰：如於室禮，亦委衣尸東牀上也。

朋友親襚，如初儀，西階東，北面哭，踊三，降。主人不踊。注：朋友既委衣，又還哭於

〔一〕「防」，原作「坊」，據光緒本、儀禮注疏卷三六改。

西階上，不背主人。襚者以褶，則必有裳，執衣如初。徹衣者亦如之，升降自西階，以東。

注：帛爲褶，無絮，雖複，與禪同。有裳乃成稱，不用表也。以東，藏以待事也。

張氏爾岐曰：執衣如初，謂左執領，右執要，如君襚時。

欽定義疏：襚之至者有先後，或于室，或于堂。先者以共小斂，後者以共大斂。又有過期而至，不及斂事者，則衣無所用之，特致彼之意而已。其未葬者，則猶殯東致命，委衣而徹之以東與？

蕙田案：以上小斂襚。自陳衣于房至此，皆喪第二日事。

宵，爲燎于中庭。注：宵，夜也。燎，火燋。

張氏爾岐曰：案下記云「既襲，宵，爲燎于中庭」，是未殯前，夜皆設燎也。

厥明，滅燎。陳衣于房，南領，西上，綪。絞、紟、衾二。君襚、祭服、散衣、庶襚，凡三十稱。紟不在算，不必盡用。注：紟，單被也。衾二者，始死斂衾，今又復制也。小斂衣數，自天子達，大斂則異矣。喪大記曰：「大斂，布絞，縮者三，横者三。」

敖氏繼公曰：不必盡用，亦謂庶襚繼陳，或出于三十稱者也。

東方之饌：兩瓦甒，其實醴、酒；角觶；木柶；毼豆兩，其實葵菹芋，蠃醢。兩籩，

無縢，布巾，其實栗，不擇。脯四脡。注：此饌但言東方，則亦在東堂下也。毼，白也。齊人或名全菹爲芋。縢，緣也。詩云：「竹柲緄縢。」布巾，籩巾也。籩豆具而有巾，盛之也，特牲饋食禮有籩巾。疏：菹法，短四寸者全之，長于四寸者切之。喪中之菹葵，雖長而不切，取齊人全菹爲芋之解也。豆盛菹醢，溼物，不嫌無巾，故不言，其實有巾矣。**奠席在饌北，斂席在其東。**注：大斂奠而有席，彌神之。

敖氏繼公曰：奠席，葦席也。周官司几筵職：「凡喪事，設葦席。」斂席亦莞與簟也。大斂之奠遠于户柩，故始用席，以存神也。

掘肂見衽。注：肂，埋棺之坎也，掘之于西階上。衽，小要也。喪大記曰：「君殯用輴，欑至于上，畢塗屋。大夫殯以幬，欑置于西序，塗不暨于棺。士殯見衽，塗上，帷之。」又曰：「君蓋用漆，三衽三束。大夫蓋用漆，二衽二束。士蓋不用漆，二衽二束。」疏：檀弓云：「周人殯于西階之上。」故知士亦殯于西階上也。此殯時，雖不言南首，南首可知。古者棺不釘，用漆者，塗合牝牡之中也。君棺蓋每一縫爲三道小要，每道爲一條皮束之。大夫士降于君，故二衽二束。大夫有漆，士無漆也。

張氏爾岐曰：見衽者，其所掘坎淺深之節也。衽，小要也，所以聯合棺蓋縫者，今謂之銀錠扣。見衽者，坎不没棺，其衽見于上。注引喪大記「三衽三束」，謂每一面三處用衽，又以皮三處束之也。

棺入，主人不哭。升棺用軸，蓋在下。注：軸，輁軸也。輁狀如牀，軸其輪，輓而行。

朱子曰：動尸舉棺，哭擗無算，然殯斂之際，亦當輟哭，臨事務令安固，不可但哭而已。

郝氏敬曰：蓋居棺下，棺遷于坎，尸遷于棺，而後加蓋，便也。

熬，黍、稷各二筐，有魚腊，饌于西坫南。注：熬，所以惑蚍蜉，令不至棺旁也。爲舉者設盆盥于西。

敖氏繼公曰：有魚腊，謂每筐皆有之也。此四物者，擬用于肂中，故饌于此。孝子以尸柩既殯，不得復奠于其側。雖有奠在室，而不知神之所在，故置此于棺旁，以盡愛敬之心也。然不以食而用熬穀，不以牲而用魚腊，亦所以異于奠也與？

蕙田案：敖説較注義爲長。

陳三鼎于門外，北上。豚合升，魚、鱄、鮒九，腊左胖，髀不升，其他皆如初。注：合升，合左右體升于鼎。其他皆如初，謂豚體及匕俎之陳如小斂時。合升、四鬄，亦相互耳。**燭俟于饌東。**注：燭，燋也。饌，東方之饌。有燭者，堂雖明，室猶闇。火在地曰燎，執之曰燭。

蕙田案：以上陳大斂衣奠及殯具。

祝徹盥于門外，入，升自阼階。丈夫踊。注：祝徹，祝與有司當徹小斂之奠者。小斂設盥于饌東，有巾。大斂設盥于門外，彌有威儀。疏：陳大斂饌訖，當設盥于門外。**祝徹巾，授執事者以待。**注：授執巾者於尸東，使先待于阼階下，爲大斂奠又將巾之。祝還徹醴也。疏：此巾前爲小斂奠巾之，今祝徹巾，還爲大斂奠巾之。徹饌，先取醴酒，北面。注：北面立，相待俱降。其餘，取先設者，出于足，降自西階。婦人踊。設于序西南，當西榮，如設于堂。注：謂求神于庭。孝子不忍使其親須臾無所馮依也。堂，謂尸東也。凡奠設于序西南者，畢事而去之。疏：但將設後奠，則徹先奠于西序南，待奠事畢，則去之。醴、酒位如初。執事豆北南面，東上。注：如初者，如其醴、酒北面西上也。執醴尊，不爲便事變位。

張氏爾岐曰：醴、酒，執醴執酒之人。執事，執豆俎之人。立于豆北相待，設酒、醴訖，同東適新饌也。

蕙田案：徹奠所設之位在堂下，不在堂上，以經文「降自西階」證之可知也。敖氏奠于西堂及升降自側階之説，甚謬。

乃適饌。注：東方之新饌。

張氏爾岐曰：執事者適新饌處以待事。

蕙田案：以上徹小斂奠。

帷堂。注：徹事畢。

張氏爾岐曰：殆爲大斂將遷尸，故帷之。

婦人尸西，東面。主人及親者升自西階，出于足，西面，袒。注：袒，大斂變也。不言髽、免、髻髮，小斂以來自若矣。士盥，位如初。注：亦既盥，並立西階下。布席如初。注：亦下莞上簟〔一〕，鋪于阼階上，于楹間爲少南。商祝布絞、紟、衾、衣，美者在外。君襚不倒。注：至此乃用君襚，主人先自盡。

敖氏繼公曰：君襚不倒，尊也。以祭服視散衣，則祭服爲尊。以君襚視祭服，則君襚爲尊。唯君襚不倒，則祭服亦有倒者矣。至是乃用君襚者，大斂之禮重，故以服之尤尊者。爲之襲而美者在外，小斂而美者在中，大斂又反之，禮貴相變也。

蕙田案：服之美者莫如君襚，大斂用之，所以章君之賜也，故在外而不在内。

有大夫，則告。注：後來者，則告以方斂。非斂時，則當降拜之。

張氏爾岐曰：注以大夫爲後來者，以此日大夫皆爲視斂來，其蚤至者則升自西階，北面視斂，如記所陳也。

士舉遷尸，復位。主人踊無算。卒斂，徹帷。主人馮如初，主婦亦如之。疏：士舉遷尸，謂從户外夷牀上遷尸于斂上。

〔一〕「簟」，原脱，據味經窩本、乾隆本、光緒本、儀禮注疏卷三七補。

蕙田案：以上大斂。

主人奉尸斂于棺，踊如初，乃蓋。注：棺在肂中，斂尸焉，所謂殯也。檀弓曰：「殯于客位。」

主人降，拜大夫之後至者，北面視肂。注：北面，于西階東。疏：殯後拜大夫後至者，殯訖，不忍即阼階，因拜大夫即于西階東，北面視肂而哭也。衆主人復位。婦人東復位。注：阼階上下之位。設熬，旁一筐，乃塗，踊無算。注：以木覆棺上而塗之，爲火備。卒塗，祝取銘置于肂。

主人復位，踊，襲。注：爲銘設柎，樹之肂東。

蕙田案：以上殯。

乃奠。燭升自阼階。祝執巾，席從，設于奧，東面。注：執燭者先升堂照室，自是不復奠于尸。祝執巾，與執席者從入，爲安神位。室中西南隅謂之奧。執燭南面，巾委于席右。疏：自始死以來襲奠、小斂奠、大斂奠皆在尸旁，今大斂奠不在西階上就柩所，故于室内設之。此下朝夕奠、朔月薦新奠，皆不于尸所。

欽定義疏：殯在堂而奠在室者，神之，以鬼神尚寂静尚幽闇也。席設于奧，南上，奧爲尊者之所主也。若長子之喪，則奠未必于奧，以其生時不得主奧也。其奠于殯東，略如小斂奠與？檀弓「孔子夢奠于兩楹之間」，似殯後之奠亦在堂者，豈禮俗不同耶？抑殷制別耶？

祝反降〔一〕，及執事執饌。注：東方之饌。士盥，舉鼎入，西面北上，如初。載，魚左首，進鬐，三列，腊進柢。注：如初，如小斂舉鼎、執匕俎扃鼏、朼載之儀。魚左首，設而在南。鬐，脊也。左首進鬐，亦未異于生也。凡未異于生者，不致死也。疏：案公食右首進鬐，此云左首，則與生異，而云「亦未異于生」者，彼公食言右首據席而言，此左首據載者而言，若設於席，則亦右首也。祝執醴如初，酒、豆、籩、俎從，升自阼階。丈夫踊。甸人徹鼎。注：如初，祝先升。奠由楹内入于室，醴、酒北面。注：亦如初。設豆，右菹。菹南栗，栗東脯。豚當豆，魚次，腊特于俎北。醴、酒在籩南。巾如初。注：右菹，菹在醢南也。此左右異于魚者，載者統于執，設者統于席。醴當栗南，酒當脯南。張氏爾岐曰：注「載者」二句，言方其載俎時，則以執者之左右爲左右；及設于席，則以席之左右爲左右也。

既錯者出，立于户西，西上。祝後，闔户。先由楹西降自西階。婦人踊。奠者由

〔一〕「祝」，諸本作「燭」，據儀禮注疏卷三五改。

重南東。丈夫踊。注：爲神馮依之也。疏：丈夫見奠者，至重即踊者，重，主道，爲神馮依之，故丈夫取以爲踊節也。賓出，婦人踊。主人拜送于門外。入，及兄弟北面哭殯。兄弟出，主人拜送于門外。注：小功以下，至此可以歸。異門大功亦存焉。疏：小功以下爲兄弟，兼男女也。既殯，雖歸，至朝夕、朔奠之日，近者亦入哭限也。至葬時，皆就柩所。衆主人出門，哭止，皆西面于東方。闔門。

張氏爾岐曰：東方，門外之東方。闔門，内人闔廟門。

主人揖，就次。注：次，謂斬衰倚廬、齊衰堊室也。大功有帷帳，小功、緦麻有牀笫可也。

張氏爾岐曰：揖就次，相揖各就其次也。

蕙田案：以上大斂奠。

君若有賜焉，則視斂。既布衣，君至。注：賜，恩惠也。斂，大斂。君視大斂，皮弁服，襲裘。主人成服之後往，則錫衰。疏：喪服小記云：「諸侯弔，必皮弁錫衰。」彼是弔異國之臣法。服問云：「公爲卿大夫，錫衰以居，出亦如之。當事則弁絰。」不見君弔士服。案文王世子注：「君爲同姓之士緦衰，異姓之士疑衰。」並據成服後。今大斂，未成服，緣弔異國之臣有服皮弁之法，則君弔士，未成服之前，可服皮弁襲裘也；成服之後，往則錫衰，亦約服問君弔卿大夫之法。文王世子注「同姓之士緦衰，異姓之士疑衰」，不同者，彼謂凡平之士，此士與君有師友之恩，特賜與大夫同也。

敖氏繼公曰：君欲視斂，則使人告喪家，故主人不敢升堂，而先布絞、紟、衾、衣，以待其來。喪大記云「弔者襲裘加帶絰」，則此時君之弔服，亦朝服襲裘而加絰與帶矣。若主人成服之後而往，則弁絰疑衰。

蕙田案：王爲公卿錫衰，爲諸侯緦衰，爲大夫士疑衰。諸侯爲卿大夫錫衰，爲同姓之士緦衰，爲異姓之士疑衰。此注以錫衰爲弔士之服，疑誤也。疏謂「此士與君有恩，特賜與大夫同」，亦似曲解。

主人出迎于外門外，見馬首，不哭，還，入門右，北面，及衆主人袒。注：不哭，厭于君，不敢伸其私恩。巫止于廟門外，祝代之。小臣二人執戈先，二人後。注：巫，掌招彌以除疾病。小臣，掌正君之法儀者。周禮男巫：「王弔，則與祝前。」喪祝：「王弔，則與巫前。」檀弓曰：「君臨臣喪，以巫祝桃茢執戈以惡之，所以異于生也。」皆天子之禮。諸侯臨臣之喪，則使祝代巫執茢居前，下天子也。小臣，君行則在前後，君升則俠阼階北面。凡宫有鬼神曰廟。君釋采，入門，主人辟。注：釋采者，祝爲君禮門神也。必禮門神者，明君無故不來也。禮運曰：「諸侯非問疾弔喪而入諸臣之家，是謂君臣爲謔。」君升自阼階，西鄉。祝負墉，南面，主人中庭。注：祝南面房中，東鄉君。牆謂之墉。主人中庭，進益北。疏：祝，相君之禮，故須鄉君。

欽定義疏：郊特牲：「君適其臣，升自阼階，不敢有其室也。」則升自阼階，吉凶同之。君升時，主婦及衆婦人，其暫辟入房中乎？

君哭，主人哭，拜稽顙，成踊，出。注：出，不敢必君之卒斂事。君命反行事，主人復位。注：大斂事。君升主人，主人西楹東，北面。注：命主人使之升。升公卿大夫，繼主人，東上。乃斂。注：公，大國之孤，四命也。卒，公卿大夫逆降，復位。主人降，出。注：逆降者，後升者先降。位，如朝夕哭弔之位。疏：卒者，謂卒斂也。主人降出者，亦是不敢久留君。出，謂主人出鄉門外立。君反主人，主人中庭。君坐，撫當心。主人拜稽顙，成踊，出。注：撫，手案之。凡馮尸，興必踊。疏：撫即馮之類，興亦踊，故得與主人拾踊也。君反之，復初位。衆主人辟于東壁，南面。注：以君將降也。南面則當坫之東。疏：初位，即中庭位。君降，西鄉，命主人馮尸。主人升自西階，由足，西面馮尸，不當君所，踊。主婦東面馮，亦如之。注：君必降者，欲孝子盡其情。

張氏爾岐曰：不當君所，不當君所撫之處也。

奉尸斂于棺，乃蓋。主人降，出。君反之，入門左，視塗。注：肂在西階上，入門左，由便趨疾，不敢久留君。君升即位，衆主人復位。卒塗，主人出，君命之反奠，入門右。注：亦復中庭位。疏：入門右，謂在門右，南北當中庭也。乃奠，升自西階。注：以君在阼。疏：凡奠，皆升自阼階。爲君在阼，故辟之，而升西階也。君要節而踊，主人從踊。注：節，謂執奠始升階，及既奠，由重南東時也。

敖氏繼公曰：要猶候也。節，當踊之節也。

郝氏敬曰：當丈夫踊之時，則祝導君按節而踊。要猶按也。

卒奠，主人出，哭者止。注：以君將出，不敢讙囂，聒尊者也。君出門，廟中哭。主人不哭，辟。君式之，注：辟，逡遁辟位也。古者立乘，式，謂小俛以禮主人也。曲禮曰：「立視五巂，式視馬尾。」疏：君入臣家，至廟門乃下車，則貳車本不入大門，下云「貳車畢乘，主人哭，拜送」者，明出大門矣。貳車畢乘，主人哭，拜送。注：貳車，副車也，其數各視其命之等。君出，使異姓之士乘之，在後。君弔，蓋乘象輅。曲禮曰：「乘君之乘車，不敢曠左。左必式。」襲，入即位。衆主人襲拜。大夫之後至者，成踊。注：後至，布衣而後來者。疏：若未布衣時來，即入前卿大夫從君之內。賓出，主人拜送。注：自賓出以下，如君不在之儀。

朱子曰：古人君臣之際，如君臨臣喪，坐撫當心，要節而踊。今日之事至于死生之際，恝然不相關，不啻如路人，所謂君臣之義安在？我朝祖宗時，于舊執政，亦嘗親臨之。又曰：看古禮，君于大夫，小斂往焉，大斂往焉，于士，既殯往焉，何其誠愛之至！今乃挈然。古之君臣所以事事做得成，緣是親愛一體。

楊氏復曰：哭尸、斂尸、撫尸、視殯、視塗、視奠，凡六節。每一節，主人降出，主人不敢必君之卒事也。君命反，主人行事，所以盡哀敬之情、始終之義也。

蕙田案：以上君視大斂之儀。自滅燎陳衣于房至此，皆喪第三日事。

三日，成服，杖。拜君命及衆賓，不拜棺中之賜。注：既殯之明日，全三日，始歠粥矣。禮，尊者加惠，明日必往拜謝之。棺中之賜，不施己也。曲禮曰：「生與來日。」疏：既殯之明日，是四日矣，而言三日者，除死日數之也。引曲禮者，彼注云：「與猶數也。」生數來日，謂成服杖以死明日數也。死數往日，謂殯斂以死日數也。」此士禮也，大夫以上，皆以來日數。

敖氏繼公曰：成服者，鄉已經帶矣，今復以冠衰之屬足而成之也。喪大記曰：「士之喪，二日而殯，三日之朝，主人杖，婦人皆杖。」然則此蓋于未朝哭爲之也。君命及衆賓，謂弔者也。拜之者，謝其弔己也。棺中之賜，謂襚也。不拜襚者，襚禮不爲己也。此謂不弔而襚者。若弔襚並行，則其拜亦惟主于弔。凡往拜之節，其于朝奠之後乎？拜之皆于其外門外，所拜者不見。

盛氏世佐曰：凡拜賜之禮，必使人將命，明己所爲來之故。若爲一事而來，則分拜之。此於弔襚並行者，亦拜弔而不更拜襚，何也？送終之禮，君友之所當自盡也。

蕙田案：以上成服。張爾岐曰：「經云三日，除死日數之，實則喪之第四日也。」

朝夕哭，不辟子、卯。注：既殯之後，朝夕及哀至乃哭，不代哭也。子、卯，桀、紂亡日，凶事不辟，吉事闕焉。婦人即位于堂，南上，哭。丈夫即位于門外，西面北上。外兄弟在其南，南上。賓繼之，北上。門東，北面西上。門西，北面東上。西方，東面北上。注：外兄弟，異姓有服者也。疏：此外位丈夫亦哭，但文不備。

盛氏世佐曰：丈夫謂主人、衆主人兄弟也。西面北上，東方之位也。門東，私臣之位。若有諸公，亦在焉。少進門西，公有司之位；若有他國之異爵者，亦在焉。少進，西上東上，統于門也。門東門西，乃群吏之正位。諸公與他國之異爵者不恒有，有則不可與卿大夫同列，故位于此而少進，所以尊異之也。下文特見之，亦以其不恒有耳，非謂位于此皆尊者也。且大國之孤惟一人，而經云西上，其不主爲諸公明甚。敖以下文實之，誤矣。

主人即位，辟門。注：辟，開也。凡廟門有事則開，無事則閉。婦人拊心，不哭。注：方有事，止讙囂。疏：方有事，謂徹大斂奠，設朝奠。主人拜賓，旁三，右還，入門，哭，婦人踊。注：先西面拜，乃南面拜、東面拜也。

張氏爾岐曰：主人朝自廬中詣殯宫門外，即位哭。此時衆賓來弔，其拜之如此。拜畢，乃入門。

主人堂下直東序，西面。兄弟皆即位，如外位。卿大夫在主人之南。諸公門東，少進。他國之異爵者門西，少進。敵則先拜他國之賓。凡異爵者，拜諸其位。注：賓皆即此位乃哭，盡哀止。主人乃右還拜之，如外位矣。兄弟，齊衰大功者。主人哭則哭。小功、緦麻，亦即位乃哭。上言賓，此言卿大夫，明其亦賓爾。少進，前于列。異爵，卿大夫也。他國卿大夫亦前于列，尊之，拜諸其位，就其位特拜。疏：此內位，不言外兄弟，以其雖在主人之南，少退，故卿大夫繼主人而言。諸公少進，謂進于士，此所陳位，不言士之屬吏，當亦在門右，又在賓之後也。

張氏爾岐曰：主人入即堂下之位，賓入哭，其拜之如此。

徹者盥于門外。燭先入，升自阼階。丈夫踊。注：徹者，徹大斂之宿奠。祝取醴，北面。取酒立于其東。取豆、籩、俎，南面西上。祝先出，酒、豆、籩、俎序從，降自西階。婦人踊。注：序，次也。疏：祝執醴在先，次酒，次豆籩，次俎，爲次第也。設于序西南，直西榮。醴、酒北面西上。豆西面錯，立于豆北，南面。籩、俎既錯，立于執豆之西，東上。酒錯，復位。醴錯于西，遂先，由主人之北適饌。注：遂先者，明祝不復位也。適饌，適新饌，將復奠。乃奠。醴、酒、脯、醢升。丈夫踊。入，如初設，不巾。注：入，入于室也。如初設者，豆先，次籩，次酒，次醴也。不巾，無菹、無栗也。菹、栗俱則有俎，有俎乃巾之。錯者出，立于户西，西上。滅燭，出。祝闔門，先降自西階。婦人踊。奠者由重南東。丈夫踊。賓出，婦人踊，主人拜送。注：哭止乃奠，奠則禮畢矣。衆主人出，婦人踊。出門，哭止，皆復位。闔門。主人卒拜送賓，揖衆主人，乃就次。

欽定義疏：朝夕奠之外，主人兄弟皆不入殯宮，小記「無事不辟廟門哭，皆于其次」是也。弔者必于主人朝夕奠時，少儀「喪俟事不犆弔」是也。

蕙田案：以上朝夕哭奠。自成服之日至未葬之前，並用此禮。

朔月，奠用特豚、魚、腊，陳三鼎如初。東方之饌亦如之。注：朔月，月朔日也。自大夫以上，月半又奠。如初者，謂大斂時。無籩，有黍、稷。用瓦敦，有蓋，當籩位。注：黍稷併於甒北也。於是始有黍稷。死者之于朔月、月半，猶平常之朝夕。大祥之後，則四時祭焉。

張氏爾岐曰：朝夕之奠，有醴、酒、豆、籩，而無黍、稷。至月朔殷奠，乃有黍、稷，如平時常食者。以下室又自有燕養之饌，故雖不設黍、稷，而不爲薄也。既奠殯宮，又饋下室者，莫必神之所在故也。

主人拜賓，如朝夕哭。卒徹。注：徹宿奠也。

敖氏繼公曰：朝夕奠無俎，非盛饌，徹則去之，不復改設于序西南也。

舉鼎入，升，皆如初奠之儀。執朼，釋匕于鼎。俎行，朼者逆出。甸人徹鼎，其序：醴、酒、菹醢、黍稷、俎。注：俎行者，俎後執，執俎者行，鼎可以出。其序，升入之次。其設于室，豆錯，俎錯，腊特，黍稷當籩位。敦啓會，卻諸其南。醴、酒位如初。注：當籩位，俎南黍，黍東稷。會，蓋也。疏：知「當籩位，俎南黍，黍東稷」者，依特牲所設爲之也。祝與執豆者巾，乃出。注：共爲之也。主人要節而踊，皆如朝夕哭之儀。

敖氏繼公曰：丈夫婦人皆要節而踊，唯言主人，文省耳。

郝氏敬曰：此以上皆朔奠，其禮盛，又謂殷奠。

月半不殷奠。注：殷，盛也。士月半不復如朔盛奠，下尊者。疏：大夫以上有月半奠。

盛氏世佐曰：不殷奠者，其奠如朝夕而已。

蕙田案：以上朔月奠，大夫以上别有月半奠。

有薦新，如朔奠。注：薦五穀若時果物新出者。

欽定義疏：薦新當以五穀爲主，而他物有新者，或附薦焉。

徹朔奠，先取醴酒，其餘取先設者。敦啓會，面足。序出，如入。注：啓會，徹時不復蓋也。面足，執之令足間鄉前也。敦有足，則敦之形如今酒敦。其設于外如于室。注：外，序西南。

蕙田案：以上薦新奠。此朔月、薦新二殷奠，亦成服後未葬前之禮也。

筮宅，冢人營之。注：宅，葬居也。冢人，有司掌墓地兆域者。營猶度也。詩云：「經之營之。」掘四隅，外其壤。掘中，南其壤。注：爲葬將北首故也。疏：檀弓云：「葬于北方北首，三代之達禮也。」

敖氏繼公曰：壤，土也。於將爲壙之處，掘其四隅與中央，略以識之而已，以神之從違，未可必也。

既朝哭，主人皆往，兆南北面，免絰。 注：兆，域也，新營之處。免絰者，求吉，不敢純凶。

蕙田案：免絰者，除絰也，以對神，不可純凶，故去絰而不用，與袒免之免不同。

命筮者在主人之右。 注：命尊者，宜由右出也。少儀曰：「贊幣自左，詔辭自右。」**筮者東面，抽上韇，兼執之，南面受命。** 注：韇，藏筴之器也。兼與筴執之。疏：云「抽上韇」，則下韇未抽，待用筮時乃并抽也。

盛氏世佐曰：命筮者，宰也。在主人之右，亦北面，南面受命，鄉主人也。

命曰：「哀子某，爲其父某甫筮宅，度兹幽宅兆基，無有後艱？」 注：某甫，且字也，若言山甫、孔甫矣。宅，居也。度，謀也。兹，此也。基，始也。言爲父筮葬居，今謀此以爲幽冥居兆域之始，得無後將有艱難乎？艱難，謂有非常，若崩壞也。孝經曰：「卜其宅兆而安厝之。」

張氏爾岐曰：兆基，域兆之基址也。

筮人許諾，不述命，右還，北面，指中封而筮。 **卦者在左。** 注：述，循也。既受命而申言之曰述。不述者，士禮略。凡筮，因會命筮爲述命。中封，中央壤也。卦者，識卦爻畫地者。**卒筮，執**

卦以示命筮者。命筮者受視，反之。東面旅占，卒，進告于命筮者與主人：「占之曰從。」注：卒筮，卦者寫卦示主人，乃受而執之。旅，衆也。反與其屬共占之，謂掌連山、歸藏、周易者。從猶吉也。主人經，哭，不踊。若不從，筮擇如初儀。注：更擇地而筮之。歸，殯前北面哭，不踊。注：易位而哭，明非常。疏：朝夕哭當在阼階下西面，今筮宅來北面哭者，是易位，非常故也。

欽定義疏：筮宅而哭殯，以親體之將遠而彌悲之也。亦若將以所筮吉之處告者然。下卜日哭同。

蕙田案：以上筮宅。

既井椁，主人西面拜工，左還椁，反位，哭，不踊。婦人哭于堂。注：既，已也。匠人爲椁，刊治其材，以井構于殯門外也。反位，拜位也。既哭之，則往施之竁中矣。主人還椁，亦以既朝哭矣。

張氏爾岐曰：左還椁，循行一週，視其良楛也。

欽定義疏：古者椰木，件列而疊積之。井構者，以其材兩縱兩横，層層以上，若井字然，所以使其乾腊也。

獻材于殯門外，西面北上，綪。主人徧視之，如哭椁。獻素、獻成亦如之。注：材，明器之材。視之，亦拜工左還。形法定爲素，飾治畢爲成。疏：明器須好，故有三時獻法。上椁材既多，不須獻，直觀之而已。

張氏爾岐曰：檀弓云：「既殯旬，而布材與明器。」經言「還椁」「獻材」，在筮宅卜日之間，知彼二事俱在旬内外也。

蕙田案：以上哭椁哭器。

卜日，既朝哭，皆復外位。卜人先奠龜于西塾上，南首，有席。楚焞置于燋，在龜東。注：楚，荆也。荆焞，所以鑽灼龜者。燋，炬也，所以燃火者也。周禮菙氏：「掌共燋契，以待卜事。凡卜，以明火爇燋，遂灼其焌契，以授卜師，遂以役之。」

張氏爾岐曰：周禮所謂燋，即此燋；所謂焌契，即此楚焞也。

族長涖卜，及宗人，吉服立于門西，東面南上。占者三人在其南，北上。卜人及執燋、席者在塾西。注：族長，有司掌族人親疏者也。涖，臨也。吉服，服玄端也。占者三人，掌玉兆、瓦兆、原兆者也。在塾西者，南面東上。疏：宗人，掌禮之官，非卜筮者。闔東扉，主婦立于其内。注：扉，門扉也。席于闑西閾外。注：爲卜者也。宗人告事具。主人北面，免絰，左擁之。涖卜即位于門東，西面。注：涖卜，族長也。更西面，當代主人命卜。卜人抱龜燋，先奠龜，西首，燋在北。注：既奠燋，又執龜以待之。疏：卜人抱龜燋，謂從塾上抱鄉閾外待也。先奠龜，次奠燋，既奠燋，又取龜執之以待授與宗人。**宗人受卜人龜，示高。**注：以龜腹甲高起所當灼處示涖卜也。**涖卜受視，反之。宗人還，少退，受命。**注：受涖卜命。授龜宜近，受命宜卻也。**命曰：「哀子某，來日，卜葬其父某甫，考降無有近悔。」**注：考，登也。降，下也。言卜此日葬，魂神上下，得無近於咎悔者乎？

郝氏敬曰：考，稽也。洪範云：「明用稽疑。」魂歸於土曰降。

張氏爾岐曰：考，父也。降，骨肉歸復於土也。卜得吉，則體魄永安，不近於悔矣。

盛氏世佐曰：落成曰考。春秋：「考仲子之宫。」詩序云：「斯干，宣王考室也。」居室成曰考室，幽宅成亦曰考降。近悔，如雨不克葬之類。有近悔則不得考降矣。筮宅爲久遠之計，故慮有後艱。卜日乃目前之事，故期無近悔。

蕙田案：「考降」之義，諸説不同，盛氏較長。

許諾，不述命，還即席，西面坐，命龜，興，授卜人龜，負東扉。注：宗人不述命，亦士禮略。凡卜，述命，命龜異。龜重，威儀多也。負東扉，俟龜之兆也。

盛氏世佐曰：許諾者，宗人也。命龜之詞蓋曰：「假爾大龜有常，哀子某來日某，卜葬其父某甫考降無有近悔。」大夫以上卜，既述命，又命龜。筮則述命，遂以命蓍，不重爲之。士卜，不述命而命龜，筮則不述命，亦不命蓍，此卜筮之辨也。

卜人坐，作龜，興。注：作猶灼也。周禮卜師〔一〕：「凡卜事，示高。揚火以作龜，致其墨。」興，起也。宗人受龜，示涖卜。涖卜受視，反之。宗人退，東面。乃旅占。卒，不釋龜，告於涖卜與主人：「占曰『某日從』。」注：不釋龜，復執之也。授卜人龜。告於主婦，主婦哭。注：不執龜者，下主人也。告於異爵者。使人告於衆賓。注：衆賓，僚友不來者也。疏：上云「既朝哭，皆復外位」，外位中有異爵卿大夫等，故就位告之。

卜人徹龜。宗人告事畢。主人絰，入，哭，如筮宅。賓出，拜送。

敖氏繼公曰：云徹龜，則是鄕者復奠於西塾上以待事畢也。拜送賓，蓋於外門外。

盛氏世佐曰：如筮宅，如其殯前北面哭，不踊也。

若不從卜，擇如初儀。

敖氏繼公曰：更擇日而卜之。曲禮曰：「喪事先遠日。」曰擇，則其相去不必旬有一日矣。蓋與吉禮筮日遠近之差異也。古者士三月而葬，日之先後，當以此爲節。

蕙田案：以上卜日。

右儀禮士喪禮

〔一〕「卜師」，諸本作「卜人」，據周禮注疏卷二四改。

五禮通考卷二百六十一

凶禮十六

喪禮

儀禮既夕

儀禮既夕：鄭目録云：士喪禮之下篇也。既，已也。謂先葬二日，已夕哭時，與葬間一日。凡朝廟日，請啓期，必容焉。此諸侯之下士一廟，其上士二廟，則既夕哭，先葬前三日。别録名士喪禮下篇。

既夕哭。注：既，已也，謂出門哭止，復外位時。請啓期，告於賓。注：將葬，當遷柩于祖，有司於是乃請啓肂之期於主人〔一〕，以告賓。賓宜知其時也。

〔一〕「于祖有司」，原脱，據味經窩本、乾隆本、光緒本、儀禮注疏卷三八補。

張氏爾岐曰：請啓期，主人曰在明旦，有司遂以告賓。

蕙田案：以上請啓期，是葬前二日事。

夙興，設盥於祖廟門外。注：祖，王父也。下士祖禰共廟。　疏：此設盥亦在門外東方，如大斂也。

盛氏世佐曰：大夫士將出，必先釋幣於禰，故將葬亦朝焉，所以達死者之志也。兼朝祖者，祖亦平生所逮事也。官師一廟，據尊者而言，故惟云祖。其有二廟者，則各於其廟朝之。

陳鼎，皆如殯。東方之饌亦如之。注：皆，皆三鼎也。如殯，如大斂既殯之奠。　侇牀饌於階間。注：侇之言尸也。朝正柩，用此牀。　疏：謂柩至祖廟兩楹之間，尸北首之時，乃用此牀。

蕙田案：以上陳朝祖奠。

二燭俟於殯門外。注：早闇，以爲明也。燭用蒸。　疏：大曰薪，小曰蒸。　丈夫髽，散帶垂，即位如初。注：爲將啓變也，此互文以相見耳。髽，婦人之變。喪服小記曰：「男子免而婦人髽，男子冠而婦人笄。」如初，朝夕哭門外位。　疏：髽是婦人之變，則免是男子之變。今丈夫見其人不見免，則丈夫當免矣；婦人見其髽不見人，則婦人當髽矣，故云「互文以相見耳」。小斂之時，斬衰男子括髮，齊衰以下男子免。啓殯之後，雖斬衰亦免，而無括髮。

熊氏朋來曰：小記「男子免，婦人髽」，自足爲證。既夕經文必亦如小記所言，而有脱字，注者妄謂互文，適以惑人也。

盛氏世佐曰：丈夫髺髮免，婦人髽，其制一也，因男女異其名耳。丈夫之髺髮免，皆去冠；婦人之髽，不皆去笄。上篇云「婦人髽於室」，是時未成服，去笄而髽，以對丈夫髺髮免而言。喪服經云「布總，箭笄，髽，衰，三年」，笄、髽並言，則著笄亦復著髽矣，此男女之別也。丈夫而言髽者，散文通也。變免言髽者，以是時斬衰者當髺髮，齊衰以下乃著免。言免不得兼髺髮，言髽則得兼髺髮免也。不言婦人者，丈夫如此，則婦人之變可知。斬衰者麻髽，齊衰以下皆布髽矣。

蕙田案：以喪服小記證之，則「丈夫」以下當有脱字，注疏以爲互文，亦曲解也。盛氏之説與注疏異，附之以備一解，未識果是否也。

婦人不哭，主人拜賓，入，即位，袒。注：此不蒙如初者，以男子入門不哭也。不哭者，將有事，止讙囂也。

商祝免，袒，執功布入，升自西階，盡階，不升堂，聲三，啓三，命哭。注：功布，灰治之布也。執之以接神，爲有所拂仿也。聲三，三有聲，存神也。啓三，三言啓，告神也。舊説以爲聲，噫興也。今文「免」作「絻」。疏：拂仿，猶言拂拭。燭入。注：照徹與啓殯者。疏：一燭入室中照徹奠[一]，一燭

[一]「入」，儀禮注疏卷三八作「於」。

於堂照開殯肂也。**祝降，與夏祝交于階下，取銘置於重。**注：祝降者，祝徹宿奠降也。與夏祝交，事相接也。夏祝取銘，置於重，爲啓肂遷之。吉事交相左，凶事交相右。疏：此祝不言商、夏，則周祝也。燭入室時，周祝從而入，徹宿奠，降，降時，夏祝自下升取銘。降置於重〔一〕，爲妨啓殯故也。周祝降階當近東，夏祝升階當近西，是交相右也。**踊無算。**注：主人也。疏：此開棺柩之時。**商祝拂柩用功布。幠用夷衾。**注：拂，去塵也。幠，覆之，爲其形露。疏：夷衾於後無徹文，當隨柩入壙矣。

盛氏世佐曰：此不見舉殯者升之節，亦文不具。

蕙田案：以上啓殯。

遷於祖，用軸。注：遷，徙也。徙於祖，朝祖廟也。檀弓曰：「殷朝而殯於祖，周朝而遂葬。」蓋象平生時，將出，必辭尊者。軸，輁軸也。軸狀如轉轔，刻兩頭爲軹，輁狀如長牀，穿桯，前後著金乃關軸焉。大夫、諸侯以上有四周，謂之輴。天子畫之以龍。

黄氏榦曰：案本經記有朝禰一節，禮畢乃適祖。今經文但言朝祖，注云「上士祖禰異廟，下士祖禰共廟」，專言祖者，共廟，則舉祖以包禰；兼言禰者，異廟，則先禰而後祖。經言下士，記言上士，文有

〔一〕「置」，原作「至」，據光緒本、儀禮注疏卷三八改。

詳略，蓋互見耳。

重先，奠從，燭從，柩從，燭從，主人從。注：行之序也。主人從者，丈夫由右，婦人由左，以服之親疏爲先後，各從其昭穆。男賓在前，女賓在後。疏：柩前後有燭，以柩車隔闇，故各有燭以照道。及至廟，燭在前者，升炤正柩，在後者在階下，炤升柩。

郝氏敬曰：奠，即室中先夕之奠。燭，即前二燭。

蕙田案：奠者，昨日之夕奠，設於室中者也。以其從殯宫而來，故下注謂之從奠。重與奠，皆神之所馮依，故啓殯遷祖之日，以二者先柩而行也。

升自西階。注：柩也。猶用子道，不由阼也。

敖氏繼公曰：升自西階，神之也。凡柩，歸自外而入廟者，既小斂，則升自阼階，未忍異於生也。既大斂，則升自西階。此亦入廟耳，故其禮與大斂而入者同。

奠俟於下，東面北上。注：俟正柩也。主人從升，婦人升，東面。衆主人東即位。注：東方之位。疏：舉主婦東面，主人西面可知。唯主人主婦升，衆主人從柩至西階下，遂鄉東階下，即西面位。

蕙田案：「衆主人東即位」，監本脱「主」字，據張爾岐本增入。

正柩於兩楹間，用夷牀。注：兩楹間，象鄉户牖也。是時柩北首。疏：户牖之間，賓客之位，亦是人君受臣子朝事之處。父母神之所在，故於兩楹之間，北面鄉之。**主人柩東，西面。置重如初。**注：如殯宫時也。疏：亦如上篇三分庭一在南而置之。**席升，設於柩西。奠設如初，巾之。升降自西階。**注：席設於柩之西，直柩之西，當西階也。從奠設如初，東面也。不統於柩，神不西面也。不設柩東，東非神位也。巾之者，爲禦當風塵。疏：殯宫朝夕奠設於室中者，從柩而來，還據室中東面設之於席前也。

楊氏復曰：喪奠之禮有三變：始死，奠於尸東。小斂奠亦如之。既殯，奠於奥，設席東面。朝夕奠、朔月奠、薦新奠亦如之。啓殯入廟，席設於柩西，奠設如初。如初者，如室中之神席東面也。朝祖奠亦如之。降奠及祖奠、遣奠皆如之，但設於柩東爲異。

主人踊無算，降，拜賓，即位踊，襲。主婦及親者由足，西面。注：設奠時，婦人皆室户西，南面，奠畢，乃得東面。親者西面。堂上迫，疏者可以居房中。疏：主人從殯宫中降拜賓，入即位，袒，至此乃襲。襲者，先即位踊，踊訖，乃襲絰於序東也。設奠之時，婦人辟之户西，南面。待設奠訖，乃由柩足鄉東，西面。不即鄉柩東西面者，以主人在柩東，待奠訖，主人降拜賓，婦人乃得東也。

郝氏敬曰：由足，柩北首，以南爲足。

蕙田案：以上朝祖。

薦車直東榮，北輈。注：薦，進也。進車者，象生時將行陳駕也。今時謂之魂車。輈，轅也。車當東榮，東陳西上於中庭。疏：以明旦將行，故豫陳車。此車非載柩之車，即記云薦乘車、道車、稾車也。以此言之，先陳乘車，次陳道車，次陳稾車。質明，滅燭。注：質，正也。徹者升自阼階，降自西階。注：徹者，辟新奠，不設序西南。已再設爲褻。疏：徹者，徹去從奠，以辟新奠也。乃奠如初，升降自西階。注：爲遷祖奠也。奠升不由阼階，柩北首，辟其足。疏：「如初」者，亦於柩西當階之上，東面席前奠之。

欽定義疏：從奠，即昨日之夕奠也。此遷祖奠，則本日之朝奠矣。惟於質明後不用燭耳。徹從奠而後設遷祖奠，徹遷祖奠而後設祖奠，祖奠則殷奠也。凡設殷奠，當夕則不夕奠，當朝則不朝奠，以日奠不過於二也。

朱子語類：問：朝祖時有遷祖奠，恐在祖廟之前。祖無奠而亡者難獨饗否？曰：不須如此理會。禮説有奠處自合有，無奠處自合無，更何用疑？

欽定義疏：始死之後，將葬柩行之前，無頃刻離於奠者，直以是爲魂魄之凴焉。若祖禰在廟而以喪奠干之，是黷且不類也。問者昧於吉凶之分，非可與言禮者，故朱子以不答答之。

主人要節而踊。注：節，升降。疏：奠升時主人踊，降時婦人踊。由重南，主人踊。此不言婦人，文不具也。薦馬，纓三就，入門，北面，交轡，圉人夾牽之。注：駕車之馬，每車二匹。纓，今馬鞅也。就，成也。諸侯之臣，飾纓以三色而三成。此三色者，蓋條絲也。其著之如罽然。天子之臣，如其命數，王之革路條纓。圉人，養馬者。在左右曰夾。既奠乃薦馬者，爲其踐污廟中也。凡入門，參分庭一在南。疏：此三色，如聘禮記「三色，朱、白、蒼也」。御者執策，立于馬後，哭成踊，右還出。注：主人於是乃哭踊者，薦車之禮成於薦馬。疏：主人哭踊訖，馬則右還而出。賓出，主人送於門外。

觀承案：喪禮主哀，薦車薦馬時，主人無不哭踊之理，故注以此哭成踊指主人言，未嘗不是。但玩文義，則上直云「御者執策」云云，而下文「賓出」，始指明「主人」送，則敖氏謂此哭踊乃指御者言，於文既順，於理亦更周至。蓋臨喪當哀，與其事者亦應有哭踊時。至主人之哭踊，固不言可知爾。

蕙田案：以上薦車馬，設遷祖奠。

有司請祖期。注：亦因在外位請之，當以告賓。每事畢輒出。將行而飲酒曰祖。祖，始也。曰：「日側。」注：側，昳也，謂將過中之時。

張氏爾岐曰：主人應有司之辭。

主人入，袒，乃載，踊無筭。卒束，襲。注：袒，爲載變也。乃舉柩卻下而載之。束，束棺於柩車。賓出，遂匠納車於階間，謂此車。　疏：柩在堂，北首，今卻下以足鄉前，下堂載於車也。喪大記云：「君蓋用漆，三衽三束。」檀弓曰：「棺束，縮二横三。」彼是棺束，此云「卒束」，則非棺束，是載柩訖，乃以物束棺，使與柩車相持不動也。

敖氏繼公曰：主人入袒，當在阼階下。既載，則在柩東。柩東之位，亦當柩少北。

降奠，當前束。注：下遷祖之奠也。當前束，猶當尸腢也，亦在柩車西。束有前後也。　疏：未束以前，其奠使人執之，待束訖，乃降奠之當束也。

郝氏敬曰：當柩車西之前束，柩北首，奠當尸右肩也。

商祝飾柩，一池，紐前䞓後緇，齊三采，無貝。注：飾柩，爲設牆柳也。「巾奠乃牆」，謂此也。牆有布帷，柳有布荒。池者，象宫室之承霤，以竹爲之，狀如小車笭，衣以青布。一池縣於柳前。士不揄絞。紐，所以聯帷荒，前赤後黑，因以爲飾。左右面各有前後。齊居柳之中央，若今小車蓋上蕤矣。以三采繒爲之，上朱，中白，下蒼。著以絮，元士以上有貝。　疏：柩車，即周禮蜃車也。四輪迫地，兩畔豎軨子，以帷繞之，上以荒，一池懸於前面荒之爪端，荒上中央加齊。喪大記注云：「在傍曰帷，在上曰荒，皆所以衣柳也。」則帷、荒總名爲柳。柳之言聚，諸飾之所聚也。對言之，則帷爲牆，象宫室有牆壁；荒爲柳，以其荒有黼黻及齊三采諸色所聚，故得柳名。總而言之，巾奠乃牆。及檀弓云「周人牆置翣」，皆牆中兼有柳；縫人云「衣翣柳之材」，柳中兼墻矣。喪大記：「君三池，大夫二池，士一池。」君三面俱有，大夫縣於兩相，士縣於柳前面而已。「士不揄絞」者，揄，鷂也。絞者，倉黄之色。人君於倉皇色繒上又畫鷂雉之形，縣於池下，大夫士則闕之。齊，若人之臍，亦居身之中央也。喪大記云「士齊，三采一貝」，注云：「齊，象車蓋蕤，縫合雜采爲之，形如爪分然，綴貝落其上及旁。」彼爲天子元士，故有貝。此諸侯之士，故無貝也。

張氏爾岐曰：飾柩，在旁爲牆，牆有帷。在上爲柳，柳有荒。牆柳，自其縛木爲格者而言；帷荒，自其張於外者而言。池象承霤，即檐也。紐垂於四隅。齊者，柳之頂結也。

設披。注：披，絡柳棺上，貫結於戴，人居旁牽之，以備傾虧。喪大記曰：「士戴前纁後緇，二披，用纁。」

張氏爾岐曰：以帛繫棺紐着柳骨，謂之戴。又以帛繫戴，而出其餘於帷外，使人牽之，謂之披。

屬引。注：屬猶著也。引，所以引柩車。在軸輴曰紼。古者人引柩，春秋傳曰：「坐引而哭之三。」疏：引，謂紼繩屬著於柩車。

欽定義疏：棺飾曰柳，蓋以杞柳爲骨，而外以布衣之。柳者，以其質言。牆者，以其形言也。池，孔氏謂織竹爲籠，蓋爲長籠仰之類池也。齊，荒之頂也，若今之轎頂然。束棺於柩車者曰束。連繫棺束與柳材而結之者曰戴。貫結於戴而出之於外人居旁牽之者曰披。車之轅前後出横縛於轅以屬引者曰輅。以長繩屬輅之兩端而人引之者曰引。行道曰引，在棺曰紼。

蕙田案：以上載柩、飾柩車。

陳明器於乘車之西。注：明器，藏器也。檀弓曰：「其曰明器，神明之也。」言神明者，異於生器。「竹不成用，瓦不成味，木不成斵，琴瑟張而不平，竽笙備而不和，有鐘磬而無筍簴。」陳器於乘車之西，則重之北也。折，横覆之。注：折，猶庪也，方鑿連木爲之。蓋如牀，而縮者三，横者五，無簀。窆事畢，加之壙上，以承抗席。横陳之者，爲苞筲以下緡於其北，便也。覆之，見善面也。疏：折加於壙時，善者鄉下。今陳之，反善面鄉上也。抗木，横三縮二。注：抗，禦也，所以禦止土者。其横與縮，各足掩壙。疏：明器由羨道入壙口，惟以下棺，大小容棺而已。今抗木亦足掩壙口也。加抗席三。注：席，所以禦塵。疏：加者，加於抗木之上。加茵，用疏布，緇翦，有幅，亦縮二横三〔一〕。注：茵，所以藉棺者。翦，淺也。幅，緣之。亦者，亦抗木也。及其用之，木三在上，茵二在下，象天三合地二，人藏其中焉。疏：以後陳者先用，故先陳抗木於上，次陳抗席，而後陳茵。及葬時，茵先入壙。

〔一〕「三」，原作「二」，據味經窩本、光緒本、儀禮注疏卷三八改。

窆事訖，加折壙上，則先用抗席，後用抗木，是其次也。折於抗席前用而不加於抗席之上者，以長大，故別陳於南，用之仍在茵後。

張氏爾岐曰：茵設壙中，先布横三，乃布縮二。厝柩後，施抗壙上，先用縮二，乃用横三。注云「木三在上，茵二在下」，據既設後人所見而言也。其實抗茵皆三者在外，二者在内，如渾天家地之上下周匝皆有天也。

器，西南上，綪。注：器，目言之也。陳明器，以西行南端爲上。綪，屈也，不容則屈而反之。茵。注：茵在抗木上，陳器次而北也。疏：茵非明器而言之者，陳器從此茵鄉北爲次第故也。苞二。注：所以裹奠羊豕之肉。疏：下文既設遣奠，而云「苞牲，取下體」，故知苞二所以裹奠羊豕之肉。筲三，黍、稷、麥。注：筲，畚種類也。其容蓋與簋同一觳也。疏：筲，以菅草爲之。畚器所以盛種，此筲與畚同類也。甕三，醯、醢、屑，冪用疏布。注：甕，瓦器，其容亦蓋一觳。屑，薑桂之屑也。内則曰：「屑桂與薑。」冪，覆也。甒二，醴、酒，冪用功布。注：甒，亦瓦器。皆木桁，久之。注：桁，所以庪苞筲甕甒也。久當爲灸。灸謂以蓋案塞其口。每器異桁。用器：弓、矢、耒耜、兩敦、兩杅、槃、匜。匜實於槃中，南流。注：此皆常用之器也。杅，盛湯漿。槃、匜，盥器也。流，匜口也。

敖氏繼公曰：耒耜，田器也。此有爵矣，乃以耒耜爲用器，爲其有圭田故也。圭田者，主人所親耕以共祭祀之齊盛者也。

無祭器。注：士禮略也。大夫以上兼用鬼器、人器也。疏：明器，鬼器也。祭器，人器也。士禮略，無祭器，有明器而實之。大夫以上，尊者備，故兩有。若兩有，則實祭器，不實明器。有燕樂器可也。注：與賓客燕飲用樂之器也。役器：甲、胄、干、笮。注：此皆師役之器。甲，鎧。胄，兜鍪。干，楯。笮，矢箙。燕器：杖、笠、翣。注：燕居安體之器也。笠，竹䈰蓋也。翣，扇。疏：杖所以扶身，笠所以禦暑，翣所以招涼，皆燕居用之。

張氏爾岐曰：載柩、陳器二事畢，則日及側矣。

蕙田案：以上陳明器。

徹奠，巾席俟於西方。主人要節而踊。注：巾席俟於西方，祖奠將用焉。要節者，來象升，丈夫踊；去象降，婦人踊。徹者，由明器北，西面。既徹，由重南東。不設於序西南者，非宿奠也。宿奠必設者，爲神馮依之久也。

張氏爾岐曰：此所徹遷祖之奠，爲將旋柩鄉外，更設祖奠，故遷之。巾席，即所徹奠之巾席。俟者，奠已東去，而巾席猶執以俟也。注「象升」、「象降」者，此奠在庭，徹者無升降之事，止有往來。主人以其往來爲踊節，與徹室中之奠升階降階者同，故云象也。

袒。注：爲將祖變。商祝御柩，注：亦執功布居前，爲還柩車爲節。乃祖。注：還柩鄉外，爲行始。疏：旋柩車，使轅鄉外也。踊，襲，少南，當前束。注：主人也。柩還則當前束南。疏：

前祖爲祖變，今既祖訖，故踊而襲。車未還之時，當前束近北，今還車，則當前束少南。**婦人降，即位於階間。**注：爲柩將去有時也。位東上。疏：云「位東上」者，以堂上時婦人在阼階，西面，統於堂下男子。今柩車南還，男子亦在車東，故婦人降，亦東上，統於男子也。婦人不鄉車西者，以車西有祖奠，故辟之在車後。

張氏爾岐曰：婦人在車後南面，故注云「東上」。

祖，還車，不還器。注：祖有行漸，車亦宜鄉外也。器之陳，自己南上。

張氏爾岐曰：車，前所薦之乘車、道車、槀車也。陳器本自南上，不須更還也。

祝取銘，置於茵。注：重不藏，故於此移銘加於茵上。疏：初死，爲銘置於重，啓殯、祖廟皆然。今將行置於茵者，重不藏，擬埋於廟門左。茵是入壙之物，銘亦入壙之物，故置於茵也。**二人還重，左還。**注：重與車馬還相反，由便也。疏：車馬在中庭之東，以右還鄉門爲便；重在門内面鄉北，人在其南，以左還鄉門爲便。**布席，乃奠如初，主人要節而踊。**注：車已祖，可以爲之奠也，是之謂祖奠。疏：祖奠既與遷祖奠同車西，人皆從車西來，則此要節而踊，一與遷祖奠同。

楊氏復曰：要節而踊者，來從重北而西，降由重南而東。來象升，大夫踊；出象降，婦人踊，所謂要節也。

薦馬如初。注：柩動車還，宜新之也。**賓出，主人送。有司請葬期。**注：亦因在外位時。

入，復位。注：主人也。自死至於殯，自啓至於葬，主人及兄弟恒在內位。疏：自死至於殯在內位，據在殯宮中。自啓至於葬在內位，據在祖廟中。始死，未小斂以前，位在尸東；小斂後，位在阼階下。若自啓之後，在廟位，亦在阼階下也。

張氏爾岐曰：主人既以葬期命有司，而遂入。

蕙田案：以上祖奠。

公賵，玄纁束，馬兩。注：公，國君也。賵，所以助主人送葬也。兩馬，士制也。春秋傳曰：宋景曹卒，魯季康子使冉求賵之以馬，曰：「其可以稱旌繁乎？」疏：春秋傳見哀公二十三年。引之者，證公有賵馬助人之事。擯者出請，入告。主人釋杖，迎於廟門外，不哭，先入門右，北面，及衆主人袒。注：尊君命也，衆主人自若西面。馬入設。注：設於庭，在重南。賓奉幣，由馬西當前輅，北面致命。注：賓，使者。幣，玄纁也。輅，轅縛，所以屬引。由馬西，則亦當前輅之西，於是北面致命，得鄉柩與奠。柩車在階間少前，三分庭之北。輅有前後。疏：賓，使者，即士也。輅者，以木縛於柩車轅上以屬引，於上而挽之，故名轅縛也。主人哭，拜稽顙，成踊。賓奠幣於棧左服，出。注：棧，謂柩車也。凡士車制無漆飾，左服，象授人授其右也。服，車箱。疏：主人哭拜，仍於門右北面，柩車四輪迫地，無漆飾，故言棧也。此車南鄉，以東爲左；尸在車上，以東爲右，故奠左服，象授尸右也〔一〕。宰由主人之北，舉幣以東。注：柩東，主人位。以東，藏之。疏：此時主人仍在門東，北面，此位雖無主人，既有定位，宰不得履之，故由其北也。士受馬以出。注：此士，謂胥徒之長也。有勇力者受馬。聘禮曰：「皮馬相間，可也。」主人送於外門外，拜，襲，入復位，杖。

敖氏繼公曰：此亦爲君命袒，故既送使者則襲於外。

蕙田案：以上公賵。

賓賵者將命。注：賓，卿大夫士也。疏：言「將命」者，身不來，遣使者將命告主人。擯者出請，入告，出告須。注：不迎，告曰「孤某須」。馬入設。賓奉幣，擯者先入，賓從，致命如初。注：初，公使者。主人拜於位，不踊。注：柩車東位也，既啓之後，與在室同。疏：始死時，庶兄弟襚，使人以將命于室，主人拜於位。此主人亦拜於位，俱是不爲賓出，有君命亦出迎矣。賓奠幣如初，舉幣、受馬如初。擯者出請。注：賓出在外，請之，爲其復有事。疏：若無事，賓報事畢，送去也。若奠，注：賓致可以奠也。疏：所致之物，或堪爲奠者也。入告，出，以賓入，將命如初。士受羊如受馬。注：士亦謂胥徒之長。

〔一〕「尸」，諸本作「人」，據儀禮注疏卷三九改。

敖氏繼公曰：如受馬，如其受之以出也。羊者，士葬奠之上牲，故此奠者用之。奠不用幣。

又請。注：又，復也。

郝氏敬曰：賓又出，擯又請。

若賵，注：賵之言補也，助也。貨財曰賵。入告。主人出門左，西面。賓東面將命。注：主人出者，賵主施於主人。主人拜，賓坐委之。宰由主人之北，東面舉之，反位。注：坐委之，明主人哀慼，志不在受人物。反位，反主人之後位。疏：宰位在主人之後。若無器，則捂受之。注：謂對相授，不委地。又請，賓告事畢，拜送，入。

張氏爾岐曰：主人入。

欽定義疏：賵、奠、贈，主人皆不出，而獨爲賵出。蓋賵不施於死者，則賓固不入至柩車之前致命也，主人豈得不出廟門而受之乎？或疑爲輕禮而重財，非也。

贈者將命。注：贈，送。

張氏爾岐曰：謂以幣若器送死者也。

擯者出請，納賓如初。注：如其入告，出告須。賓奠幣如初。注：亦於棧左服。若就器，則坐奠於陳。注：就猶善也。贈無常，惟翫好所有。陳，明器之陳。

張氏爾岐曰：謂乘車之西，陳明器之處所也。

凡將禮，必請而后拜送。注：雖知事畢猶請，君子不必人意。**兄弟，賵、奠可也。**注：兄弟，有服親者，可且賵且奠，許其厚也。賵奠於死生兩施。**所知，則賵而不奠。**注：所知，通問相知也，降於兄弟。奠，施於死者爲多，故不奠。**知死者贈，知生者賻。**注：各主於所知。

盛氏世佐曰：兄弟，兼同姓、異姓言也。兄弟戚矣，必賵奠兼行，於情始稱。然容有貧而無以爲禮者，聖人不責備焉。經云「可也」者，非許其厚，乃所以恤其無也。不言賻與贈者，所知且然，兄弟可知也，但其厚薄，亦稱家爲之耳。所知，兼知死、知生者言也。許其賵者，助喪以賵爲重也；不許其奠者，禮過其情，君子惡其不誠也。既不奠矣，而又許其贈若賻者，所以伸其情也。有餘而好行其德，聖人亦不禁也。檀弓云：「朋友，吾哭諸寢門之外。所知，吾哭諸野。」則所知疏於朋友矣。推朋友之情，亦當賵奠並有，而禮必稱其家之有無，不可預定，故空其文也。

書賵於方，若九，若七，若五。注：方，板也。書賵奠賻贈之人名與其物於板，每板若九行，若七行，若五行。**書遣於策。**注：策，簡也。遣猶送也。謂所當藏物茵以下。疏：聘禮記云：「百名以上書於策，不及百名書於方。」以賓客贈物名字少，故書於方。遣送死者明器之等并贈死者玩好之物名字多，故書之於策。**乃代哭如初。**注：棺柩有時將去，不忍絶聲也。初，謂既小斂時。**宵，爲燎於門內之右。**注：爲哭者爲明。疏：門內之右，門東也。柩車東有主人，階間有婦人，故於門右照之。

蕙田案：以上賓賵奠賻贈。自「夙興設盥於祖廟」至此，並葬前一日事。

厥明，陳鼎五於門外，如初。注：鼎五，羊、豕、魚、腊、鮮獸各一鼎也。士禮特牲三鼎，盛葬奠加一等，用少牢也。如初，如大斂奠時。疏：亦如大斂，陳鼎在廟門外。其實，羊左胖，注：反吉祭也。言左胖者，體不殊骨也。疏：特牲、少牢吉祭皆升右胖，此用左胖，故云「反吉祭」也。「體不殊骨」者，據脊、脇已上，膊、胳已下，共爲一也。髀不升，注：周貴肩賤髀。腸五，胃五，注：亦盛之也。疏：少牢用腸三、胃三，今加至五，亦是盛此奠也。離肺。注：離，搓。疏：搓離之，不絶中央少許。豕亦如之，豚解，無腸胃；注：如之，如羊左胖，髀不升，離肺也。豚解，解之如解豚，亦前肩、後肫、脊、脅而已。無腸胃者，君子不食溷腴。疏：豚解總有七段，今取左胖，則爲四段，與羊異也。

楊氏復曰：士喪禮「小斂陳一鼎於門外，其實特豚，四鬄，兩胉，脊」，然則四鬄者，殊左右肩、髀而爲四，又兩胉、一脊而爲七，此所謂豚解也。大斂、朔月奠、遣奠，禮雖寖盛，豚解合升如初。至虞，然後豚解、體解兼有焉。

魚、腊、鮮獸，皆如初。注：鮮，新殺者。士腊用兔，加鮮獸而無膚者，豕既豚解，略之。疏：腊、鮮二者皆用兔。葬奠用少牢，攝盛則當有膚〔一〕，與少牢同。以豕既豚解，喪事略，則無膚者，亦略之，

〔一〕「有」，原作「用」，據光緒本、儀禮注疏卷三九改。

而加鮮獸也。

蕙田案：士喪遣奠用五鼎，先王重葬禮，使同於大夫也。大夫五鼎有膚無鮮獸，此有鮮獸無膚，一則以喪祭不可同於吉祭，一則以大夫士尊卑不同，微示區別之義也。

東方之饌，四豆：脾析、蜱醢、葵菹、嬴醢。注：脾析，百葉也。蜱，蜯也。疏：周禮醢人注云：「脾析，牛百葉。」此用少牢無牛，當是羊百葉。**四籩：棗、糗、栗、脯。**注：糗，以豆糗粉餌。

張氏爾岐曰：據疏引籩人注，籩實有糗餌、粉餈二物。此經云糗，但糗餌也。二物皆稻黍米粉所爲，合蒸則爲餌，作餅熟之則爲餈。又糗與粉皆大豆末，初擣之則爲粉，熬之則爲糗，糝一物，使不粘着也。注云「以豆糗粉餌」，謂以豆之糗而粉此餌也。餌類今蒸糕，餈類今胡餅。

醴、酒。注：此東方之饌與祖奠同，在主人之南，當前輅，北上，巾之。疏：祖奠與大斂奠同二豆二籩，此葬奠四豆四籩，籩豆雖不同而同處耳。云「北上」者，蓋兩甒在北，次南饌四豆，豆南饌四籩也。

陳器。注：明器也，夜斂藏之。疏：至此厥明更陳之也。**滅燎，執燭俠輅，北面。**注：照徹與葬奠也。疏：二人執燭俠輅北面，輅西者照徹祖奠，輅東者照葬奠之饌。**賓入者，拜之。**注：明自啓至此，主人無出禮。疏：所以不出迎者，既啓之後，既覩尸柩，不可離位以迎賓，惟有君命乃出也。

敖氏繼公曰：亦鄉而拜之。

欽定義疏：蓋隨其入之先後而拜之，以葬日事繁期促，賓之執事於門外者必多，不得一時畢入也。

徹者入，丈夫踊，設於西北，婦人踊。注：猶阼階升時也，亦既盥乃入。入由重東，而主人踊，猶其升也。自重北西面而徹，設于柩車西北，亦猶序西南。疏：將設葬奠，先徹祖奠。徹者東。注：由柩車北，東適葬奠之饌。疏：以其徹訖當設葬奠，故徹者由柩車北，東適葬奠之饌，取而設於柩車西也。鼎入，注：舉入陳之也。陳之，蓋於重東北，西面北上，如初。乃奠，豆南上，綪。籩蠃醢南，北上，綪。注：籩蠃醢南，辟醴酒也。

張氏爾岐曰：先饌脾析於西南，次北蜱醢，蜱醢東葵菹，菹南蠃醢，是謂「南上，綪」。籩於蠃醢以南爲次，先設棗，棗南設糗，糗東設栗，栗北設脯，是謂「北上，綪」。籩之西、脾析之南設醴酒，故注云「辟醴酒也」。

俎二以成，南上，不綪，特鮮獸。注：成猶併也。不綪者，魚在羊東，腊在豕東。疏：於西南設羊，次北豕，以魚設於羊東，設腊於魚北，還從南爲始，是不綪也。鮮獸在北，無偶，故云「特」。

張氏爾岐曰：羊、豕、魚、腊之次，自南而北而東而南，迴環設之，爲綪。羊、豕、魚、腊併設，皆自南始，爲不綪。

醴酒在籩西，北上。注：統於豆也。奠者出，主人要節而踊。注：亦以往來爲節。奠由重北西，既奠，由重南東。疏：此奠饌在輅東，言由重北者，亦是由車前明器之北，鄉柩車西設之，設訖，由柩車南而東者，禮之常也。

蕙田案：以上遣奠。此奠亦曰葬奠。

甸人抗重，出自道，道左倚之。注：還重不言甸人，抗重言之者，重既虞將埋之，言其官，使守視之。抗，舉也。出自道，出從門中央也。不由闑東西者，重不反，變於恒出入。道左，主人位。今時有死者，鑿木置食其中，樹於道側，由此。疏：「道左倚之」者，當倚於門東北壁。

敖氏繼公曰：上篇言甸人置重於中庭，於此又言甸人，始終之辭也。所以見其間凡有事於重者，皆此甸人爲之。

欽定義疏：雜記「重，既虞而埋之」，蓋既不隨至壙所，又不可留於廟中，故於柩將行而因出之於外也。

薦馬，馬出自道。車各從其馬，駕於門外，西面而俟，南上。注：南上，便其行也。行者乘車在前，道、槀序從。疏：案下記云乘車載旜，「道車載朝服，槀車載簑笠」，是序從也。

蕙田案：以上出重與車馬。

徹者入，踊如初。徹巾，苞牲，取下體。注：苞者，象既饗而歸賓俎者也。取下體者，脛骨象行，又俎實之終始也。士苞三个，前脛折取臂臑，後脛折取骼，亦得俎釋三个。雜記曰：「父母而賓客之，所以爲哀。」疏：肩臂臑在俎上端，爲俎實之始；膞胳在俎下端，爲俎實之終。今取此兩端脛骨，苞以歸父母也。「士苞三个」者，自上之差。檀弓云：「國君七个，遣車七乘。大夫五个，遣車五乘。」遣車載所苞遣奠而藏之者，大夫以上乃有遣車，士無遣車，則所苞者不載於車，直持之而已。云「亦得俎釋三个」者，羊俎仍有肩、肫兩段在俎，豕左胖，豚解。今折取外仍有四段在俎，相通計之，爲俎釋三个，留之爲分禱五祀也。

張氏爾岐曰：牲陳於俎，其脛骨在兩端，故脛骨爲俎實之終始。士一苞之中有三个牲體：臂也，臑也，骼也。前陳器云「苞二」，羊、豕各一苞也。

不以魚腊。注：非正牲也。

蕙田案：以上苞牲。

行器。注：目葬行明器在道之次。

敖氏繼公曰：器謂折、抗席、抗木。行，謂舉之以出。

茵、苞、器序從，注：如其陳之先後。車從。注：次器。徹者出，踊如初。注：于是廟中當行者唯柩車。

蕙田案：以上行器。

主人之史請讀賵，執算從。柩東，當前束，西面。不命毋哭，哭者相止也，唯主人、主婦哭。燭在右，南面。注：史北面請，既而與執算西面，於主人之前讀書釋算。燭在右，南面，照書便也。讀書，釋算則坐。注：必釋算者，榮其多。疏：讀書者，立讀之，敬也。釋算者，坐爲釋之，便也。卒，命哭，滅燭。書與算執之以逆出。注：卒，已也。

郝氏敬曰：執算者先出，讀者從，爲逆出也。

公史自西方東面，命毋哭，主人、主婦皆不哭。讀遣，卒，命哭。滅燭，出。注：公史，君之典禮書者。遣者，入壙之物。君使史來讀之，成其得禮之正以終也。燭俠輅。

張氏爾岐曰：讀賵、讀遣皆以告死者。

盛氏世佐曰：讀賵釋算，讀遣不釋算者，以賵是賓物，不出於一人，故須一記之，以多爲榮；遣是主人之物，則但告數而已，人子之心不自見其多也。

蕙田案：以上讀賵、讀遣。

商祝執功布以御柩，執披。注：居柩車之前，若道有低仰傾虧，則以布爲抑揚左右之節，使引者、執披者知之。士執披八人。疏：葬時乘車，故有柩車前引柩者及在傍執披者，皆御治之，使執披者知其左右，引者知其上下也。

張氏爾岐曰：引柩者、執披者，皆視商祝所執布以用力也。

主人袒，乃行，踊無算。注：祖，爲行變也。乃行，謂柩車行也。凡從柩者，先後左右如遷於祖之序。　疏：上遷於祖時，注云：「主人從者，丈夫由右，婦人由左。」以服之親疏爲先後，各從其昭穆。男賓在前，女賓在後。此從柩向壙之序，一如之也。**出宫，踊，襲。**注：哀次。　疏：大門外有賓客次舍之處，父母生時接賓之所，主人至此，感而哀此次，是以有踊，踊訖即襲，襲訖而行也。

敖氏繼公曰：出宫而踊，哀親之遂離其室也，行路不宜袒，故於此而襲。

蕙田案：以上柩行。

至於邦門，公使宰夫贈玄纁束。注：邦門，城門也。贈，送也。　疏：邦門，國城北門也，至壙窆訖。時贈用制幣玄纁束，以其君物，故用之送終也。**主人去杖，不哭，由左聽命。賓由右致命。**注：柩車前輅之左右也。當時止柩車。　疏：在廟，柩車南鄉，左則在東。此出國北門，柩車鄉北，左則前輅之西也。**主人哭，拜稽顙。賓升，實幣於蓋，降。主人拜送，復位，杖，乃行。**注：升柩車之前，實其幣於柩蓋之柳中，若親授之然。　疏：賓升，實幣於蓋，載以之壙，此贈專爲死者故，若親授之然。云「復位，反柩車後」者，上在廟，位在柩車東，此行道，故在柩車後也。

欽定義疏：聘禮，聘卿行，舍於郊，公使卿贈，故公之使人贈其臣，亦以出國門爲節也。初喪既襚之矣，又或視其大斂矣，既則賵之，其柩行也又贈之。於士如此，則大夫以上又加厚可知。此堂廉不隔，同休共戚之情也。

蕙田案：以上公贈。

至於壙，陳器於道東西，北上。注：統於壙。疏：廟中南上，此則北上，故云統於壙也。茵先入，注：當藉柩也。元士則葬用輁軸，加茵焉。屬引。注：於是説載除飾，更屬引於緘耳。疏：棺束有前後，於束末皆爲緘耳，以紼貫結之而下棺。主人袒，衆主人西面，北上。婦人東面，皆不哭。注：俠羡道爲位。疏：不哭者，下棺宜静。

敖氏繼公曰：袒，爲窆變也。婦人亦北上，皆不哭，爲有事，不可喧譁也。

乃窆。主人哭，踊無算。注：窆，下棺也。疏：主人哭踊不言處，還於壙東西面也。襲，贈用制幣玄纁束。拜稽顙，踊如初。注：丈八尺曰制。二制合之。束，十制五合。疏：每一端丈八尺，二端爲一匹，五匹合爲十制也。

盛氏世佐曰：此贈幣，主人所自盡也，故拜稽顙以送之。不言公及賓所贈者，榮君之賜，公贈自當用之，賓贈則不必盡用，蓋亦如庶襚之例也。雜記云：「魯人之贈也，三玄二纁。」檀弓云：「既窆，主人贈，而祝宿虞尸。」則贈之出於主人明矣。疏云「即公所贈者」，蓋見「玄纁束」三字偶同，故附會之耳。

卒，袒，拜賓。主婦亦拜賓。即位，拾踊三，襲。注：主婦拜賓，拜女賓也。即位，反位也。疏：卒，謂贈卒更袒。拜賓云「反位」者，各反羡道東西位。其男賓在衆主人之南，女賓在衆主婦之南也。**賓出，則拜送。**注：相問之賓也。凡弔賓有五，去皆拜之，此舉中焉。　疏：「弔賓有五」者，案雜記云：「相趨也，出宫而退；相揖也，哀次而退；相問也，既封而退；相見也，反哭而退；朋友，虞祔而退。」此經既葬而退，是相見問遺之賓也。**藏器於旁，加見。**注：器，用器、役器也。見，棺飾也。更謂之見者，加此則棺柩不復見矣。先言藏器，乃云加見者，器在見内也。内之者，明君子之於事終不自逸也。檀弓曰：「周人牆置翣。」　疏：棺飾則帷荒也，加此則棺柩不復見，故名爲見也。帷荒在柩外，周人名爲牆，其外又置翣爲飾。**藏苞筲於旁。**注：於旁者，在見外也。不言甕甒，饌相次可知。四者兩兩而居。喪大記曰：「棺椁之間，君容柷，大夫容壺，士容甒。」**加折，卻之。加抗席，覆之。加抗木。**注：宜次也。

張氏爾岐曰：折陳之，美面向上，今用，則美面向下，故謂卻之。注云「宜次」，謂三者之用，有宜有次也。

實土三，主人拜鄉人。注：謝其勤勞。　疏：勤勞謂在道助執紼、在壙助下棺及實土也。**即位，踊，襲，如初。**注：哀親之在斯。　疏：既拜鄉人，乃於羨道東即位，踊無算，如初也。

蕙田案：以上窆自是葬事畢。

乃反哭，入，升自西階，東面。衆主人堂下，東面，北上。注：西階東面，反諸其所作也。

反哭者，於其祖廟，不於阼階西面。西方，神位。　疏：檀弓云：「反哭升堂〔一〕，反諸其所作也。」注云「親所行禮之處」是也。「反哭於祖廟」者，謂下士祖禰共廟，若適士二廟者，反哭，先於祖，後於禰，遂適殯宮也。特牲、少牢皆布席於奥，殯又在西階，是西方神位。主人非行事，直哭而已，故就神位。

敖氏繼公曰：反哭於祖廟者，爲其棺柩從此而出也。升自西階未變其鄉者，升堂之路也。升堂而不見，故但止於西階之上焉。此亦變於尸柩在堂之位也。

婦人入，丈夫踊，升自阼階。注：辟主人也。**主婦入於室，踊，出即位，及丈夫拾踊三。**注：入於室，反諸其所養也。出即位，堂上西面也。拾，更也。　疏：檀弓云：「主婦入於室，反諸其所養也。」注云：「親所饋食之處哭也。」自小斂已後，主婦等位皆在阼階上西面，是以知出即位者，阼階上西面也。凡成踊而拾，皆主人踊，主婦踊，賓乃踊，故云「更」也。

敖氏繼公曰：惟主婦入於室，則餘人先即位於阼矣。必入於室者，以其生時於此共祭祀也。入室又不見矣，故出而與主人相向而哭踊，同其哀也。

賓弔者升自西階，曰：「如之何？」主人拜稽顙。注：賓弔者，衆賓之長也。反而亡焉，失之矣，於是爲甚，故弔之。弔者北面，主人拜於位。不北面拜賓東者，以其亦主人位也。　疏：主人拜賓

〔一〕「升」，諸本作「於」，據儀禮注疏卷四〇改。

於西階上東面位，注云「亦主人位」者，特牲、少牢助祭之賓，主人皆拜送於西階東面，故此東面不移，以其亦主人位故也。

張氏爾岐曰：始死拜賓於西階。此反而亡，亦拜賓於西階，將無同歟？

賓降，出，主人送於門外，拜稽顙。注：此於雜記五賓，當相見之賓。**遂適殯宮，皆如啓位，拾踊三。**注：啓位，婦人入升堂，丈夫即中庭之位。疏：此如啓位，婦人亦即位於堂東西面，主人即位於堂下，直東序西面。直東序西面，即中庭位也。**兄弟出，主人拜送。**注：兄弟，小功以下也。異門大功，亦可以歸。疏：此兄弟等，始死之時，皆來臨喪，殯訖，各歸家。朝夕哭，則就殯所。至葬開殯，而來喪所。至反哭，亦各歸其家。至虞卒哭祭，還來預焉。故喪服小記云「緦、小功，虞卒哭則皆免」是也。

敖氏繼公曰：賓出自廟，兄弟出自殯宮，親疎之殺。

衆主人出門，哭止。闔門。主人揖，衆主人乃就次。注：次，倚廬也。

蕙田案：以上反哭。**是日即舉初虞之禮。**

猶朝夕哭，不奠。注：是日也，以虞易奠。

張氏爾岐曰：經言葬後至練，皆朝夕哭，與未葬同，但不奠耳。大斂以來，朝夕有奠，葬後乃不奠也。注言「是日」，謂葬之日，下注所云「朝而葬，日中而虞」是也。疏以爲釋不奠之故，尚未是。

三虞。注：虞，喪祭名。虞，安也。骨肉歸於土，精氣無所不之，孝子爲其彷徨，三祭以安之。朝葬，日中而虞，不忍一日離。

張氏爾岐曰：三虞，謂葬日初虞，再虞用柔日，後虞用剛日，共三祭也。

卒哭。注：卒哭，三虞之後祭名。始，朝夕之間哀至則哭，至此祭止也，朝夕哭而已。

張氏爾岐曰：後虞之後，又遇剛日，舉此祭。既祭則唯朝夕哭，不無時哭，故名其祭曰卒哭也。

盛氏世佐曰：自殯後未卒哭以前，其朝夕哭也〔一〕，兄弟、外兄弟、賓皆與焉。卒哭後小祥以前之朝夕哭，則惟主人、主婦哭於殯宮而已。既祔，仍哭於殯宮者，以其主尚在寢也。期而小祥，則不朝夕哭矣。然則卒哭云者，卒兄弟、外兄弟等之哭，而喪家之哭固未卒也已。

明日，以其班祔。注：班，次也。祔，卒哭之明日祭名。祔猶屬也，祭昭穆之次而屬之。

孔氏穎達曰：卒哭明日，而立主祔於廟，隨其昭穆，從祖父食。卒哭，主暫時祔廟畢，更還殯宮。至小祥作栗主入廟，乃埋桑主於祖廟門左埋重處。

欽定義疏：此數事皆因既葬反哭而終言之。

蕙田案：以上略舉葬後儀節。

〔一〕「哭」，原脱，據味經窩本、乾隆本、光緒本、儀禮集編卷三〇補。

記：

敖氏繼公曰：此上下二篇之記也。

士處適寢，寢東首於北墉下。注：將有疾，乃寢於適室。疏：若不疾，則在燕寢。東首，鄉生氣之所。有疾，疾者齊。注：正情性也。適寢者，不齊不居其室。養者皆齊。注：憂也。徹琴瑟。注：去樂。

欽定義疏：士無故不去琴瑟。今以疾故徹之，疾愈則仍設之也。

疾病，外内皆埽。注：爲有賓客來問也。疾甚曰病。徹褻衣，加新衣。注：故衣垢汙，爲來人穢惡之。疏：徹褻衣，據死者而言。徹褻衣，謂故玄端。加新衣，謂更加新朝服。案司服，士之齊戒服玄端，此疾者與養疾者皆齊，明服玄端矣。檀弓云：「始死，羔裘玄冠者，易之而已。」羔裘玄冠，即朝服，故知臨死所著則朝服也。御者四人，皆坐持體。注：爲不能自轉側。御者，今時侍從之人。男女改服。注：爲賓客來問病亦朝服，主人深衣。屬纊以俟絶氣。注：爲其氣微難節也。纊，新絮。男子不絶於婦人之手，婦人不絶於男子之手。注：備褻。乃行禱於五祀。注：盡孝子之情。五祀，博言之。士二祀，曰門，曰行。

朱子語類：問：禱果有應之之理否？或知其無應之之理而爲之？曰：禱是正

禮，自合有應，不可謂知其無是理而姑爲之。

敖氏繼公曰：此禱於平常所祭者也。士之得祭五祀，於此可見。

乃卒。注：卒，終也。主人啼，兄弟哭。注：哀有甚有否，於是始去冠而笄纚，服深衣。檀弓曰：「始死，羔裘玄冠者易之。」疏：啼是哀之甚，氣竭而息之聲不委曲，若往而不反。引檀弓者，證深衣易去朝服之事也。

設牀第，當牖。衽，下莞上簟。設枕。注：病卒之間廢牀，至是設之，事相變。衽，卧席。

遷尸。注：徙於牖下也，於是幠用斂衾。疏：「徙於牖下」者，即上文「牀第當牖」者也。

張氏爾岐曰：此據經「士死於適室，幠用斂衾」之文，而記君子正終、人子侍養之事。

蕙田案：以上記疾病、始死之事。

復者朝服，左執領，右執要，招而左。注：衣朝服，服未可以變。疏：招魂所以求生，左陽，陽主生，故用左也。左執領，謂爵弁服也。

張氏爾岐曰：方冀其生，故復者服朝服，不變凶服。

楔，貌如軛，上兩末。注：事便也。疏：如軛，謂如馬鞅，軛馬領亦上兩末，令以屈處入口，取出時易也。綴足用燕几，挍在南，御者坐持之。注：挍，脛也。尸南首，几脛在南以拘足，則不得辟戾矣。即牀而奠，當腢，用吉器。若醴，若酒，無巾、柶。注：腢，肩頭也。用吉器，器未變也。或卒無醴，用新酒。　疏：即，就也，謂就尸牀而設之。尸南首則在牀東，當尸肩頭也。若醴若酒，科有其一，不得並用。

蕙田案：以上記復、楔齒、綴足、設奠諸儀物。

赴曰：「君之臣某死。」赴母、妻、長子，則曰：「君之臣某之某死。」注：赴，走告也。

蕙田案：此記赴君之辭。

室中，唯主人、主婦坐。兄弟有命夫、命婦在焉，亦坐。注：别尊卑也。　疏：案大記，士之喪，主人、父、兄、主婦、姑、姊妹皆坐。鄭云：「士賤，同宗尊卑皆坐。」此命夫、命婦之外立而不坐者，此謂有命夫、命婦來，兄弟爲士者則立，若無命夫、命婦，則同宗皆坐也。

蕙田案：此記室中哭位。

尸在室，有君命，衆主人不出。注：不二主。　疏：衆主人不出，在尸東耳。經直云主人惟君命出，不言衆主人，故記之。

蕙田案：此記衆主人。

襚者委衣於牀，不坐。注：牀高由便。　其襚於室，户西北面致命。注：始死時也。　疏：小斂後襚於堂，則中庭北面致命。

蕙田案：此記襚者儀位。

夏祝淅米，差盛之。注：差，擇之。

盛氏世佐曰：必差之者，擇其粒之堅好者以飯尸，而以其餘爲粥，懸於重也。

御者四人，抗衾而浴，襢笫。注：抗衾，爲其裸裎，蔽之也。襢，袒也。袒簀，去席，盝水便。

其母之喪，則內御者浴，鬠無笄。注：內御，女御也。無笄，猶丈夫之不冠也。設明衣，婦人則設中帶。注：中帶，若今之褌襂。疏：設明衣者男子，其婦人則設中帶。

欽定義疏：玩記意，似謂男婦皆設明衣裳，而婦人又多中帶也。

卒洗貝，反於笄，實貝柱右䫏、左䫏。注：象齒堅。疏：䫏，謂牙兩畔最長者。

張氏爾岐曰：卒洗，洗貝也。

夏祝徹餘飯。注：徹去鬻。

張氏爾岐曰：餘飯，飯尸餘米也。夏祝徹去，煮之爲鬻，以實重鬲也。

瑱塞耳。注：塞，充窒。疏：不同生人懸於耳旁。掘坎，南順，廣尺，輪二尺，深三尺，南其壤。注：南順，統於堂。輪，從也。垼用塊。注：塊，塯也。

張氏爾岐曰：坎以埋棄潘者，垼以煮潘者。

明衣裳，用幕布，袂屬幅，長下膝。注：幕布，帷幕之布，升數未聞也。屬幅，不削幅也。長下膝，又有裳，於蔽下體深也。疏：「屬幅，不削幅」者，布幅二尺二寸，凡用布，皆削去邊幅旁一寸，爲二寸計之，則此不削幅，謂繚使相著，還以袂二尺二寸。云「長下膝」者，謂爲此衣長至膝下。

有前後裳，不辟，長及觳。 注：不辟積也[一]。觳，足跗也。凡他服，短無見膚，長無被土。疏：裳，前三幅，後四幅。「不辟積」者，以其一服不動，不假上狹下寬也。**縓綼緆。** 注：一染謂之縓，今紅也。飾裳在幅曰綼，在下曰緆。**緇純。** 注：七入爲緇。緇，黑色也。飾衣曰純，謂領與袂，衣以緇，裳以縓，象天地也。**設握，裏親膚，繫鉤中指，結於掔。** 注：掔，掌後節中也。手無決者，以握繫一端繞掔，還從上自貫，反與其一端結之。疏：前經云「設握，據右手有決」者，不言「左手無決」者，故記之。

盛氏世佐曰：此設左握法也。中指，手第三指也。右手有決，極先設而後設握，則握之裏雖在內，而不與膚相親矣。握繫與決繫，連結於掔，則不必鉤中指矣。

甸人築坅坎。 注：築，實土其中，堅之。穿坎之名，一曰坅。

張氏爾岐曰：築之坅之，皆甸人也。

隸人涅厠。 注：隸人，罪人也，今之徒役作者也。涅，塞也。爲人復往褻之，又亦鬼神不用。

盛氏世佐曰：「涅」與「敜」通，書云「敜乃穽」，傳訓爲塞，與此注合。

[一]「積」，儀禮注疏卷四〇作「質」。

既襲，宵爲燎於中庭。注：宵，夜。

蕙田案：以上記沐浴、飯含、襲諸儀節。張爾岐曰：自記首至此，並始死日事。

厥明，滅燎，陳衣。注：記節。疏：小斂陳衣，當襲之。明旦，滅燎之時。凡絞紟用布，倫如朝服。注：凡，凡小斂大斂也。倫，比也。疏：如朝服者，朝服十五升。

敖氏繼公曰：紟不必言凡，與絞連文爾。大斂有紟，小斂無之。

設棜於東堂下，南順，齊於坫。饌於其上。兩甒醴、酒，酒在南。篚在東，南順。實角觶四，木柶二，素勺二。豆在甒北，二以並。籩亦如之。注：棜，今之轝也。角觶四，木柶二，素勺二，爲夕進醴酒，兼饌之也，勺二，醴、酒各一也。豆籩二以併，則是大斂饌也。記於此者，明其他與小斂同陳。疏：大小斂之奠皆有醴、酒，但用二觶一柶。而觶有四、柶有二者，朝夕二奠各饌其器也。小斂一豆一籩，大斂乃二豆二籩。大斂陳籩豆之外，皆與小斂同，故就小斂節内陳之，取省文之義也。凡籩豆，實具設，皆巾之。注：籩豆偶而爲具，具則於饌巾之。巾之，加飾也，明小斂一豆一籩，不巾。

張氏爾岐曰：皆者，皆東堂與奠所也。二籩二豆者，饌於東堂，設於奠所，二處皆巾之也。小斂一籩一豆，惟至設於牀東乃巾之，方其饌堂東時則不巾矣。

觶俟時而酌，柶覆加之，面枋，及錯，建之。注：時，朝夕也。檀弓曰：「朝奠日出，夕奠逮日。」

張氏爾岐曰：觶雖豫陳，必待奠時乃酌。其酌醴之法，既酌醴，以柶覆於觶上，使柄向前，及其錯於奠所，則极柶體中。

小斂，辟奠不出室。注：未忍神遠之也。辟襲奠以辟斂，既斂則不出於室，設於序西南，畢事而去之。疏：始死，猶生事之，不忍即爲鬼神事之，故奠不出室。無踊節。注：其哀未可節也。

敖氏繼公曰：踊節，即所謂「要節而踊」者也。凡丈夫、婦人之踊，或以徹奠者之往來爲節，嫌此辟奠之時亦然，故以明之。

盛氏世佐曰：始死之奠，亦謂之襲奠者，襲後仍設之也。奠以事神，是時尸在室，若辟奠遠在室外，則神無所依，故不忍也。辟奠之時，主人以下皆踊無筭，故不以辟奠者之往來爲節。

既馮尸，主人袒，髻髮，絞帶，衆主人布帶。注：衆主人，齊衰以下。疏：知衆主人非衆子者，以衆子皆斬衰、絞帶，故知衆主人齊衰以下也。

欽定義疏：經云「主人髻髮，袒，衆主人免於房」，記此者，明著絞帶、布帶在此時也。絞帶者，以苴麻之繩爲帶，其垂者則散之。此時尚未絞也，謂之絞帶，指其束於要者耳。

大斂於阼。注：未忍便離主人位也。主人奉尸斂於棺，則西階上賓之。大夫升自西階，階東，北面東上。注：視斂。既馮尸，大夫逆降，復位。注：中庭西面位。疏：上篇朝夕哭云主人入堂下，直東序，西面，卿大夫在其南。卿大夫與主人同西面向殯，故知大夫位在中庭西面也。巾奠，執燭者滅燭，出，降自阼階，由主人之北，東。注：巾奠而室事已。

蕙田案：以上記小斂、大斂諸儀節。

既殯，主人説髦。注：既殯，置銘於肂，復位時也。今文「説」皆作「税」。兒生三月，鬌髮爲鬌，男角女羈。否則男左女右，長大猶爲飾存之，謂之髦，所以順父母幼小之心。至此尸柩不見，喪無飾，可以去之。髦之形象未聞。疏：喪大記鄭注云：「士既殯，説髦，小斂説髦，蓋諸侯禮。」士既殯，諸侯小斂，於死者俱三日也。

三日，絞垂。注：成服日。絞，要絰之散垂者。冠六升，外縪，纓條屬，厭。注：縪，謂縫著於武也。外之者，外其餘也。纓條屬者，通屈一條繩爲武，垂下爲纓，屬之冠。厭，伏也。疏：冠六升，據斬衰而言。齊衰以下，冠衰各有差降。古者冠吉凶皆冠武别材。武謂冠卷，以冠前後皆縫著於武。若吉冠，則從武上鄉内縫之，縪餘在内，謂之内縪。若凶冠，從武下鄉外縫之，縪餘在外，謂之外縪。吉冠纓武别材，凶冠纓武同材，以一繩從前額上，以兩頭鄉項後交通，至耳各綴之於武，使鄉下，纓結之。先爲纓武訖，乃後以冠屬著武，故云屬也。冠在武下，故云厭也。衰三升。注：衣與裳也。屨外納。注：

納，收餘也。杖下本，竹、桐一也。注：順其性也。

蕙田案：以上記三日成服。

居倚廬，注：倚木爲廬，在中門外東方，北户。寢苫，枕塊。注：苫，編藁。塊，堛也。不説絰帶。注：哀戚不在於安。哭晝夜無時。注：哀至則哭，非必朝夕。非喪事不言。注：不忘所以爲親。歠粥，朝一溢米，夕一溢米，不食菜果。注：不在於飽與滋味。粥，糜也。二十兩曰溢，爲米一升二十四分升之一。實在木曰果，在地曰蓏。

蕙田案：以上記居喪寢處、哭泣、言語、飲食。

主人乘惡車，注：拜君命、拜衆賓及有故，行所乘也。雜記曰：「端衰，喪車，皆無等。」然則此惡車，王喪之木車也。白狗幦，注：未成豪狗。幦，覆笭也。以狗皮爲之，取其臑也。白於喪飾宜。

張氏爾岐曰：玉藻：「君羔幦虎犆。」陳注云：「幦者，覆式之皮。」此白狗幦，亦是以狗皮覆車式。

蒲蔽，注：蔽，藩。疏：謂車兩邊禦風者以蒲草，亦無飾也。御以蒲菆，注：不在於驅馳。蒲菆，牡蒲莖也。

張氏爾岐曰：蒲菆，楊柳之堪爲箭者，御者以之策馬。與爲蔽之蒲同名而異類。

犬服，注：笭閒兵服，以犬皮爲之，取堅也，亦白。

張氏爾岐曰：服，盛矢器。注云「兵服」，似泛言五兵之服。

木錧，注：取少聲。約綏，約轡，注：約，繩。綏，所以引升車。木鑣，注：亦取少聲。馬不齊髦。注：齊，翦也。今文「髦」爲「毛」。主人之惡車，如王之木車，則齊衰以下，其乘素車、繅車、駹車、漆車與？　疏：案巾車，王之喪車五乘：木車，始死所乘；素車，卒哭所乘；繅車，既練所乘；駹車，大祥所乘；漆車，既禫所乘。士之喪車，亦當五乘。主人乘惡車，齊衰乘素車，與卒哭同；大功乘繅車，與既練同；小功乘駹車，與大祥同；緦麻乘漆車，與既禫同。主人至卒哭以後哀殺，故齊衰以下節級約，與主人同。士尋常乘棧車，不革鞔而漆之。今既禫亦與王以下同乘漆車者，禮窮則同也。

欽定義疏：據此，則漆車在士爲吉車，在王則爲第五等之喪車也。喪車無等，亦大概言之，未必士遂能備五乘也。

主婦之車亦如之，疏布裧。注：裧者，車裳帷，於蓋弓垂之。　疏：「疏布裧」在「亦如之」之下，見不與男子同。

敖氏繼公曰：婦人之車必有裧，喪車則以疏布爲之。主婦乘車而出者，拜夫人之命及女賓之弔者也。

貳車，白狗攝服。注：貳，副也。攝猶緣也。狗皮緣服，差飾。　疏：兵服加白狗皮緣之。其他皆如乘車。注：如所乘惡車。　疏：唯白狗攝服爲異。

敖氏繼公曰：主人、主婦皆有貳車，各得用二乘，此貳車亦惡車也。

蕙田案：以上記喪中之車馬。

朔月，童子執帚，卻之，左手奉之，注：童子，隸子弟，若内竪、寺人之屬。執用左手，卻之，示未用。疏：下文「掃室聚諸窔」，故不用箕。從徹者而入。注：童子不專禮事。

張氏爾岐曰：徹，徹宿奠者。

比奠，舉席，埽室，聚諸窔，布席如初。卒奠，埽者執帚，垂末内鬣，從執燭者而東。注：比猶先也。

欽定義疏：童子從徹者入，以既徹乃舉席而埽也。既埽無事矣，俟卒奠乃出者，從而入亦從而出，不敢先出，且以觀奠也。從執燭者而東，亦降自阼階也。童子，蓋以輕服子弟爲之。

蕙田案：以上記朔月埽室。

燕養、饋、羞、湯沐之饌，如他日。注：燕養，平常所用供養也。饋，朝夕食也。羞，四時之珍異。湯沐，所以洗去汙垢，内則曰：「三日具沐，五日具浴。」孝子不忍一日廢其事親之禮，於下室日設之，如生存也。進徹之時如其頃。

張氏爾岐曰：朝夕之奠與朔月之奠設於殯宫。燕養之饌設於下室。下室，燕寢也。

朔月，若薦新，則不饋於下室。注：以其殷奠有黍稷也。下室，如今之内堂。正寢聽朝事。疏：大小斂奠、朝夕奠無黍稷，唯下室有黍稷。今此殷奠自有黍稷，故不須更饋也。

蕙田案：以上記下室之饋。

筮宅，冢人物土。注：物猶相也。相其地可葬者，乃營之。卜日吉，告從於主婦。主婦哭，婦人皆哭。主婦升堂，哭者皆止。注：事畢。

張氏爾岐曰：經但言主婦哭，不言衆婦人皆哭與哭止之節，故記詳之。

蕙田案：以上記筮宅、卜日。自記首至此，皆士喪禮上篇之記也。

啓之昕，外内不哭。注：將有事，爲其讙囂。既啓，命哭。夷牀、輁軸，饌於西階東。注：明階間者，位近西也。夷牀饌於祖廟，輁軸饌於殯宫。其二廟者，於禰亦饌輁軸焉。疏：夷牀在祖廟，輁軸在殯宫，以其西階東是同，故並言之。注云「明階間者，位近西也」者，以經直云階間，恐正當兩階之間，故記人明之。輁軸以候載柩。其二廟者，以先朝禰〔一〕，故至禰廟，移柩升堂，明旦，移於輁軸上，載以朝祖廟。朝祖時，下柩訖，明日用蜃車，輁軸不復用，不饌之矣。

〔一〕「朝」，原作「廟」，據味經窩本、乾隆本、光緒本、儀禮注疏卷四一改。

蕙田案：以上記將啓之事。

其二廟，則饌於禰廟，如小斂奠，乃啓。注：祖尊禰卑也。士事祖禰，上士異廟，下士共廟。

張氏爾岐曰：將啓，先具此一鼎一豆一籩之奠於禰廟。既啓，朝禰徹，從奠乃設之。至明日朝祖則設奠，如大斂於祖廟，如經文所陳也。

朝於禰廟，重止於門外之西，東面。柩入，升自西階，正柩於兩楹間。奠止於西階之下，東面北上。主人升，柩東，西面。衆主人東即位。婦人從升，東面。奠升，設於柩西，升降自西階。主人要節而踊。注：重不入者，主於朝祖而行，若過之矣。門西東面，待之便也。疏：正柩兩楹間，奠位在户牖之間，則此於兩楹間亦稍近西，乃當奠位也。「要節而踊」者，奠升，主人踊；設者降，婦人踊也。

張氏爾岐曰：奠，謂從奠。

燭先入者，升堂，東楹之南，西面。後入者，西階東，北面，在下。注：照在柩者〔一〕。先，先柩者。後，後柩者。適祖時，燭亦然。互記於此。疏：此燭本是殯宫中照開殯者，在道時，一在柩前，一在柩後。今又一升堂，一在堂下。主人降，即位，徹，乃奠，升自西階，主人踊如初。

〔一〕「在」，諸本作「正」，據儀禮注疏卷四一改。

注：如其降拜賓。至於要節而踊，不薦車，不從此行。

張氏爾岐曰：徹者，徹從奠。乃奠者，奠其如小斂之饌也。經文朝祖時，正柩設從奠訖，主人降拜賓以後，有徹奠、設奠、哭踊之節，此亦如之也。

祝及執事舉奠，巾、席從而降。柩從。序從〔一〕，如初，適祖。注：此謂朝禰明日，舉奠適祖之序也。此祝執醴先，酒脯醢俎從之，巾、席爲後。既正柩，席升設，設奠如初。祝受巾，巾之。凡喪，自卒至殯，自啓至葬，主人之禮其變同，則此日數亦同矣。序從主人以下。

姜氏兆錫曰：朝禰禮與朝祖多同，其異者，惟重止門外，廟不設重，柩不設夷牀，奠亦不設巾，三者爲異耳。以此推之，則朝禰後恐即當朝祖，故三者不設也。若每一廟即停一日，則三者當無不設之理，而重止門外，露處越宿，尤非孝子事亡如事存之義，況送葬職事親疎，上下男女長幼之屬，更非可信宿積時以須之者哉！

欽定義疏：二廟，則啓之日從奠設於禰廟，徹從奠，乃設遷禰之奠，此遷禰之奠，即以當遷祖奠矣，以日不三奠故也。及朝祖，則禰奠從設於祖廟，薦車、薦馬等事皆於祖廟行之。至載柩還車，則徹遷禰之奠，設祖奠次當然也。饌於禰廟者一

〔一〕「從」，原脱，據味經窩本、乾隆本、光緒本、儀禮注疏卷四一補。

鼎，饌於祖廟者三鼎，亦隆殺之宜也。朝禰不再奠，則即日朝祖可見矣。

蕙田案：以上記二廟者朝禰之儀。

薦乘車，鹿淺幦，干、笮、革靾，載旜，載皮弁服，纓、轡、貝勒，縣於衡。注：士乘棧車。鹿淺，鹿夏毛也。幦，覆笭。玉藻曰：「士齊車，鹿幦豹犆。」干，盾也。笮，矢箙也。靾，韁也。旜，旌旗之屬。通帛爲旜，孤卿之所建，亦攝焉。皮弁服者，視朔之服。貝勒，貝飾勒。有干無兵，有箙無弓矢，明不用。疏：此並下車三乘，謂葬之魂車。道車，載朝服。注：道車，朝夕及燕出入之車。朝服，日視朝之服也，玄衣素裳。疏：士乘棧車，更無別車，而上云「乘車」，下云「稾車」，此云「道車」，雖有一車，所用各異，故有乘車、道車、稾車之名。士之道車而用朝君之服，不用私朝玄端服者，亦攝盛也。稾車，載蓑笠。注：稾猶散也，散車，以田以鄙之車。蓑笠，備雨服。凡道車、稾車之纓轡及勒，亦縣於衡也。

敖氏繼公曰：巾車職「士乘棧車」，則此三車者皆漆車也。以制言之，其乘車、道車輪與輈之高下又等，但因事名之耳。考工記：「田車之輪六尺有三寸，乘車之輪六尺有六寸。」又云：「國馬之輈深四尺有七寸，田馬之輈深四尺。」足以知其制矣。

將載，祝及執事舉奠，户西，南面東上。卒束前而降，奠席於柩西。注：將於柩西當前束設之。

張氏爾岐曰：載，載柩於車。卒束前而降，謂舉奠者當束柩於車將畢之前即降也。奠席柩西，爲設奠先設席也。

巾奠，乃牆。注：牆，飾柩也。疏：即帷荒。抗木，刊。注：剥削之。疏：木無皮者直削之，有皮者剥乃削之。茵著，用荼，實綏澤焉。注：荼，茅秀也。綏，廉薑也。澤，澤蘭也。皆取其香，且禦濕。疏：茵内所著，非直用荼，兼實綏與澤。葦苞，長三尺，一編。注：用便易也。疏：葦草即長，截取三尺一道編之。筲三，其實皆瀹。注：米麥皆湛之湯，未知神之所享，不用食道，所以爲敬。

張氏爾岐曰：以菅草爲筲，其中所盛黍稷麥，皆淹漬之。

祖，還車不易位。注：爲鄉外耳，未行。

張氏爾岐曰：車，乘車、道車、稾車。既祖，則還之向外，但不易初薦時位。

執披者，旁四人。注：前後左右各二人。疏：一旁四人，兩旁則八人也。凡贈幣，無常。注：賓之贈也。玩好曰贈，在所有。凡糗，不煎。注：以膏煎之則褻，非敬。疏：經葬奠四籩，棗糗栗脯，不云糗之不煎，故記人明之。

蕙田案：以上記祖廟中薦車、載柩、陳器、奠贈諸事。

唯君命，止柩於堩，其餘則否。注：不敢留神也。堩，道也。曾子問曰：「葬既引，至於堩。」

車至道左，北面立，東上。注：道左，墓道東。先至者在東。疏：當是陳器之南。以乘車、道車、槀車三者次第爲先後。先至者，乘車也。柩至於壙，斂服載之。注：柩車至壙，祝説載除飾，乃斂乘車、道車、槀車之服載之，不空之以歸。送形而往，迎精而反，亦禮之宜。疏：柩車既空，乃斂皮弁服、朝服、簑笠三者之服，載之於柩車。卒窆而歸，不驅。注：孝子往如慕，反如疑，爲親之在彼。

蕙田案：以上記柩在道、至壙、卒窆之事。

君視斂，若不待奠，加蓋而出。不視斂，則加蓋而至，卒事。注：爲有他故及辟忌也。疏：卒事者，待大斂奠訖乃出。

張氏爾岐曰：記君於臣有視斂不終禮者、有既斂加蓋而後至者二者之節。

蕙田案：此記君視斂之變禮。

既正柩，賓出，遂、匠納車於階間。注：遂匠，遂人、匠人也。遂人主引徒役，匠人主載柩窆，職相左右也。車，載柩車。周禮謂之蜃車，雜記謂之團，或作輇，或作摶，聲讀皆相附耳，未聞孰正。其車之轝，狀如牀，中央有轅，前後出，設前後輅，轝上有四周，下則前後有軸，以輇爲輪。許叔重説「有輻曰輪，無輻曰輇」。疏：經不云納柩車時節，故記人明之。遂師注云：「蜃車，柩路也，四輪迫地而行，有似於蜃，因名焉。」轝狀與輴車同，但輴車無輪，有轉轔，此有輇輪，爲異耳。

敖氏繼公曰：賓出而納此車於階間，爲主人送賓而入，則當載矣。

祝饌祖奠於主人之南，當前輅，北上，巾之。注：言饌於主人之南，當前輅，則既祖，祝乃饌。

張氏爾岐曰：既還柩向外，祝即饌祖奠於主人之南，及還車還重俱訖，乃奠之柩車西，如初。

蕙田案：以上記朝祖納柩車之節及設祖奠之處。

弓矢之新，沽功。注：設之宜新。沽，示不用。疏：沽，謂麤爲之。弓矢，謂入壙用器，舉弓矢以例餘者。有弭飾焉，注：弓無緣者謂之弭，弭以骨角爲飾。亦張可也。注：亦使可張。有柲，注：柲，弓檠。弛則縛之於弓裏，備損傷，以竹爲之。詩云：「竹柲緄縢。」設依、撻焉。注：依，纏絃也。撻，弣側矢道也。皆以韋爲之。疏：依者，謂以葦依纏其絃，即今時弓彄是也。撻，所以撻矢令出，生時以骨爲之。有韣。注：韣，弓衣也，以緇布爲之。

欽定義疏：有弭飾，謂兩端有弭，而亦以骨角飾之也。撻，即今箭溜也，以韋若骨大如錢，嵌入弣側，以別上下。射時在弓之右，矢之上，矢由此而去，故名溜。溜亦撻之意也。

猴矢一乘，骨鏃，短衛。注：猴猶候也，候物而射之矢也。四矢曰乘。骨鏃短衛，亦示不用也。生時猴矢金鏃。凡爲矢，五分笴長而羽其一。

張氏爾岐曰：衛，矢羽也。矢笴長三尺五分，羽一則六寸，是生時之矢羽固不短矣。

志矢一乘，軒輖中，亦短衛。 注：志，猶擬也，習射之矢。書云：「若射之有志。」輖，摯也。無鏃短衛，亦示不用。生時志矢骨鏃。凡爲矢，前重後輕也。疏：司弓矢注云：「恒矢之屬，軒輖中。」所謂志也。知是習射矢者，以其矢中特輕，於習射宜也。周禮有八矢，猴矢居前，最重；恒矢居後，最輕。既不盡用，故取其首尾。

張氏爾岐曰：鄭解「輖，摯也」，摯與輊同。軒輊中，謂前後輕重均也。注「凡爲矢，前重後輕」，亦欲明此軒輊中之異於生用耳。

蕙田案：以上記明器弓矢。自「啓之昕」以下至此，皆既夕篇之記也。

右儀禮既夕

五禮通考卷二百六十二

凶禮十七

喪禮

儀禮士虞禮附儀禮喪服或問

儀禮士虞禮。鄭目録云：虞，安也。士既葬其父母，迎精而反，日中而祭之于殯宫以安之。虞于五禮屬凶。疏：虞，卒哭在寢，祔乃在廟。

士虞禮。特豕饋食。注：饋猶歸也。疏：卜日曰牲，此虞爲喪祭，又葬日虞，因其吉日，略無卜牲之禮，故指豕體而言，不云牲，大夫以上亦當然。以物與神及人皆言饋。

欽定義疏：饋食，吉祭之名。以虞易奠，爲自凶即吉之始，故放饋食之禮行之。

未葬，殷奠用特豚，豚解而已；遣奠用羊豕，亦豚解而已。此云特豕者，見此豕之爲體解而異於奠也。不云特牲者，吉祭曰特牲，宜避之也。周官大宗伯「以肆獻祼享先王，以饋食享先王」，謂吉祭也。鬯人：「廟用脩。」鄭氏以爲三年喪畢之吉祭自饋食始，不用祼鬯，則天子諸侯之虞，亦用饋食禮可知。

側亨於廟門外之右，東面。注：側亨，亨一胖也。亨於爨，用鑊，不於門東，未可以吉也。是日也，以虞易奠，祔而以吉祭易喪祭。鬼神所在則曰廟，尊言之。疏：案吉禮皆全，左右胖皆亨。此亨一胖者，以其虞不致爵，自獻賓以後，則無主人、主婦及賓已下之俎，故唯亨一胖也。特牲吉禮，鼎、鑊皆在門東，此云「門外之右」，是門之西，未可以吉也。

張氏爾岐曰：此虞在殯宮，即適寢也，而曰廟，故注曰「尊言之」也。

魚、腊爨，亞之，北上。注：爨，竈。疏：魚、腊各別鑊，言北上，則次在豕爨之北〔一〕。

敖氏繼公曰：于特豕云亨，云東面；魚、腊云爨，云北上，文互見也。

張氏爾岐曰：三鑊皆在西方。

饎爨在東壁，西面。注：炊黍稷曰饎。饎北上，上齊于屋宇。于虞有亨饎之爨，彌吉。疏：

〔一〕「北」，諸本作「南」，據儀禮注疏卷四二改。

案特牲云「主婦視饎爨于西堂下」，今在東，亦反吉也。小斂、大斂未有黍稷，朔月、薦新始有黍稷，向吉仍未有爨，至此始有亨饎之爨，故云彌吉。

盛氏世佐曰：饎爨在門内，以婦人主之故也。此士禮，大夫則廪人掌之，在門外。

設洗於西階西南，水在洗西，篚在東。注：反吉也。亦當西榮，南北以堂深。疏：吉時設洗，皆當東榮。**尊於室中北墉下，當户。兩甒醴、酒，酒在東，無禁。冪用絺布，加勺，南枋。**注：酒在東，上醴也。絺布，葛屬。疏：吉禮玄酒在上。今喪祭禮無玄酒，則醴在上。**素几、葦席，在西序下。**注：有几，始鬼神也。疏：大斂奠時已有席，至虞乃有几。若天子諸侯始死，則几筵具。周禮司几筵云「每敦一几」，據始殯及葬時也。**苴刌茅，長五寸，束之，實於篚，饌於西坫上。**注：苴，猶藉也。

張氏爾岐曰：刌，度也，截也。「苴刌茅」者，藉祭之刌茅也。度而截之，故謂刌茅。

饌兩豆菹、醢於西楹之東，醢在西，一鉶亞之。注：醢在西，南面取之，得左取菹，右取醢，便其設之。疏：一鉶亞之，菹以東也。尸在奥，東面，設者西面，設于尸前，菹在南，醢在北。今于西楹東饌之〔一〕，菹在東，醢在西，是南面取之，得左菹右醢，至尸前西面設之，便也。**從獻豆兩亞之，四籩**

〔一〕「西」，諸本作「兩」，據儀禮注疏卷四二改。

亞之，北上。注：豆從主人獻祝，籩從主婦獻尸祝。北上，菹與棗。不東陳，別于正。疏：此從獻豆籩，雖文承一鉶之下，而云「亞之」，下別云「北上」，是不從鉶東爲次，宜于鉶東北，以北爲上，向南陳之。然則東北菹爲首，次南醢，醢東栗，栗北棗，棗東棗，棗南栗，故鄭云「北上，菹與棗」也。云「不東陳，別于正」者，以二豆與鉶，在尸爲獻前爲正，此皆在獻後，爲非正，故東北別也。饌黍稷二敦於階間，西上，藉用萑席。注：藉，猶薦也。

敖氏繼公曰：藉敦未必有席，「席」字蓋因上文而衍也。特牲禮藉用萑。

匜水錯於槃中，南流，在西階之南，簞巾在其東〔一〕。注：流，匜吐水口也。

敖氏繼公曰：自設洗至此，其陳設之位與特牲、饋食異者，皆爲變于吉。

陳三鼎於門外之右，北面，北上，設扃鼏。注：門外之右，門西也。匕俎在西塾之西。注：不饌于塾上，統于鼎也。塾有西者，是室南鄉。羞燔俎在内西塾上，南順。注：南順，于南面取縮，執之便也。肝俎在燔東。

郝氏敬曰：羞俎之俎，非正俎。三鼎爲正，從薦爲羞，肉曰燔，肝曰炙。不言炙，可知也。

蕙田案：以上陳饌具。

〔一〕「巾」，諸本作「布」，據儀禮注疏卷四二改。

主人及兄弟如葬服，賓執事者如弔服，皆即位於門外，如朝夕臨位。婦人及内兄弟服，即位於堂，亦如之。注：葬服者，既夕曰「丈夫髽，散帶垂」也。賓執事者，賓客來執事也。疏：始虞與葬服同，三虞皆同，至卒哭，乃變麻服葛也。賓客來執事，以其虞爲喪祭，主人未執事。案曾子問：「士則朋友奠，不足，則取于大功以下。」

敖氏繼公曰：婦人及内兄弟，其服皆如葬服，其位皆如臨位。婦人葬服，經無所見，蓋與既殯之服同。

祝免，澡葛絰帶，布席於室中，東面，右几，降，出，及宗人即位於門西，東面南上。注：祝亦執事。免者，祭祀之禮，祝所親也。澡，治也。治葛以爲首絰及帶，接神宜變也。然則士之屬官爲其長弔服加麻矣。至于既卒哭，主人變服則除。右几，于席近南也。

張氏爾岐曰：祝執事而免者，以其身親祭祀之禮，不嫌于重也。

宗人告：「有司具。」遂請拜賓如臨，入門哭，婦人哭。注：臨，朝夕哭。主人即位於堂。衆主人及兄弟、賓即位於西方，如反哭位。注：既夕曰：「乃反哭，入門，升自西階，東面。衆主人堂下東面，北上。」異于朝夕。

敖氏繼公曰：反哭之位，乃順孝子一時之心而爲之，本非正位，自始虞至卒哭，其位皆如之者，蓋因此以别于既祔以後吉祭也。

祝入門左，北面。注：不與執事同位，接神尊也。疏：上「兄弟、賓即位于西方」者，皆是執事。**宗人西階前，北面。**注：當詔主人及賓之事。疏：宗人在堂下，是主人在堂時。若主人在室，則宗人升，户外北面。

蕙田案：以上主人及賓入即位。

祝盥，升，取苴降，洗之，升，入設於几東席上，東縮，降，洗觶，升，止哭。注：縮，從也。

郝氏敬曰：祝盥手于西階下槃内，升堂，取苴茅于西坫上，降洗于西階下，復升堂入室，設于几東神席上，東縮，席向東，茅順東西，直布苴以藉祭。佐食，祭黍稷、豕膚、醴，皆奠苴上，故先設。

主人倚杖，入，祝從，在左，西面。注：主人北旋，倚杖西序，乃入。喪服小記曰：「虞，杖不入於室。祔，杖不升於堂。」然則練杖不入於門，明矣。**贊薦菹醢，醢在北。**注：主婦不薦，齊斬之服不執事也。曾子問曰：「士祭不足，則取于兄弟大功以下者。」疏：齊斬不執事，唯爲今時。至于尸入之後，亦執事。兩籩棗、栗，設于會南。至于祔祭，雖陰厭亦主婦薦，主人自執事也。**佐食及執事盥，出舉，長在左。**注：舉，舉鼎也。長在左，在西方位也。凡事，宗人詔之。**鼎入，設於西階前，東面北上。匕俎從設。左人抽扃、鼏，匕。佐食及右人載。**注：載，載于俎。佐食載，則亦在右矣。卒，枇者逆退，復位。注：復賓位也。俎入，設於豆東，魚亞之，腊特。注：亞，次也。贊設二敦於俎南，黍，其東稷。注：簋實尊黍也。疏：西黍東稷，西上，故云尊黍。經言敦，注言簋者，敦，有虞氏之器，周制士用之。同姓之士容得從周制用簋。設一鉶於豆南。注：鉶，菜羹也。佐食出，立於户西。注：饌已也。

敖氏繼公曰：既設俎，則出而立于此矣。後言之，亦終上事乃及之也。

贊者徹鼎。注：反于門外。

敖氏繼公曰：此徹鼎，亦當與設俎相屬爲之，言于此者，與上文之意同。

祝酌醴，命佐食啓會。佐食許諾，啓會，卻於敦南，復位。注：會，合也，謂敦蓋也。復位，出立于户西。

張氏爾岐曰：特牲、少牢有酒無醴，故厭亦用酒。此酒、醴兼設，以醴陰厭，以酒酳尸，亦其異于吉祭也。

祝奠觶於鉶南，復位。注：復位，復主人之左。主人再拜稽首。祝饗。注：饗，告神饗也。饗神辭，記所謂「哀子某，哀顯相，夙興夜處不寧」，下至「適爾皇祖某甫饗」是也。疏：鄭注云：「饗辭，勸强尸之辭也。」凡吉祭饗尸，曰「孝子」，則宜曰「孝孫某圭爲孝薦之饗」是也。

敖氏繼公曰：饗辭即記所云「哀子某圭爲而哀薦之饗」者也。

命佐食祭。注：此祭，祭于苴也。佐食許諾，鉤袒，取黍稷，祭於苴三；取膚祭，祭如初。祝取奠觶，祭亦如之，不盡，益，反奠之。主人再拜稽首。注：鉤袒，如今擐衣也。苴，所以藉祭也。孝子始將納尸以事其親，爲神疑于其位，設苴以定之耳。或曰：苴，主道也。則特牲、少牢當有主象，而無，可乎？　疏：特牲、少牢吉祭無苴。案司巫云「祭祀則共匰主及蒩館」，常祀亦有苴者，以天子諸侯禮備，故吉祭亦有苴，凶祭有苴可知。祝祝。卒，主人拜如初，哭，出，復位。注：祝祝者，釋孝子祭辭。　疏：迎尸上釋孝子辭，經記無文，宜與少牢迎尸祝孝子辭同，但稱哀爲異。

敖氏繼公曰：祝祝之辭，則記所謂「哀子某，哀顯相，夙興夜處不寧」，下至「適爾皇祖某甫」者也。

觀承案：上條鄭注引記饗神詞誤，當移於此條「祝祝，卒」之下。則上文祝饗詞，當如敖氏引記所云「哀子某圭爲而哀薦之饗」十字以注之爲是也。

蕙田案：以上設饌饗神，是爲陰厭。

祝迎尸，一人衰絰奉篚，哭從尸。注：尸，主也。孝子之祭，不見親之形象，心無所繫，立尸而主意焉。一人主人兄弟。檀弓曰：「既封，主人贈而祝宿虞尸。」尸入門，丈夫踊，婦人踊。注：踊不同文者，有先後也。尸入，主人不降者，喪事主哀，不主敬。　疏：主人在西序，東面，衆兄弟西階下亦東面，婦人堂上當東序，西面。見尸有先後，故踊有先後。淳尸盥，宗人授巾。注：淳，沃也。沃尸盥者，賓執事者也。**尸及階，祝延尸。**注：延，進也，告之以升。**尸升，宗人詔踊如初。**注：言詔踊如初，則凡踊，宗人詔之。**尸入户，踊如初，哭止。**注：哭止，尊尸。**婦人入於房。**注：辟執事者。

蕙田案：以上迎尸。

主人及祝拜妥尸。尸拜，遂坐。注：妥，安坐也。

敖氏繼公曰：此皆變于吉祭也。士之吉祭，尸既坐，主人乃拜妥尸，祝不拜。

從者錯篚於尸左席上，立於其北。注：北，席北也。疏：此篚象特牲肵俎，置于席北，以擬盛尸之饌。

郝氏敬曰：從者，即「一人衰絰奉篚」者也。

尸取奠，左執之。取菹擩於醢，祭於豆間。祝命佐食墮祭。注：下祭曰墮，墮之猶言墮下也。周禮曰：「既祭，則藏其墮。」謂此也。今文「墮」爲「綏」。特牲、少牢或爲「羞」，失古正矣。齊、魯之間謂祭爲墮。

張氏爾岐曰：尸取奠，取祝所反奠于鉶南之觶也。左執之者，以右手將祭也。下祭曰墮，謂從俎豆上取下當祭之物以授尸，使之祭，佐食但下之而已。疏以爲向下祭之，誤。

佐食取黍稷肺祭，授尸。尸祭之，祭奠。祝祝。主人拜如初。尸嘗醴，奠之。注：如初，亦祝祝卒，乃再拜稽首。疏：其祝辭，即下記云「哀子某圭爲而哀薦之饗」。

盛氏世佐曰：此祝辭，疏以下記所云饗辭當之。敖氏既以饗辭用之陰厭，而于此則不言其所用。竊意所釋之辭，蓋與上同一辭，而再釋之者，事神之道，于彼乎？于此乎？庶幾其一聞之也。

蕙田案：虞祭三次祝辭，注與諸家説各不同，未審誰是。

佐食舉肺脊授尸。尸受，振祭，嚌之，左手執之。注：右手將有事也。尸食之時，亦奠肺脊于豆。　疏：案特牲「祝命邇敦，佐食邇黍稷于席上」，「舉肺脊授尸」，彼舉肺脊在邇敦後，此舉肺脊在邇敦前者，吉凶相變故也。「右手將有事」，爲下文「祭鉶、嘗鉶」是也。

張氏爾岐曰：此肺脊，至尸卒食，佐食方受之，實于篚。中間食時，亦須奠之于豆。

祝命佐食邇敦，佐食舉黍錯於席上。注：邇，近也。尸祭鉶、嘗鉶。注：右手也。少牢曰：「以柶祭羊鉶，遂以祭豕鉶，嘗羊鉶。」

張氏爾岐曰：此但豕鉶，祭之、嘗之亦用柶。

泰羹湆自門入，設於鉶南，胾四豆，設於左。注：博異味也。湆，肉汁也。胾，切肉也。

張氏爾岐曰：鉶南觶北，初設時留空處，以待泰羹、胾設于左，正豆之北也。

欽定義疏：菜羹，鉶之正；泰羹，其加也。菹、醢二豆，豆之正；胾四豆，其加也。有正有加，祭禮也。泰羹湆自門入，爨在門外，新自爨來，欲其熱也。設於左，不言所上，四豆一物也。

尸飯，播餘於篚。注：不反餘也。古者飯用手，吉時播餘于會。三飯。佐食舉幹。尸受，振祭，嚌之，實於篚。注：飯間啗肉，安食氣。疏：幹，脅也。又三飯。舉骼，祭如初。佐食舉魚、腊，實於篚。注：尸不受魚、腊，以喪不備味。又三飯，舉肩，祭如初。注：後舉肩者，貴要成也。疏：周人貴肩，故云貴者要成也。舉魚、腊俎，俎釋三个。注：釋猶遺也。遺之者，君子不盡人之歡，不竭人之忠。个猶枚也。今俗或名枚曰個，音相近。此腊亦七體，如其牲也。疏：俎釋三个，不言牲體者，下記云「羹飪，升左肩、臂、臑、肫、胳、脊、脇」七體，此佐食初舉脊，次舉幹，又舉胳，終舉肩，總舉四體，唯有臂、肫、臑三者，佐食即當俎釋三个，故直舉魚、腊而已。

張氏爾岐曰：牲七體，魚、腊各七，佐食所舉以授尸者，皆盛于篚。所餘，每俎三个，將以改饌于西北隅也。

尸卒食，佐食受肺脊，實於篚，反黍，如初設。注：九飯而已，士禮也。篚猶吉祭之有肵俎。疏：少牢大夫禮十一飯，諸侯十三飯，天子十五飯，故云九飯士禮也。吉祭尸舉牲體，振祭，嚌之，皆加于肵俎，此尸舉牲體振祭，嚌之，皆實于篚，故云猶肵俎也。

蕙田案：以上饗尸，尸九飯。

主人洗廢爵，酌酒酳尸。尸拜受爵，主人北面答拜。尸祭酒，嘗之。注：爵無足曰廢爵。酳，安食也。主人北面以酳酢，變吉也。凡異者，皆變吉。疏：特牲、少牢「尸拜受，主人西面拜送」，與北面相反。**賓長以肝從，實於俎，縮，右鹽。**注：縮，從也，從實肝炙於俎也，喪祭進柢。右鹽，于俎近北，便尸取之也。縮執俎，言右鹽，則肝鹽併也。疏：柢，本也，謂肝之本頭。云「右鹽，于俎近北」者，據執俎之人，左畔有肝，右畔有鹽，西面向尸，尸東面，以右手取肝于俎之右畔，而擩鹽于左畔，故云「便尸取之」。

尸左執爵，右取肝，擩鹽，振祭，嚌之，加於俎。賓降，反俎於西塾，復位。注：取肝，右手也。加于俎，從其牲體也。以喪不志于味。

張氏爾岐曰：加于俎，盛牲體之俎，賓所反則肝俎也。復位，復西階前衆兄弟之南東面位。

尸卒爵，祝受。不相爵。主人拜，尸答拜。注：不相爵，喪祭於禮略。相爵者，特牲曰：「送爵，皇尸卒爵。」

蕙田案：以上主人酳尸。

祝酌授尸，尸以醋主人，主人拜受爵，尸答拜。注：醋，報。**主人坐祭，卒爵，拜，尸答拜。**

楊氏復曰：尸醋主人，亦北面，拜受，坐祭，卒爵，及主人獻祝之時，乃反西面位。

敖氏繼公曰：尸無降席之禮，故祝爲酌之，酢，不洗爵，尸禮也。孝子于是時乃飲而卒爵者，爲尊者之賜也。

蕙田案：以上尸醋主人。「醋」與「酢」同，古文通用。

楊氏復曰：奠之所尚者在於醴，前饗神之時，祝酌醴，奠觶于鉶南。及尸既坐，取所奠，左手執之，以右手祭菹，祭黍稷、肺，乃祭奠。于是祝祝，主人再拜稽首，而後尸嘗醴而奠之。此是第一節。牲之所重者在肺、脊。肺者，氣之主也。脊者，體之正也。故尸又先舉肺、脊，祭而嚌之。又以左手執之，乃以右手祭鉶而嘗之。祝命邇黍敦，錯於席上，爲尸之將飯也。泰、羹、湆、胾四豆，至是新設之於俎豆之間，以博異味也。於是三飯，舉幹祭而嚌之，實於篚。又三飯，舉胳祭而嚌之，實於篚。又三飯，舉肩祭而嚌之，實於篚。魚、腊與豕爲三鼎，今所舉皆豕，而魚、腊則不食焉。唯佐食舉之，以實於篚，以喪不備味也。尸卒食，佐食乃受尸左手所執肺脊實于篚。主人乃酌廢爵酒以酳尸，賓長以肝從，而獻禮成矣。於是祝酌授尸，尸以醋主人，而主人獻尸之禮畢矣。

筵祝，南面。注：祝接神，尊也。筵用萑席。主人獻祝，祝拜，坐受爵。主人答拜。注：獻祝，因反西面位。薦菹醢，設俎。祝左執爵，祭薦，奠爵，興，取肺，坐祭，嚌之，興，加於俎，祭酒，嘗之，肝從。祝取肝，擩鹽，振祭，嚌之，加於俎，卒爵，拜。主人答拜。祝坐，授主人。疏：薦設皆執事者。

敖氏繼公曰：祝與佐食，皆事尸者也，故于酳尸、獻尸之後獻焉。不洗而獻者，下尸也。祭薦亦右手以菹擩醢，祭于豆間也。先奠爵乃取肺，以祭離肺，用二手也。祭不言絕，文省。以肝從，亦賓長也。授主人下宜脱一「爵」字。

張氏爾岐曰：授主人者，虚爵也。

蕙田案：以上主人獻祝。

主人酌，獻佐食，佐食北面拜，坐受爵，主人答拜。佐食祭酒，卒爵，拜。主人答拜。受爵，出，實於篚，升堂，復位。注：篚在庭，不復入，事已也。亦因取杖，乃東面立。疏：上文哭時，主人升堂，西序東面。今升堂復位，不復入室，因得取杖復東面位也。

欽定義疏：佐食不設席，薦俎設於階間而不在室，又無從，佐食卑也。吉祭亦然。

蕙田案：以上主人獻佐食。

主婦洗足爵於房中，酌，亞獻尸，如主人儀。注：爵有足，輕者飾也。昏禮曰：「内洗在北堂，直室東隅。」疏：如主人儀，如上文主人酳尸之儀也。自反兩籩，棗、栗設于會南，棗在西。

注：尚棗，棗美。

李氏如圭曰：自反者，自往取之而反也。此兩籩及下獻祝籩，即上饌時亞豆東四籩也。

尸祭籩，祭酒，如初。賓以燔從，如初。尸祭燔，卒爵，如初。注：初，主人儀。

欽定義疏：尸不酢主婦，喪祭禮殺也。

酌獻祝，籩、燔從，獻佐食，皆如初。以虚爵入于房。

蕙田案：以上主婦亞獻。

賓長洗繶爵，三獻，燔從，如初儀。注：繶爵，口足之間有篆，又彌飾。

張氏爾岐曰：當亦兼獻祝及佐食。

蕙田案：以上賓長三獻。

婦人復位。注：復堂上西面位，事已，尸將出，當哭踊。

欽定義疏：尸將出而哭踊，其節與尸入同也，故復堂上位以俟之。吉祭無堂上位，喪祭有之，爲哭踊也。

祝出户，西面告：「利成。」主人哭，注：西面告，告主人也。利猶養也。成，畢也，言養禮畢也。不言養禮畢，于尸間嫌。皆哭。注：丈夫、婦人于主人哭，斯哭矣。祝入，尸謖。注：祝入而無事，尸則知起矣。不告尸者，無遺尊者之道也。**從者奉篚，哭，如初。**注：初，哭從尸。**祝前，尸出户，踊如初，降堂，踊如初，出門亦如之。**注：前，道也。如初者，出如入，降如升，三者之節悲哀同。

蕙田案：以上祝告利成，尸出。

祝反，入徹，設於西北隅，如其設也。几在南，厞用席。注：改設饌者，不知鬼神之節，改設之。庶幾歆饗，所以爲厭飫也。几在南，變右文，明東面。不南面，漸也。厞，隱也，于厞隱之處，從其幽闇。疏：祝送尸出門而反入，徹神前之饌，故設于西北隅也〔一〕。其設于西北隅，次第一如奥中東面設。上文陰厭時右几，今云「几在南」，明其同，必變文者，少牢大夫禮陽厭時南面，亦几在南，此言右几，嫌與大夫同，故云「明東面」也。特牲改饌几在南，與此同，示向吉有漸，故與吉祭同。厞用席，以席爲障，使之隱也。

熊氏朋來曰：陰厭于室之奥，陽厭于室之屋漏。陰厭未迎尸，陽厭尸已謖，故二厭之時無尸。大戴禮曰：「無尸者，厭也。」

蕙田案：以上改設饌，是爲陽厭。

祝薦席，徹入於房。祝自執其俎出。注：徹薦席者，執事者。祝薦席，則初自房來。**贊闔**

〔一〕「故」，諸本作「改」，據儀禮注疏卷四二改。

牖户。注：鬼神尚居幽闇，或者遠人乎？贊，佐食者。主人降，賓出。注：宗人詔主人降，賓則出廟門。主人出門，哭止，皆復位。注：門外未入位。宗人告事畢，賓出，主人送，拜稽顙。注：送拜者，明于大門外也。賓執事者皆去，則徹室中之饌者，兄弟也。

蕙田案：以上事畢送賓。

記：虞，沐浴，不櫛。注：沐浴者，將祭，自潔清。不櫛，未在於飾也。唯三年之喪不櫛，期以下櫛可也。今文曰「沐浴」。陳牲於廟門外，北首，西上，寢右。注：言牲，腊在其中。西上，變吉。寢右者，當升左胖也。腊用棜。檀弓曰：「既反哭，主人與有司視虞牲。」疏：士虞唯有一豕，而云「西上」，明知兼兔、腊也。少牢二牲東上，是吉祭東上。今西上，是變吉也。日中而行事。注：朝葬，日中而虞，君子舉事，必用辰正也。再虞、三虞皆質明。疏：辰正，謂朝夕日中。

蕙田案：以上記沐浴、陳牲及行事之期。

殺於廟門西，主人不視豚解。注：主人視牲不視殺，凡爲喪事略也。豚解，解前後脛脊脅而已，熟乃體解，升于鼎也。疏：特牲吉祭，故主人視牲，又視殺。羹飪，升左肩、臂、臑、肫、胳、脊、脅、離肺，膚祭三，取諸左膉上。肺祭一，實於上鼎。注：肉謂之羹。飪，熟也。脊脅，正脊、正脅也。喪禮略，七體耳。離肺，舉肺也。少牢饋食禮曰：「舉肺一，長終肺。祭肺三，皆刌。」膉，脰肉也。　疏：士之正祭禮九體，此七體，故云略。膚，脅革肉，擇之取美者。

盛氏世佐曰：膚祭三者，陰厭時，佐食爲神「祭于苴三」是也。必取諸左膉者，近首，貴也。祭肺一，則尸食時，佐食取之，并黍稷以授尸。

升魚，鱄、鮒九，實於中鼎。注：差減之。疏：特牲魚十有五，此略而用九。升腊左胖，髀不升，實於下鼎。注：腊亦七體，牲之類。皆設扃鼏，陳之。注：嫌既陳乃設扃鼏也。載猶進柢，魚進鬐。注：猶，猶士喪、既夕，言未可以吉也。柢，本也。鬐，脊也。

張氏爾岐曰：吉祭，牲進下，魚進腴，變于食生。此喪祭，與吉反，是未異于生人也。

祝俎，髀、脰、脊、脅、離肺，陳於階間，敦東。注：不升于鼎，賤也。統于敦，明神惠也。祭以離肺，下尸。　疏：尸祭用刌肺，祝用離肺，故云「下尸」。

敖氏繼公曰：此俎實自鑊而徑載于俎，不復升于鼎者，不敢與神俎同也。尸三俎，用豕、魚、腊，祝唯用豕，亦變于吉也。

蕙田案：以上記牲殺體數、鼎俎陳設之法。

淳尸盥，執槃，西面。執匜，東面。執巾，在其北，東面。宗人授巾，南面。注：槃以盛棄水，爲淺汙人也。執巾不授，巾卑也。

蕙田案：此記沃尸面位。

主人在室，則宗人升，户外北面。注：當詔主人室事。

盛氏世佐曰：主人在堂，則宗人立階前。主人在室，則宗人立户外。詔禮者宜近其人也。皆北面鄉之。

佐食無事，則出户，負依南面。注：室中尊，不空立。户牖之間謂之依。

蕙田案：此記宗人、佐食面位。

鉶芼用苦，若薇，有滑。夏用葵，冬用荁，有柶。注：苦，苦荼也。荁，堇類也。乾則滑。夏秋用生葵，冬春用乾荁。

張氏爾岐曰：夏葵冬荁，皆所以爲滑也。

豆實，葵菹，菹以西蠃醢。籩，棗烝，栗擇。注：棗烝栗擇，則菹刌也。棗烝栗擇，則豆不楬，籩有縢也。

盛氏世佐曰：豆籩之實，宜異于奠，其器則如初而已。異于奠者〔一〕，向吉之漸。如初者，喪不致飾也。

蕙田案：此記鉶芼與豆籩之實。

〔一〕「奠」，諸本作「籩」，據儀禮集編卷三三改。

尸入，祝從尸。注：祝在主人前也。嫌如初時，主人倚杖入，祝從之。初時主人之心尚若親存，宜自親之。今既接神，祝當詔侑尸也。

盛氏世佐曰：經云「尸及階，祝延尸」，特牲、少牢注皆云「從後詔侑曰延」，則入門已後，祝即轉居尸後矣。言此者，明其與出時異也。尸出之時，祝前。

尸坐，不説屨。注：侍神，不敢燕惰。**尸謖，祝前鄉尸。**注：前，道也。祝道尸，必先鄉之，爲之節。**還，出户，又鄉尸。還，過主人，又鄉尸。還，降階，又鄉尸。**注：過主人則西階上。不言及階，明主人見尸，有踧踖之敬。**降階，還，及門，如出户。**注：及，至也。言還至門，明其間無節也。降階如升時，將出門如出户時，皆還向尸也。每將還，必有避退之容。凡前尸之禮儀在此。

敖氏繼公曰：祝前者，當尸之前而行也。鄉尸還，謂先鄉尸而即還也。上降階者，祝也；下降階者，尸也。祝先降而鄉尸，及尸既降，祝乃反面而行。

張氏爾岐曰：祝之道尸，必先以面鄉尸，乃轉身前行，謂之還。上「降階」，謂正降時，此時祝以面鄉尸。下「降階」，謂既降時，祝則轉身前行，直至及門，乃又鄉尸也。

尸出，祝反，入門左，北面復位，然後宗人詔降。疏：復位，復上文祝入門左北面之位〔一〕。

〔一〕「復」，原脱，據光緒本、儀禮注疏卷四三補。

詔降，詔主人降。

蕙田案：以上記祝相尸之節。

尸服卒者之上服。注：上服者，如特牲士玄端也。不以爵弁服爲上者，祭于君之服，非所以自配鬼神。士之妻則宵衣耳。男，男尸。女，女尸，必使異姓，不使賤者。注：異姓，婦也。賤者，謂庶孫之妾也。尸配尊者，必使適也。疏：尸須得孫列者，孫與祖爲尸，孫婦還與夫之祖姑爲尸，故不得使同姓女爲尸也。男尸先使適孫，無適孫乃使庶孫。女尸先使適孫妻，無適孫妻使適孫妾，又無妾乃使庶孫妻，不得使庶孫妾。自虞祭、卒哭以後，禫以前，喪中之祭皆男女别尸，吉祭則男女共尸。

欽定義疏：無適孫妻當使庶孫妻，不使妾，小記言「妾祔於妾祖姑」，可見惟妾母之喪，乃以妾爲尸耳。其取孫倫之婦無服若輕服者爲之與？

張氏爾岐曰：必使異姓，謂女尸以婦，不以族女。

蕙田案：以上記尸服及爲尸者。

無尸，則禮及薦饌皆如初。注：無尸，謂無孫列可使者也。殤亦是也。禮，謂衣服、即位、升降。疏：禮記云「無孫則取同姓之嫡」，如無孫，又無同姓之適，是無孫列可使者也。曾子問云「祭成喪者必有尸」，明殤死無尸可知。

張氏爾岐曰：喪祭而無尸者，其衣服、位面、升降之禮與薦饌之具，皆與有尸者同。

既饗，祭於苴，祝祝卒。注：記異者之節。不綏祭，無泰羹、湆、胾、從獻。注：不綏，言獻，記終始也。事尸之禮，始于綏祭，終于從獻。綏，當爲「墮」。主人哭，出復位。注：於祝祝卒。疏：謂祝祝卒，無尸可迎，既無上四事，主人遂即哭出，復户外東面位。祝闔牖户，降，復位于門西。注：門西，北面位也。男女拾踴三。注：拾，更也，三更踴。疏：凡言「更踴」者，主人踴，主婦踴，賓乃踴，三者三，爲拾也。如食間。注：隱之，如尸一食九飯之頃也。祝升，止哭，聲三，啓户。注：聲者，噫歆也。將啓户，警覺神也。主人入，注：親之。

欽定義疏：無尸則不行三獻禮，主婦與賓皆不入，故于將徹時，主人又入，以致其敬，若親送之者。然亦倚杖乃入。

祝從，啓牖鄉，如初。注：牖先闔後啓，扇在内也。鄉，牖一名也。如初者，主人入，祝從在左。主人哭，出復位。注：堂上位也。疏：仍前户外東面。卒徹，祝、佐食降，復位。注：祝復門西北面位，佐食復西方位，不復設西北隅者，重閉牖户，褻也。宗人詔降如初。注：初，贊闔牖户。宗人詔主人降之。疏：禮畢降堂，宗人詔之，亦如上經也。

蕙田案：以上記無尸者陰厭之禮。

始虞，用柔日。注：葬之日，日中虞，欲安之。柔日陰，取其靜。

張氏爾岐曰：古人葬日，例用柔日。

曰：「哀子某，哀顯相，夙興夜處不寧。注：曰，辭也，祝祝之辭也。喪祭稱哀。顯相，助祭者也。顯，明也。相，助也。詩云：「於穆清廟，肅雍顯相。」不寧，悲思不安。**敢用絜牲剛鬣、**注：敢，昧冒之辭。豕曰剛鬣。**香合、**注：黍也。大夫、士于黍稷之號，合言「普淖」而已。此言「香合」，蓋記者誤爾。辭次黍，又不得在薦上。　疏：曲禮所云黍稷別號，是人君法。**嘉薦、普淖、**注：嘉薦，菹醢也。普淖，黍稷也。普，大也。淖，和也。德能大和，乃有黍稷，故以爲號云。**明齊溲酒，**注：明齊，新水也，言以新水溲釀此酒也。郊特牲曰：「明水涚齊，貴新也。」或曰當爲「明視」，謂兔腊也。今文曰「明粢」，粢，稷也。皆非其次。

敖氏繼公曰：明齊，蓋言醴也。郊特牲曰：「縮酌用茅，明酌也。」又曰：「明水涚齊，貴新也。」蓋用明水涚醴齊，故曰「明齊」也。祝祝之時，奠用醴而已，不用酒也，云「溲酒」，似衍文。

盛氏世佐曰：溲、醙同，白酒也。上經云「兩甒醴酒，酒在東」，是醴與酒兼設矣。明齊謂醴，溲酒謂酒，記文甚明。先儒曲爲之説，特以饗神用醴而不用酒爾。然酒以酳尸，尸即神象也。祝祝之時，言醴而并及于酒，不亦宜乎？

哀薦祫事，注：始虞謂之祫事者，主欲其祫先祖也〔一〕。以與先祖合爲安。**適爾皇祖某甫。**

〔一〕「其」，諸本脱，據儀禮注疏卷四三補。

注：爾，女也。女死者，告之以適皇祖，所以安之也。皇，君也。某甫，皇祖字也，若言尼甫。饗。」注：勸强之也。

敖氏繼公曰：以祔祭例之，當云「尚饗」，蓋庶其饗此祭也。

再虞，皆如初，曰：「哀薦虞事。」注：丁日葬，則己日再虞。其祝辭異者，一言耳。

張氏爾岐曰：皆如初，謂用日祝辭，皆與初虞同。

三虞，卒哭。他用剛日，亦如初，曰：「哀薦成事。」注：當祔于祖廟，爲神安于此。後虞改用剛日。剛日，陽也，陽取其動也。士則庚日三虞，壬日卒哭。其祝辭異者，亦一言耳。他，謂不及時而葬者。喪服小記曰：「報葬者報虞，三月而後卒哭。」然則虞、卒哭之間有祭事者，亦用剛日。其祭無名。謂之他者，假設言之。文不在卒哭上者，以其非常也。令正者自相亞也。檀弓曰：「葬，日中而虞，弗忍一日離也。是日也，以虞易奠，卒哭曰成事。是日也，以吉祭易喪祭，明日祔于祖父。」如是，虞爲喪祭，卒哭爲吉祭。

敖氏繼公曰：三虞、卒哭，謂既三虞，遂卒朝夕哭也。他者，變易之辭，猶今之言別矣。不用柔日而別用剛日，故曰「他」也。他用剛日，則三虞、卒哭後于再虞三日矣。

蕙田案：敖氏以三虞與卒哭合爲一祭，非是。其詮解「他」字之義，較注説爲長。

又案：以上記祭日及祝辭。

獻畢，未徹，乃餞。 注：卒哭之祭，既三獻也。餞，送行者之酒。詩云：「出宿于泲，飲餞于禰。」尸旦將始祔于皇祖，是以餞送之。疏：虞、卒哭同在寢，祔則在廟，故有餞送尸之禮。

張氏爾岐曰：卒哭祭之明日，將祔于廟，故卒哭祭畢，餞之于寢門之外，此下所記，即其儀也。

尊兩甒于廟門外之右，少南，水尊在酒西，勺北枋。 注：少南，將有事于北。有玄酒，即吉也。此在西，尚凶也。言水者，喪質，無鼏，不久陳。

張氏爾岐曰：廟門，寢門也。

洗在尊東南，水在洗東，篚在西。 注：在門之左，又少南。**饌籩豆，脯四脡。** 注：酒宜脯也。

盛氏世佐曰：虞祭兩豆菹、醢，餞則一豆一籩，是其異也。脯，籩實也。不言豆實，亦醢可知。

有乾肉折俎，二尹縮，祭半尹，在西塾。 注：乾肉，牲體之脯也，如今涼州烏翅矣。折以爲俎實，優尸也。尹，正也，雖其折之，必使正。縮，從也。

張氏爾岐曰：二正體縮陳俎上，又截正體之半，以備授祭。

尸出，執几從，席從。 注：祝入，亦告利成。入前尸，尸乃出。几席，素几葦席也。以几席從，執事也。**尸出門右，南面。** 注：俟設席也。**席設于尊西北，東面，几在南。賓出，復位。** 注：

將入臨之位。士喪禮：賓繼兄弟「北上，門東，北面西上；門西，北面東上；西方，東面北上」。**主人出，即位于門東，少南；婦人出，即位于主人之北，皆西面，哭不止。**注：婦人出者，重餞尸。疏：婦人有事，自堂及房而已。今出寢門之外，故云「重餞尸」也。**尸即席坐。唯主人不哭，洗廢爵，酌獻尸，尸拜受。主人拜送，哭，復位。**

敖氏繼公曰：唯主人不哭，爲將行禮也。然則亞獻、三獻之時，主婦、賓長亦不哭，特於此見之也。主人拜送，蓋亦北面，如室中之儀。

盛氏世佐曰：唯主人不哭，見其餘哭自若也。將獻者哭止，獻主于敬，不欲以哭亂之。

薦脯醢，設俎于薦東，胊在南。注：胊，脯及乾肉之屈也。屈者在南，變于吉。疏：曲禮云：「以脯脩置者，左胊右末。」是吉時屈者在左。今尸東面，而云胊在南，則屈在右末，頭在左〔一〕，故云變于吉也。**尸左執爵，取脯，擩醢，祭之。佐食授嚌。**注：授乾肉之祭。**尸受，振祭，嚌，反之，祭酒，卒爵，奠于南方。**注：反之，反于佐食。佐食反之于俎。尸奠爵，禮有終。疏：爵不酢而奠之，是爲禮有終。**主人及兄弟踊，婦人亦如之。**

〔一〕「頭」，諸本脱，據儀禮注疏卷四三補。

敖氏繼公曰：「亦如之」者，亦及内兄弟之屬皆踊也。

主婦洗足爵，亞獻，如主人儀，無從踊如初〔一〕。賓長洗繶爵，三獻，如亞獻，踊如初。佐食取俎，實于篚。

郝氏敬曰：無從，無籩豆從薦也。

盛氏世佐曰：餞尸之禮，主人既不以肝從獻，則主婦之不以燔從可知，不待言也。此云「無從」者，指籩而言，上經「自反兩籩，棗、栗設于會南」是也。以其繼爵而進，亦得云從，并此而無之，禮尤殺也。

尸謖，從者奉篚，哭從之。祝前，哭者皆從，及大門内，踊如初。注：男女從尸，男由左，女由右。及，至也。從尸不出大門者，由廟門外無事尸之禮也。尸出門，哭者止。注：以餞于外，大門猶廟門。賓出，主人送，拜稽顙。注：送賓，拜于大門外。疏：從尸不出大門者，有事尸限。送賓大門外，自是常禮。但禮有終，賓無答拜之禮也。主婦亦拜賓。注：女賓也。不言出，不言送，拜之于闈門之内。闈門，如今東西掖門。丈夫説絰帶于廟門外。注：既卒哭，當變麻，受之以葛也。夕日則服葛者爲祔期。疏：喪服注云：「大夫以上，虞而受服。士卒哭而受服。」約此文而言也。今日

〔一〕「無從」，儀禮注疏卷四三作「婦人」。

爲卒哭祭，明旦爲祔，前日之夕爲祔祭之期，變麻服葛，是因祔期即變之，使賓知變節故也。

張氏爾岐曰：是日之夕，主人因告賓祔期，則服葛帶也。

入徹，主人不與。注：入徹者，兄弟大功以下。言主人不與，則知丈夫、婦人在其中。婦人説首絰，不説帶。注：不説帶，齊斬婦人帶不説也。婦人少變而重帶，帶，下體之上也。大功、小功者葛帶，時亦不説者，未可以輕文變于主婦之質。至祔，葛帶以即位。檀弓曰：「婦人不葛帶。」疏：大功以下，夕時未變麻服葛者，以其與主婦同在廟門外，主婦不變，大功以下亦不變。夕後入室可以變，故至祔旦，以葛帶即位也。

張氏爾岐曰：檀弓所言，亦謂婦人服齊斬者。大功以下，是日雖不説麻，明日祔祭，則葛帶以即位矣。

蕙田案：以上記卒哭餞尸之禮。

無尸則不餞，猶出几席，設如初。拾踊三。注：以餞尸者本爲送神也。丈夫、婦人亦從几席而出。疏：雖無尸，送神不異，故云「如初」。哭止，告事畢，賓出。

蕙田案：以上記無尸不餞之禮。

死三日而殯，三月而葬，遂卒哭。注：謂士也。雜記曰：「大夫三月而葬，五月而卒哭。諸侯五月而葬，七月而卒哭。」此記更從死起，異人之間，其義或殊。疏：士三日殯，三月葬，皆通死日死月數，是以士之卒哭在三月内。大夫以上殯葬，除死日死月數。大夫三月葬，除死月，則通四月。又有五虞，則卒哭在五月。諸侯以上可知。注「異人」，謂記者不一人，故言有更端。**將旦而祔，則薦。**注：薦，謂卒哭之祭。

張氏爾岐曰：旦，謂明旦之旦。

卒辭曰：「哀子某，來日某，隮祔爾於爾皇祖某甫。尚饗。」注：卒辭，卒哭之祝辭。隮，升也。尚，庶幾也。不稱饌，明主爲告祔也。疏：迎尸之前，祝釋孝子辭云爾。**女子，曰：「皇祖妣某氏。」**注：女孫祔于祖母。疏：此女子，謂女未嫁而死，或出而歸，或未廟見而死，歸葬女氏之家，既葬祔于祖母也。**婦，曰：「孫婦于皇祖姑某氏。」**注：不言爾，曰孫婦，差疏也。**其他辭，一也。**注：來日某，隮祔，尚饗。**饗辭曰：「哀子某，圭爲而哀薦之。饗。」**注：饗辭，勸强尸之辭也。圭，絜也。詩曰：「吉圭爲饎。」凡吉祭饗尸，曰「孝子」。疏：祔及練祥吉祭，其辭亦用此，但改「哀」爲「孝」耳。

蕙田案：以上記卒哭告祔之辭及饗辭。

明日，以其班祔。注：卒哭之明日也。班，次也。喪服小記曰：「祔必以其昭穆」，「亡則中一以上」。凡祔已，復于寢。如既祫，主反其廟，練而後遷廟。疏：祔祭與練祭，祭在廟，祭訖，主反于寢。其大祥與禫祭，其主自然在寢祭之。案下文禫月，逢四時吉祭之月，即得在廟祭，但未配而已。**沐浴、**

櫛、搔翦。注：彌自飾也。用專膚爲折俎，取諸脰膉。注：專猶厚也。折俎，謂主婦以下俎也。體盡人多，折骨以爲之。今以脰膉，貶于純吉。今文字爲「折俎」，而說以爲「肵俎」，亦甚誣矣。

張氏爾岐曰：吉祭折俎用體骨，此用膚，爲不同。

其他如饋食。注：如特牲饋食之事。或云以左胖虞，右胖祔。今此如饋食，則尸俎、肵俎皆有肩臂，豈復用虞臂乎？其不然明矣。疏：虞不致爵，夫婦無俎。此上文有俎，則夫婦致爵矣，以祔時變麻服葛，其辭稱孝。夫婦致爵與特牲同。注「或云」以下，鄭君以經文破當時「左胖虞，右胖祔」之說也。

敖氏繼公曰：其他，謂陳設之位與事神、事尸之儀及執事者也。

用嗣尸。注：虞、祔尚質，未暇筮尸。疏：「用嗣尸」者，從虞以至祔祭，惟用一尸而已。

欽定義疏：自虞至祔，惟用一尸。不易尸者，固以喪中不暇筮尸，亦以數日之間，欲令神之馮依有定，不可倏彼而倏此也。或曰孫于祖爲嗣，「用嗣尸」者，即以虞尸爲皇祖之尸，而新祔之孫不另設尸也。

曰：「孝子某，孝顯相，夙興夜處，小心畏忌不惰，其身不寧。注：稱孝者，吉祭。用尹祭、注：尹祭，脯也。大夫士祭，無云脯者。今不言牲號而云尹祭，亦記者誤矣。嘉薦、普淖、普薦、溲酒，注：普薦，鉶羹。不稱牲，記其異者。適爾皇祖某甫，以隮祔爾孫某甫。尚饗。」注：

欲其祔合，兩告之。曾子問曰：「天子崩，國君薨，則祝取群廟之主而藏諸祖廟，禮也。卒哭成事，而後主各反其廟。」然則士之皇祖于卒哭亦反其廟。無主，則反廟之禮未聞，以其幣告之乎？

張氏爾岐曰：上句告死者，下句謂皇祖。

蕙田案：以上記祔祭之禮。

期而小祥，注：小祥，祭名。祥，吉也。檀弓曰：「歸祥肉。」**曰：「薦此常事。」**注：祝辭之異者。言常者，期而祭，禮也。

張氏爾岐曰：此謂練祭。

又期而大祥，曰：「薦此祥事。」注：又，復也。疏：謂二十五月大祥祭。

敖氏繼公曰：凶事至是盡除，故曰「大祥」。而其辭曰「祥事」，言「大」者，對「小」之稱。

中月而禫。注：中猶間也。禫，祭名也，與大祥間一月。自喪至此〔一〕，凡二十七月。禫之言澹，澹然平安意也。**是月也，吉祭猶未配。**注：是月，是禫月也。當四時之祭月則祭，猶未以某妃配某氏，哀未忘也。少牢饋食禮：「祝祝曰：孝孫某，敢用柔毛、剛鬣、嘉薦、普淖，用薦歲事于皇祖伯某，以某妃配某氏。尚饗。」疏：謂是禫月，得禫祭，仍在寢。此月當四時吉祭之月，則于廟行四時之祭，于群廟

〔一〕「此」，原作「中」，據光緒本、儀禮注疏卷四三改。

而猶未得以某妃配。

敖氏繼公曰：禫之月，即安祭，所以安神。至是方云吉祭。則于祔云「其他如饋食」者，亦大約言之耳。猶未配，孝子之母，雖先其父而卒者，此時猶未以之配祭也。蓋此祭主于安其父之神靈，故不及其母。

盛氏世佐曰：别云「是月」，則禫祭與吉祭同月而異日，明矣。吉祭，謂以吉禮祀今亡者于廟也。前此者，虞不致爵，小祥不旅酬，大祥無無筭爵，皆未吉也。至此，純以吉禮行之，故曰「吉祭」。一月而兩祭者，禫尚在寢，吉祭則以其新遷于廟而爲是祭，以妥其神也。配謂以其妃之先卒者合食也。婦人無廟，其妃之先卒者鄉祔于皇祖姑，今其夫遷廟之後乃合食焉，是則所謂配也。未配則祭考而已，不及妣也。未配之義有二：一則以其在二十七月之内，未忍純以鬼神之道事之；一則喪三年不祭，是時群廟之祭猶未舉，固不得而獨私其母也。蓋此祭爲新遷廟者，不爲舊在廟者。至于群廟之祭，則必待三年喪畢，二十八月而後行之也。疏以此祭爲祭群廟，非。

蕙田案：以上記大祥、小祥、禫祭、吉祭。

右儀禮士虞禮

附方氏苞儀禮喪服或問：

喪服不及高祖，何也？與曾祖同也。何以知其同？無可殺也。何以知其非無服也？未有旁服，以是屬而反遺於正體者也。服之有差，所以責其誠。以義則高、曾等重，而恩亦未見其有差也。後世易曾祖爲五月，高祖三月，而例以小功、緦麻之月數，未達於先王「稱情以立文」之義也。

父在爲母齊衰期，何也？所以達父之情而便其事也。期之外，父居復寢，樂作矣，而子纍然哭泣於其旁，是使父不自克也。若父之喪，則母與子同戚憂，故不慮其相感動也。古者大夫有出疆之政，則祭必攝。期之外，祭當攝而廢焉，是使父不得伸敬於祖父也。然則父殁爲母三年，何以不慮祭之廢？子以哀而不得伸敬於祖父，情也。以子之哀而使父不得伸敬於祖父，是傷父之志也。然則後世加以三年，易以斬衰而衆安焉，何也？古之爲喪也，責其實；後世之爲喪也，侈其文。古者服有厭降，而居處飲食一如其常。期是文，雖屈而不害其實之伸也。若實之亡，而徒以三年爲隆，是相率而爲僞也。父母何别焉，又況斬齊苴削象於外以爲文者乎？

父殁爲母齊衰三年，何也？不貳斬者，原母之情而不敢並於父也。加以再期，原子之情而著其本，不異於父也。杖之削也，絰之右本也，取諸天地陰陽以爲象焉耳，非謂恩義之有重輕也。記曰：「三年之喪如斬，期之喪如剡。」不曰「斬衰之喪如斬，齊衰之喪如剡」也。然則父在爲母期，所以達父之情而非子之情有所殺，便父之事而於子之事無所變也，決矣。

慈母如母，何也？婦人同室，志常不相得，能使視他人之子如己子乎？因其無子，無母者而命之，然後身以有所託而安，情以無所分而篤，又申之以母服，蓋重其義以生恩也，又緣其恩以起義也。

婦爲舅姑齊衰期，何也？稱情以立文，其情適至是而止也。婦之痛其舅姑，信及子之半，可以稱婦順矣。其義之重比於孫之喪其祖，不可謂非隆矣。虞杖不入於室，祔杖不升於堂，謂可以舍杖而仍焉，是作僞於其親也。婦爲舅姑，後世易以斬衰三年，將責以誠乎？抑任其僞乎？此以知禮非聖人不能作也。

妾爲君之黨服，得與女君同。妾爲女君、君之長子三年，何也？婦人之性，惟猜妒爲難化也，故以禮明彰其義而潛移易焉。一人有子，三人緩帶，所以同其喜。服爲女君、君之長子三年，所以同其憂。如此則女教明，家和理，而下型於兄弟矣。

婦爲舅姑期，其情適至是而止。妾爲女君、君之長子三年將責以誠乎？責以誠也。舅姑以考終，常也。長子死，家之大變也。先祖之正體摧，君及女君痛如斬，而不與同其憂，非事人之道也。其曰「女君、君之長子」，何也？無適，雖庶，長不敢殺也。

繼母嫁，從，爲之服期，何也？此以權制，使背死而棄孤者無所逃其罪也。夫無大功之親相養，以生守死，義也，而孤則無與立矣。嫁而以從，於死者猶有説焉。故母子之恩，不可絶也。古者同財相養，何以不及小功之兄弟？聖人不以衆人之所難者望人，蓋專其責於所親也。因母嫁而從者，無文，何也？其服同也。何以知其同？無可加也。

繼父同居者服期，何也？所以存孤而使人不獨子其子也。鳦之喪其故雄者，常護其子而卒莫能容，非其族也。能卵而翼之，有父道焉。故正其名，重報以教民厚也。不同居而齊衰三月者，猶仍其父之名，亦此義焉爾。古者大宗收族，而禮文復具此，何也？人事或有所窮也。如單微、轉徙之類。

爲妻齊衰期，何也？古之爲夫婦者，嚴於始而厚於終，故三月而後反馬。微不當於舅姑，而遂出焉。其能成婦順，則父母得其養，兄弟、姑、姊妹得其親，三黨得其和，子姓得其式。夫苟亡常以死責之，其擔負至死而後弛，故於其喪服以期而非過也。然則一同於母乎？妻則期之外，寢可復，樂可作矣。母則居處、飲食，猶三年也。漢戴德喪服變除，天子、諸侯、庶昆弟、大夫、庶子爲其母，哭泣、飲食、居處、思慕，猶三年也。何以知其然也？諸侯絶期，而公族有死罪，素服居外，不舉不聽樂，如其倫之喪，況所生之痛如斬者乎？大夫之適子何以不降其妻也？舅姑爲之大功，則去期近矣，祭之宜攝而廢也，僅矣。

出妻之子爲母，與父在爲母同，何也？父之匹敵，身之所自出也。雖去父之室，服不可降於期，然自是而終矣。其無别于父之存殁，何也？爲父後者無服，則祭可攝矣。義既絶於父，雖達子之哀，而不慮其相感動也。其爲外祖父母無服，何也？從服也。母出則無所從矣，轉而服繼母之黨矣。别記曰：「妾從女君而出，則不爲女君之子服。」用此見婦而不婦，不惟自絶於舅姑，且絶其子；於己之父母，不惟自遠其子，且絶其子於娣姪；雖終於父母之室，而終身怍焉，所以重懲婦行之放佚，而使不敢犯也。

大夫之庶子、公之昆弟，何以降也？爲爲尸也。卿大夫將爲尸于公，未受宿，有齊衰，内喪則廢，是以降而大功也。古者尸必以孫，無親者，然後以其屬。傳曰「公子厭于先君之餘尊」，信乎？非也。公妾、大夫之妾爲其子與父母皆不降，則服之降非以尊厭，審矣。妾得伸，以不與於祭焉爾。大夫之庶子爲適昆弟，不降父之所不降，則祭與尸皆無事焉爾。

父在爲母期，而世母叔母亦期；母爲衆子期，而夫之昆弟之子亦期，何也？恩之所難屬也，故重其義以維之。幼失父母，舍是無依也；嫠而獨舍，是無歸也。故非其母也而母之，所以責母之義也；非其子也而子之，所以責子之義也。記曰：「叔母、世母疏衰，踊不絶地。」又曰：「叔母、世母、故主、宗子，食肉飲酒。」故知責以義爲多。

古之詳於殤服，何也？先王之制喪禮，一以哀死，一以衛生也。悲哀志懣氣盛，故袒而踊之，所以動體安心下氣也。水漿糜粥，量而後納，恐其有所滯壅也。哭泣奠告，所以致其思慕也。蓋必備其禮，達其情，而後哀可節焉。人之愛其子也，於所親爲甚，服可除，其情不可抑而絶也。故子婦之愚惷者，乃過時哭泣，以傷長老。其敬順者，或攝隘以傷其生。用此知古之道，所以達人情之實而不可易也。

適孫爲祖父母三年而報以期，何也？三年者，代其父也。原父之心，致痛於尊者之悼獨無終極也，故累而相承，雖高、曾無殺焉。適子之服，既三年矣，原子之心，見父母之致哀於卑者，惟恐其或過也，故適孫以期斷。此先王所以達人情、權禮義，而不可損益也。曰「適孫」，而不曰「祖爲適孫」，故知祖母同。

夫承高、曾之重，則妻何服？凡祭，必夫婦親之。父卒，爲祖父後者斬，則妻從服如舅姑可知也。高、曾視此矣。然則母在宜何服？原祖之情，不忍以孫之亡而遠其婦；緣婦之義，不敢以夫之亡而遠其祖，則服如舅姑可也。然則婦姑同服，可乎？義之重均，則高、曾之服同齊衰三月；恩之輕均，則從祖父母、諸父昆弟同小功，安在婦姑不可以同服也？

爲人後者，爲所後者之祖父母、妻、妻之父母、昆弟、昆弟之子若子。父舉正統，而母黨則詳焉，何也？正統有重服，嫌或同於庶子；母黨有徒從，嫌或同於前母之子，故著之也。母之黨然，則父之黨無降殺可知矣。

爲人後者，爲其父母、昆弟、姊妹適人者之外服不見經，何也？以親兄弟之子而相後，則三者之外服皆同也。以是知古之立後，親者盡，然後取於疏，所以則天經而定民志也。

庶子之子爲父之母服不見經，何也？大夫之庶子，父在爲母大功，父殁遂，則其子從服而每降焉可知也。不嫌於以之配祖而卑其祖，與庶子父殁爲母三年，不嫌於以之配父而卑其父也。先王制禮，恩與義並行而不相悖。別記曰：「有從輕而重，公子之妻爲其皇姑。」則君夫人在，既以正其姑之名，而服以婦之服矣。庶子得服母之黨，庶子之子乃不得從父而服父之母乎？然則妾母不世祭，穀梁傳：「於子祭，於孫止。」何也？彼據適子而言之也。庶子不祭禰，故緣父之恩與兄弟之義，而使其母得祔食焉。易世以後，則庶子之子自立禰廟，以饗其親，而上及於祖妣矣。是以於適孫則止也。周祀姜嫄，蓋斯禮之下達舊矣。

女子適人而無主者，不爲父母斬，何也？父母之於女，服可加者，仁之通；女之於父母，服不可加者，義之限也。服過於期，則疑於去夫之室矣。然則姪與兄弟之期何以報也？期，其本服也。小功，皆在他邦加一等，況適人而無主後者於其兄弟乎？故加期以報，而無所嫌焉耳。

適孫婦服不見經，何也？文脱也。庶孫婦緦，則小功可知矣。或曰「適婦在，則孫婦不得爲適」，非禮意也。凡祭，必夫婦親之。孫爲祖後，其婦從焉。適婦嫠，不得主祭，準以「有適子無適孫」之義則失之矣。

諸侯之大夫以時接見乎天子，則爲天子服。世子誓於天子，而不爲天子服，何也？古者繼世以象賢，故君薨，子承嗣，三年之喪畢，類見於天子，天子錫之命，而後其位定。未類見，視天子之元士，以君其國。今父在，承嗣與定位不可知，故其服不可得而制也。古者諸侯覲於天子，既事，肉袒請刑，世子不爲天子服，皆所以使自戒懼，而不忘其事守也。然則無變乎喪之通禮，「父有服宮中，子不與於樂」，則既爲之變矣。

國君絶期，而爲適子之長殤、中殤大功，何也？痛先祖正體之摧也。用此見父爲長子三年，通乎上下。

小功之親，皆在他邦，加一等，不及知父母與兄弟居加一等，何也？以事之變而生其恩，故不得服其常服也。別記曰：「生不及從祖父母、諸父、昆弟，而父稅喪，己則否。」記文脱「從」，辨見戴記或問。情之所不屬，不可作而致，故并其服而去之，所以責服其服者之誠也。

婦人爲子婦小功，而夫之昆弟之子婦大功，何也？報服也。姑之於婦，不可以言報。夫之昆弟之子婦服不見經，何也？以婦服夫之世母、叔母，知其報也。何以知其報也？大夫之子於不降期，唯子不報也。世父、叔父期，則從祖宜大功，而服小功，何也？大功之親，皆屬乎祖與父者也。從祖則屬於曾祖者也，其恩不可强而同。且服止於五，而窮於緦。若從祖大功，則三從之緦施於六世矣。朱子語類所載乃門人之問，非朱子之答也。

母之姊妹之服乃隆於母之兄弟，何也？女子在父之室，於姊妹爲尤暱，故親其姊妹之子，常過於舅之親其甥，故稱其情而爲之服也。

戴記喪禮或問：

「在堊室之中，非時見乎？母不入門」，何也？喪禮莫嚴於御内。既葬，君食之則食之，大夫父之友食之則食之，不避粱肉。祥禫而後，未吉祭，不得復寢。親者有之矣，御内而不忘哀，未之有也。禮以防德，非徒外之文。蓋食粱肉而凄然念所憂則既殺矣，使以見母，而時接其内人，哀敬之心移焉。雖强居於外，猶之乎作僞於其親也。故見其母有時，其入也有時，其出也有時，而母以外不得見，所以示人心之危，而俾自循省也。

「期，終喪不御於内者，父在爲母爲妻」。先王制禮，非重妻而輕諸父、兄弟也。世父母、叔父母、兄弟、姑、姊妹、子姓、兄弟之子，一斷以終喪不御於内。設本大枝繁，而死喪相繼，則人道爲之曠絶矣，故近其期，所以使中人易守也。寡伯叔父兄弟者，必終喪不御於内。妻一而已，媵姪具於初婚，内事以次攝，非宗子，娶不必再，故其義可得而伸也。何以言母妻而不言祖父母？母與妻，疑爲父在而屈者也。祖父母之伸，則不以父在爲疑者也。

「婦人喪父母，既練而歸；期九月者，既葬而歸」，何也？爲人夫者，無爲哀其妻之親屬至於久而不怠也，使歸而入室焉，則喪之道息矣。用此見古者士大夫必具姪娣，以攝内事，奉舅姑，然後婦人得成禮於所親。「禮不下庶人」，此類是也。

妻妾之喪食異於子姓，何也？子姓之哀，惟恐其不及也。妻妾則或慮其過，一以自嫌，一爲其夫嫌也。古者閨門有禮，故妻有娠，居側室，夫不自見，而使人日一問之；妻不自言，而使姆對。及其終也，男子不絶於婦人之手，婦人不絶於男子之手，所以彰羞惡之原以立人之道也。公父文伯死，其母戒其妾曰：「二三婦之辱共先祀者，請無瘠色，無憂容，從禮而靜，是昭吾子也。」「穆伯之喪，敬姜晝哭而帷殯」，達此義也夫！

「爲父母喪，未練而出，則三年；既練而出，則已；未練而反，則期；既練而反，則遂之」。既練而出，服之既除者，不可以再始也。然反父母之室，而吉服以臨祭奠，間兄弟之衰麻，可乎？既練而反，服之未除者，不可以無終也。然反夫之室，而箭笄髽衰以侍舅姑，而疑於爲其夫，可乎？婦人持私親之服，不歸夫家，本義爲不宜入室，然亦恐疑於夫家之服，舅姑意或惡之。古者婦爲舅姑，期之外服青縑，以俟夫之終喪。出與反者皆從，是以終喪，而居處飲食則自致焉可也。

「爲君母後者，君母卒，則不爲君母之黨服」，何也？從服也。君母卒，則無所從矣。父再娶，從後母而服其黨。父殁，自服其母之黨。父未殁，不再娶，則其不服君母之黨，何也？不可以徒從而紊於屬從也。用此知古者妾有子，則女君免於出。先王制禮，以立人道之防，始婚具媵姪，少者以次需，所以禁男子之色過也。妾有子，女君免於出，所以化婦人之嫉心也。

「從服者，所從亡則已。屬從者，所從雖殁也服」。徒從者四，惟妾爲女君之黨一同於屬從，何也？婦人之妒者，恒視其妾如讎仇。而先王制禮，乃一同於天屬，使幼而見焉，長而思焉，其哀吾子也，不異於所生；妾爲女君之子與女君同。其哀吾父母也，不異於所生；其哀吾親戚也，不異於同生。而義之重，恩之深，至於雖歿而無變焉。非甚無良，必且潛移其忍心，而大怵於公義矣。此禮之所以起教於微眇而絶惡於未萌也。

「公子爲其母，練冠，麻，麻衣縓緣」，而其妻期，何也？子於所生服，雖厭降，中情不可得而奪也。婦服其姑而異於嫡，將有慢心焉，故斷以期，而正之曰皇姑。間傳：「有從輕而重，公子之妻爲其皇姑。」所以示妾母之尊，有獨伸而致其嚴也。

「父卒，然後爲祖父後者，服斬」。父没，未成服，而祖又殁，如之何？服以斬。成服以卒之先後，其他如父母之喪偕。父在，祖殁，未成服而父又殁，如之何？服以斬。其成服不以殁之先後，是何也？父卒然後爲祖後，父之服未成，則於祖無承也。祖殁於父後，而曾祖尚存，如之何？子爲父斬，不以祖之存殁異也，則承父之重，而爲祖斬，不以曾祖之存殁異可知矣。父祖殁，母在，而祖母殁，如之何？父卒，爲祖斬，不以母之存殁異也，則祖卒，而爲祖母三年，不以母之存没異可知矣。

繼祖母如因高、曾，視祖妻；從夫，適孫之母同婦。其他皆以是類焉可也。

「祖父卒而后爲祖母後者三年」。祖母殁，未終喪，而祖父殁，如之何？禮，如父母之喪偕。然則衰可更制乎？女爲父母，未練而出則三年，胡爲不可以更制也？

「既葬，若君食之則食之。大夫、父之友食之則食之矣。不避粱肉。若有酒醴，則辭」。父母、大父母、諸父至尊親而不得食之，何也？君、大夫、父之友之食，不常也。「有服，人召之食，不往。大功以下，既葬，適人，非其黨不食。」斬衰之喪，非有大事，不之君所。大夫、父之友可知。家人而姑息之愛行焉，則喪紀爲之廢矣。

「喪，三年不祭」，何也？謂主孤不親即事也，故曰「惟祭天地社稷爲越紼而行事」。蓋宗廟之祭，則宰宗人攝之。商書：「伊尹祀于先王。」周官量人職：「凡宰祭，與鬱人受斝歷。」宗伯職：「王不與祭，則攝位。」曾子問：「天子崩，諸侯薨，祝取群廟之主，藏之祖廟。卒哭成事，而後主各反其廟。」未卒哭，藏群廟之主，爲不祭也。主既反廟，則時祭不可廢矣。既殯，五祀行于宫中，況五廟、七廟之祭而可廢至三年之久乎？五祀則祝史薦之。詳見曾子問。山川百祀則有司舉之，主孤不親涖焉爾。大夫士之禮所以異者，何也？尊者統遠，卑者統近。

士大夫之祭，止於曾祖，亡者之祖若父也，其情戚矣。推生知死，將見羶薌，而不忍御焉，雖廢祭可也。諸侯之祭，達於太祖，豈惟家之承？國體係焉。天子之祭，極於祖之所自出，所承益遠矣。其不親即事，所以達孝子之情；而祭不廢，所以重先王、先公之統也。「天地社稷越紼而行事」，則將脱衰而以嘉服乎？天子者，天地之宗子也。以天地臨之，私親可暫屈也。諸侯之社稷，天子之命祀也。以天子臨之，私親可暫屈也。弁葛絰而葬，與神交之道也，而況天地社稷之重乎？成王崩，康王冕服以受顧命，臨諸侯。其去武王之喪未遠也，必周公之所嘗行也。然則越紼而行事，終事而反喪服，胡爲其不可乎？

天地社稷可越紼而行事，宗廟之祭何以必使人攝也？古者父爲繼祖之子斬，祖爲適孫齊。統之上承彌重，則憂之下逮彌遠。故君始喪，祝取五廟、七廟之主而藏於寢廟，蓋謂雖祭而不忍歆也。既卒哭，主各反其廟，則時祭不可廢。然緣祖考之心，近者服猶未終，遠者憂猶未弭，不忍見喪容之纍纍而易其服，故使宰、宗人攝焉，所以達嗣子之哀而又以申其敬也。

「君子不奪人之親」，而有君喪服於身，雖父母之喪，不敢私服，何也？使父母生而存，固將斬齊而苴絰焉。服有變除，緣死者之心，不敢以己之服而變除君之服也；緣生者之義，不敢以君之服而同於私服之有包有特也。君之喪服除而後殷祭，亦此義焉耳。曰殷祭，包二祥也。有君喪服，而可私舉虞祔，何也？葬有定期，虞祔必連舉，且以私服計之，卒哭後，有受而無變，祥則變而即吉矣，故不敢。

「緦不祭」，何也？以同宮爲斷也。爲父後者，爲出母無服。於母之恩，尚以承祭絶之。設大夫之子爲士，士之所以異者，緦不祭。乃以四世兄弟之服而廢皇考、王考之祭，不亦舛乎？曾子問曰：「大夫之祭，鼎俎既陳，籩豆既設，不得成禮，廢者幾？」孔子曰：「天子崩，后之喪，君薨，夫人之喪，君之太廟火，日食，三年之喪，齊衰，大功，皆廢。外喪自齊衰以下行也。」諸侯之大夫爲夫人期，爲天子七月，祭皆廢。然則外喪齊衰，爲世父母、叔父母、兄弟不同宮者可知也。以同宮爲斷，則祭之廢者寡矣。吉凶異道，不得相干，故同宮，雖臣妾，葬而後祭，况親屬乎？

「大功者主人之喪，有三年者，則必爲之再祭。朋友，虞祔而已」。無三年者，何以不爲之練祥也？無後者，從祖祔食，他日之主祭者，即夫人也。大功而主喪，必同祖之適長。大功之服，不及練祥，則以時而祔食於祖可矣。民不祀非族，朋友何以得虞祔也？天子諸侯祭，因國之在其地而無主後者，學者祭先聖先師，皆以義屬耳，而況兼以朋友之恩乎？亡者無族，既爲之葬，則迎精而反，不可無以安之也；魂魄無依，不可不爲之祔也。然則何以不並主其練祥也？朋友虞祔而退，衆賓皆在焉，故主其事而不爲嫌。練祥之祭，嫠也自致其哀，而以朋友參焉，則瀆矣。然則妻可練祥而不得虞祔，何也？虞有禮於賓，祔以告其祖，而以婦人專之，則瀆矣。

「姑、姊妹，其夫死，而夫黨無兄弟，使夫之族人主喪。妻之黨雖親，弗主。夫若無族矣，則前後家，東西家；無有，則里尹主之」。婦人出而不反，然後私親主其喪，匪是而主之，是儕嫠者於出婦也。朋友死，無所歸。孔子曰：「於我殯。」奉使而死於異國，從行者非無親屬，觀祭筮尸可見。而君大夫之弔，介主之。義各有所當也。前後家、東西家而曰「無有」者，求其夫之朋友而不得也。古者男女始生，必書於閭史。二十五家之長。在鄉爲閭胥，遂爲里宰。里尹即宰也。二十五家豈能别置史？非里胥自爲之，則取於比長之知書者。朋友之道窮，然後里尹可屬焉。周官黨正掌五族之喪紀。無子而服加以期，恩以窮而益篤也。不敢主其喪，義以變而益嚴也。禮粗則偏，是以非聖人不能制爾。

「居君之母與妻之喪，居處、飲食衎爾」，何也？義不得致其哀也。未亡人考終，以從先君於地下，是國之福，夫人之幸也。古者禮莫嚴於男女，故嫂叔不通問，姑、姊妹、女子子已嫁而反，兄弟不與同席而坐，同器而食。小君之喪，而群下致其哀，君子以爲慎矣。

「視君之母與君之妻，比之兄弟」，何謂也？凡小功者，謂之兄弟。孔子曰：「居君之母與妻之喪，居處、飲食衎爾。兄弟之期，其痛如剡，胡可比也？」小功比葬，食肉飲酒，此曰「發諸顔色者，亦不飲食」，國體存焉爾。

「叔嫂之無服」，何也？先王制禮，使人知自别於禽獸，故常以禽獸之道閑之。叔嫂不通問，姑、姊妹、女子子已嫁而反，兄弟不與同席而坐、同器而食。大爲之防，而亂之生比由於此。此以知聖人憂世之深也。

諸侯有父母之喪而天子崩，則如之何？記曰：「君薨，未殯，臣有父母之喪，歸殯，反於君所。」親未殯，則子之情不可奪也。親既殯，則臣之義不可違也。春秋傳曰：「周人有喪，魯人有喪，周人弔，魯人不弔。周人曰：『固吾臣也，使人可也。』魯人曰：『吾君也，親之者也。』」未殯，雖有天子之命猶不敢，則既殯而往可知矣。

「夫人弔於大夫士」，何也？君之懿親也。服可除，喪紀不可得而廢。「五廟之孫，祖廟未毁，雖爲庶人，死必赴，練祥則告」，況大夫士乎？然則君與夫人之弔禮，何以止於大夫士？自庶人以下，尊卑之體懸，其力不足以周其事，親與之爲禮，則受者以爲難。故聞其喪，爲之變，正其賵賻承含，而弔弗親焉爾。

「大夫之適子爲君、夫人、大子如士服」，何義也？古者孤、卿、大夫、元士之適子，並入於成均，舍不帥教而屏之遠方，鮮不爲士者。故雖未仕，而掌於諸子，董以師氏，令於宫伯，國之休戚，壹與有位者同之。諸子職：「國有大事，帥國子而致于大子，惟所用之。若有甲兵之事，以軍法治之，會同、賓客，作以從王。」宫伯：「掌王宫之士庶子，凡在版者。有大事，作宫衆，則令之。」而況君、夫人、大子之大故乎？然則士之子何以異也？古之服喪者，必舍於公宫。邑宰之士，猶既練而歸。孤卿大夫有室老、私有司以承家事，故其子可持服於公宫。若士之子亦如之，則室家之計，天屬族姻，疾病死喪嘉好之事，孰代承之？此先王制禮，所以稱物緣情而盡人之性也。非元士之適子，不入於成均；非貴游子弟，不學於虎門，皆勢有不行。然則與國民奚別焉？父有服宫中，子不與于樂，則與國同憂之日遠矣。

「生不及祖父母、諸父、昆弟，而父税喪，己則否」，何謂也？文脱而傳者承其誤也。降而在緦，小功者猶税之，而況正體至親之期乎？從祖父母及所出之諸父昆弟，於父爲期爲大功，而已皆小功也。「小功不税」，謂此焉爾。

師之服不見於禮經，何也？古者自間以達於國，皆有師，以課術業，稽勤惰。曰師、曰弟子者，乃有司之事守爾。其時有久近，業有大小，教有精粗，誼有疏密，故其服不可得而制。雖曰「人生在三，事之如一」，然道之足以稱此者鮮矣。孔子之喪，門人疑所服，蓋前此未之聞也。記曰：「服勤至死，心喪三年。」蓋以孔氏之門人，若喪父而無服耳。周官調人之職曰：「師長之讎視兄弟。」或嚴如父，或儕於長而比之兄弟，以義爲衡，可以自擇矣。

「大夫士既葬，公政入于家」，而庶人三年不從政，何也？非獨遂其哀心，亦寬其財力，俾得自營以更喪之所費耳。

「禫而從御，吉祭而復寢」，何謂也？喪祭言寢者三：「既練舍外寢」，謂堊室也。「又期而大祥，居復寢」，平日之外寢。齊與小喪之所次也，惟「吉祭而復寢」，乃燕私之寢耳。廬、堊室之中，不與人坐焉。大祥復外寢，則婦人可從而與執事矣。而未吉祭，不忍復其燕私之居。「孟獻子禫，比御而不入」，未吉祭故也。寢則未復，而使婦人與執事，何也？哀心必以久而平，常道必以漸而復。先王知孝子之情不可使脱衰而御内，而邪惡之民欲動情勝，而不能自止也。故權其節會，制以文理，而使自循省焉。「始食肉者，先食乾肉；始飲酒者，先飲醴酒」，亦此義焉爾。鄭氏謂：「從御，御婦人。」杜預謂：「從政而御職事。」皆非也。大祥居外寢，齊喪所次，無御婦人之道。既卒哭，諸侯服王事，大夫服國事。既練，諸侯謀國政，大夫謀家事，豈待既禫始從政御職事哉？

「婦人不居廬，不寢苫」，何義也？深宫固門以自藏，復幬重衾以自蔽，雖至痛而不廬不苫，所以示守身之嚴而不可苟也。然必有次焉，班序群居，而不敢適私室。大記曰：「夫人、世婦，在其次則杖，即位則使人執之。」曾子問曰：「壻親迎，女在塗，而有齊衰、大功之喪，則如之何？」孔子曰：「男不入，改服於外次；女入，改服於内次。」男女各有次，限之以内外，偕作並息，雖有不肖者，無由接於淫，非此禮之所以閉其塗而禁於未發也。其不及小功以下，何也？恩則輕，服則衆，盡爲之變，則勢有所不行矣。

哀至則哭，志懣則踊者，人之情也。哭踊有節，則將抑而止焉，將作而致焉，若是乎禮之不即人心也？荀子曰：「將由夫愚陋邪淫之人與？則彼朝死而夕忘之。然而縱之，則是曾鳥獸之不若也。彼安能相與群居而無亂乎？將由夫修飾之君子與？則三年之喪，二十五月而畢，若駟之過隙。然而遂之，則是無窮也。」用此推之，哭踊必有節，然後痛甚者依於禮而不敢遂，不肖者勉要其節而中情，不應其心必有動焉，所以振其昏蒙而納之於人道也。「禮有微情者，有以故興物者」，於此焉具之矣。愴怳惚愾，其節不能以自辨，故商祝後主人而相焉。

廬不於殯宮，何也？近則習，習則哀心不可繼而微。常則安，安則敬心不可攝而散。且親方存，子之起居飲食必異所，懼其褻也，況在殯乎？故無事不辟廟門，朝夕褰帷而哭，所以致哀而遂敬也。廬於中門之外，哭無時，所以便事而達情也。

始喪，自君至於士，哭以人代，無停聲，何義也？所以使衆著於親上死長之義而不敢惄也，所以使主人哀情時觸而不敢忘也。「禮有以故興物者」，此其凡也。

「期，九月之喪，皆三月不御於內」。大功之正服，何以上比於期也？此禮之所謂「推而進」也。從父兄弟，視同生有間矣，而吾父視之，猶子也。泝之大父母，則與吾一身也。故緣祖若父之心，而不忍遂離異焉。兄弟之子婦，疎矣，而子猶吾子也，故因服之有報，而喪之如適婦。重其義以明恩，所以厚人倫而正家則也。

居喪之禮，小功、緦麻無别焉，何也？服不容無差，而哀不能更有差也。其復寢之制無聞，何也？以期、大功之三月推之，則終月而復焉，爲已促矣。義之輕，莫若姑、姊妹之子，然吾姑、姊妹方心絶而志摧，苟有人心者，能宴然即安於私寢乎？恩之淺，莫若妻之父母，然人喪其親，我不能旬月爲之變，而狎於婢妾，古者婦人喪父母，既練而歸。尚望其誠孝於吾親而安其屬乎？是謂察於人倫事淺而義博矣。

「齊衰期者，大功布衰九月者，皆三月不御於内」。女入門，遭喪而未婚者，何以必俟喪之除也？曾子問曰：「壻親迎，女未至，而有齊衰、大功之喪，則如之何？」孔子曰：「男不入，改服于外次。女入，改服于内次。然後即位而哭。」曾子問曰：「除喪不復婚禮乎？」孔子曰：「祭，過時不祭，禮也，又何反於初？」御内之期，斷以三月，所以該事之變，而計其所窮也。始婚則一而不再，吉凶異道，不得相干。小功，既卒哭，可以冠、娶妻，而下殤之小功不可，則每上者可知矣。「除喪不復婚禮」，何也？舅姑則既見矣，盥饋則既親矣，奠祭既與，廟見之期既踰，是以過時而不可復也。

親喪外除，中月而禫，則其曰「三年之喪，二十五月而畢」，何也？「祥而縞，是月禫，徙月樂」。祥以二十五月之始，禫以是月之終，是謂「中月而禫」，是謂「二十五月而畢」爾。

「凡爲位，非親喪，齊衰以下皆哭盡哀，而東免絰即位，袒，成踊；襲，拜賓，反位，成踊；送賓，反位，相者告就次。三日五哭，卒，主人出，送賓。衆主人兄弟皆出門，哭止。相者告事畢，成服，拜賓。若所爲位家遠，則成服而後往」，此聞諸父兄弟死於異國之禮也。「主人」者，或以親，或以長，而應主其人之喪者也。「告就次」者，聞喪不入內，雖一夕，必有次也。「若所爲位家遠，則成服而後往」，近則不忍待也。首言「非親喪」者，若親喪在外，則無遠近，聞而奔，不暇爲位以哭也。舊說此以私事出，未奔者，果爾，則在他國，不應有衆主人兄弟，故復遷就其說，謂既奔喪至家，則喪家之主人爲之拜賓送賓，衆主人亦謂在喪家者。文義情事，俱不可通。

記曰：「相趨也，出宮而退。相揖也，哀次而退。相問也，既封而退。相見也，反哭而退。朋友，虞祔而退。」又曰：「知死而不知生，傷而不弔。」何也？一以語其常，一以語其變也。或相知於異國，或同事於異時，其子未之或知，而往弔則嫌於以父之行自居，而使主人心愕焉，故傷之而遂已焉爾。

「所識，其兄弟不同居者皆弔」，何謂也？死者，所識之兄弟也。弔者，弔其所識也。伯高死於衛，孔子使子貢爲之主，而曰「爲爾哭也來者，拜之」。朋友得爲主而受弔，則兄弟可知矣。弔，所以哀生也。「知死而不知生，傷而不弔」。子且不弔，况其兄弟不同居者乎？「大夫哭諸侯，不敢拜賓」，何謂也？君薨於異國，子出迎，諸臣在國者，朝夕哭臨於朝，國賓有入唁者，則哭以答之，而不敢拜也。曾子問：「君出疆而薨，其入也，子皆從柩。」故知聞訃必出迎也。知在國卿大夫哭臨者，君雖未知喪，臣先服，則哭臨，不待子之歸明。

聘禮「使者在他國，君薨，赴未至，則哭於巷，衰於館。赴者至，則衰而出」。諸臣在他國，無受弔之禮，而曰「不敢拜賓」者，主國君臣及他國同時而爲聘使者，必相唁也。

「與諸侯爲兄弟，爲位而哭」，不曰「不敢拜賓」，何也？在禮，非爲後者，不敢拜賓。子姓且然，况兄弟乎？諸臣在他國，及君之喪未至，子未反，而賓臨焉，疑可以拜，故著之也。

「天子、諸侯之喪，斬衰者奠」，皆異姓也，同姓不與焉，衆主人是也。「大夫，齊衰者奠」，其臣斬衰者不足，然後取焉。下文「天子諸侯之喪奠，不斬衰者不與；大夫，齊衰者與」，故知其臣斬衰者不足，然後取焉。「士則朋友奠，不足，取於兄弟大功以下者」，不使親者執事，以間其哀，上下所同也。士取於疏者而大夫則取於親者，何也？執事者皆斬衰，而以輕服間焉，不稱也；取於兄弟大功以下者，明父之行不與也。

「絶族無移服」，故出妻之子於外祖父母無服，況異父之兄弟乎？公叔朱、狄儀之問，游、夏二子之答，記者之失其傳爾。

「樂正子春之母死，五日不食」，而自悔其不情，何也？不及乎禮，不可不自强也；過禮而强之，則本心爲之變易矣。「曾子執親之喪，水漿不入於口者七日」，而不聞有悔者，順其自然，而無容心焉耳。

「有殯，聞遠兄弟之喪，雖緦必往；非兄弟，雖鄰不往」。「子張死，曾子有母之喪，齊衰而往哭之」，何也？孔子之喪，門人祥禫而後歸。德之成，義足以並所生；道之合，可以當同氣，故曰「禮雖先王未之有，可以義起也」。

古者過期而不葬，則主喪者服不除，故葬必服其初服也。後世葬無期，釋服而從吉久矣，而葬乃返其初服，非即遠而輕之義也。周官之法，「不樹者無槨，不績者有不衰」，所以使内痛於心而外作於人也。免喪而後葬者，著之令，無改於常服。有故焉，使得從改葬之服可也。

重喪未除而遭輕喪，其服之有兼也。兼其輕者不兼其重者，蓋輕者可包，而重者不可二也。斬衰之喪，既虞卒哭，遭齊衰之喪，輕者包，重者特。易其輕者不易其重者，可易者，以其痛之新；不易者，以其義之重也。如前喪既虞、卒哭，受麻以葛，以後喪之麻帶易前喪之葛帶，而首仍前喪之葛絰。麻有可以變葛者，其恩本重也。大功以上之麻。有不可以變葛者，其恩本輕也。小功以下之麻。麻以易葛而麻，終仍反前喪之葛，期、大功卒哭以後則絰，期、大功之絰仍反練之，故葛帶。皆所以衡時義而達人情之實也。

「卒哭曰成事。是日也，以吉祭易喪祭」，何謂也？三虞卒哭，祝辭曰「哀薦成事」，明日而祔。虞之後，不聞更有卒哭之祭也。以吉祭易喪祭，謂以末虞之吉祭易初虞、再虞之喪祭爾。鄭氏據雜記「上大夫虞以少牢，卒哭成事、祔皆太牢」，謂三虞後更有卒哭之祭，非也。禮於虞祔多連舉，以卒哭爲虞之一，舉虞可包卒哭也。間有虞、卒哭並舉者，亦不害末虞爲卒哭也。即以雜記之文言之，安見非以末虞爲卒哭，而易牲以祭，如士遣奠之以少牢哉？

「如三年之喪，則既潁，其練祥皆行」，何謂也？前後喪皆三年，然後祭可補也。

餘喪有主者，則彼自及時而行練祥。即此人爲主，既潁後，亦不得追舉。知然者，上言除服，兼諸父、昆弟，而此獨舉三年之喪以别之也。祭與除服事聯，而義不相蒙。小記曰：「期而祭，禮也。期而除喪，道也。祭不爲除喪也。」故合行者，其常也，遭變則廢舉，各以義起。有君喪服，則私服不得除，而練祥可追舉，君之喪服除而後殷祭是也。詳見曾子問。並私服，則服皆得除，而祭惟重喪可追舉，此記是也。「祥，主人之除也。於夕爲期，朝服。祥，因其故服」，是祭之前夕已除前服，故知除服與祭各爲一事也。注「既潁，虞後」，山陰陸氏以爲禫後，皆未安。禫則後喪大祥俱畢，然後補前喪練祭，則過緩。虞後則後喪甫三月餘，而飲福、衣朝服，可乎？禮文殘缺，未知以潁代葛何據。然以義揆之，當爲練後。蓋既練則後喪大祥亦近矣，雖暫服前喪大祥之服，無害也。

「大功之末，可以冠子，可以嫁子。父小功之末，可以冠子，可以嫁子，可以娶婦。己雖小功，既卒哭，可以冠、取妻。下殤之小功，則不可」，此就父言父，就子言子也。大功、小功之服，有無輕重，父與子不可得而同。父可冠子、取婦，而子不可冠、取妻，不得冠、取也。己可冠、取妻，而父不可冠子、取婦，不得冠、取也。

「以喪冠者，雖三年之喪，可也」，而小功乃以卒哭爲期，何也？用此知喪冠之禮不及於小功也。大功以上，其情戚而爲期遠，故因喪服而冠。小功、緦麻則俟焉，而用吉可知矣。人情之實也。與曾子問不合，此所傳，或異代之禮。

「妻視叔父母，姑、姊妹視兄弟，長、中、下殤視成人」。姑、姊妹之服輕於兄弟，殤服降于成人，而哀情則一也。世叔父母之哀情有間矣，而況妻乎？謂宜一視者，爲厚於妻子而薄於世叔父母者言之爾。

「大夫士父母之喪，既練而歸。朔日忌日，則歸哭於宗室」。君之喪，邑宰之士，既練而歸。朝廷之士與大夫同，次公館以終喪。況子之於父母，而可以適庶別乎？女子已嫁，喪父母，既練而歸。子於父母而同於女子之已嫁乎？既練，居堊室，非時見乎母，不入門，況反其私室與？

「大夫士將與祭於公，既視濯，而父母死，則猶是與祭也，次於異宮。既祭，釋服，出宮門外，哭而歸。其他如奔喪之禮。如未視濯，則使人告，告者反而後哭」。祭必齋。齋者，齊不齊以致其齊者也。父母死，使次於異宮而禁其哭踊，哀痛中迫，尚能齊一以交於神明乎？周官凡禮事，大宗伯掌之，小宗伯佐之，肆師又佐之，所以代匱而備喪疾也，況百執事所共無常而不可攝乎？下以拂人之情，而上以瀆神之祀，先王之典禮必無是也。

「士大夫不得祔於諸侯，祔於諸祖父之爲士大夫者」。祔廟者，告新主之將入也。祔而各立廟於其家，則安用告？若奉主以入諸祖父之廟，是無故而祧人之祖也。其孫之當祔者，又將安祔乎？

「公子祔於公子」。公子有宗道以收族爾。群公子死，其子各立廟而祭之，以爲小宗。謂宜祔於祖之兄弟，妄也。

附録一　五禮通考序跋

盧文弨序〔一〕

天地間一皆禮之所蟠際乎！五禮之用，猶夫四時五行之成歲功也。蓋嘗大較分之，嘉近於春，賓近於夏，軍近於秋，凶近於冬，而吉寔流貫乎四者之中，亦猶夫土之寄王於四時焉。天高地下，萬物散殊。人之生也，孩提知愛，少長知敬。蓋自三才立，而禮即於是乎肇端。有聖人作，爲之經緯焉。踵而成之者，未必皆合於節文之中，然亦緣情而制，因義而起。在別擇而審行之耳，固不可盡廢也。吾師味經先生，

〔一〕盧文弨、盧見曾、方觀承三人序，據光緒本補入。四庫本有蔣汾功、顧棟高、秦蕙田三人序，味經窩本有蔣汾功、方觀承二人序，乾隆本有蔣汾功、方觀承、顧棟高、秦蕙田四人序。光緒本有盧文弨、盧見曾、秦蕙田、蔣汾功、方觀承五人序。

本朱子之意，因徐氏讀禮通考之例，而徧考五禮之沿革，博取精研，凡用功三十八年，而書乃成。梓既竟，文弨先受而讀之。其書包絡天地，囊括人事，縷析物情，探制作之本旨，究變遷之得失。義可疑，雖昔賢之論不輕徇；理苟當，雖毫末之善亦必録。窮經者得以息紛紜之訟，議事者賴以定畫一之準。大矣哉！古今之菁英，盡萃於此矣。洵可謂懸諸日月不刊之書也。夫昔之有事於綴緝者，通禮、類禮，今已不傳，馬氏作考，但志王禮，而士庶則略，且于古有今無、古無今有及本無沿革者，皆不之及。凶禮有五，而徐氏但志喪禮。蓋規模大則節目益繁，精力因慮有不逮也。先生之書，豈非冠古今而獨絶者乎？顧説者謂士當求合先王之意已耳，而不必屑屑于既往之迹，此大不然！孟子當籍去禮壞之後，故不得已而爲約略記憶之辭。孔子之時，文、武未墜，則大小無所不學；杞、宋無徵，而夏、殷未嘗不能言也。上考三代，下暨百世，所因之禮，損益可知。臚而列之究其變，而常道之不可易者益以著，聖作明述，其有取於此書必矣。時歲在癸未二月既望五日，受業盧文弨拜識。

盧見曾序

往余讀徐東海先生讀禮通考，嘆其兼綜百代，折衷盡善，有功於禮教甚大，而病其未全。通籍後，同年顧君震滄，問學淵博，尤邃於經。乾隆丙辰，余爲兩淮運使，延之教子，曾爲余言，少時嘗欲鉤貫六經，作周官聯一書，未就。余亟贊之曰：「子速成之，吾爲任剞劂之費。」會余罷去，而顧君有春秋之纂述，遂不果爲。迨余賜環，而顧君年已老矣。疑五禮不復得覩全書，深以爲憾。乙亥冬，今大司寇味經秦先生辱示五禮通考，全書增徐氏吉、軍、賓、嘉四禮，而喪禮補其未備，苞括百氏，裁翦衆説，舉二十二史之記載，悉以周禮、儀禮提其綱。上自朝廷之制作，下逮諸儒之議論，靡不搜抉仄隱，州次部居，令讀者一覽易曉。至是而世之有志於禮教者，始暢然滿志而無遺憾矣！

嗚呼！儒者以著述傳世，大都未登仕版，無鞅掌之勞，得以杜門卻掃，皓首窮經，朝夕參稽，專心卒業。若先生，年甫逾壯，起家禁近，洊歷卿尹，夙夜靖共，似於删訂纂修有所未暇，乃能退食從容，裒集數百代典章文物，卓然成此大觀，爲秦、漢以來未有之書，豈不偉哉！

夫禮之聚訟久矣！荒蔑拘牽，均歸無當，良由因革損益，貴合天道人事而制其宜。故禮有宜法古者，有宜於古不宜於今者。我朝聖聖相承，一新典禮。康熙庚午年，廟堂駁禘禮無庸議，而會典無大饗明堂之儀，其卓識直高出百王上。先生曾佐秩宗，熟覽掌故，宜其著述昭晰詳備若此也。

書成，徵序於余，因道二十年前與顧君欲爲而未及爲者。今乃樂觀厥成，爲有厚幸焉。德州盧見曾拜撰。

方觀承序

三代以下，言禮者必折衷於朱子。朱子論編纂禮書，宜以春官五禮爲之綱，顧自輯儀禮經傳通解，别以家、鄉、邦國、王朝爲次，雖亦具嘉、賓、軍三禮，而未科别其條。勉齋、信齋續以喪、祭之禮，始略備吉、凶二類，而又與前編體裁未能畫一，蓋亦稿本未成之書也。學者既不見先王之大全，中間又無先儒衡定之成書，各以耳剽臆決，塗飾文具，所稱聖人緣情而制、因性而作者，豈如是乎？昔在京師時，伯父望溪先生奉詔纂修三禮，余數從講問。伯父告之曰：「禮者，義之實，先王所以體性而達情也。學者能内考其性情，以協諸進退、揖讓、尊卑、際會之節，始知三千三百，莫不犂然曲當於人心，直可兼陳萬物而權衡之耳。」因以所著喪禮或問授余。既而閱崑山徐氏讀禮通考，乃知聖人立中制節，或問實揭其精微，若載或問於喪禮，補弔荒禬恤之制，則凶禮已全。因準是而師朱子輯禮本意，博采經傳子史，區爲吉、嘉、賓、軍四類，而彙成五禮全書，庶幾經世大典，可以信今而垂後也。吾友味經先生，以博達之材，粹於禮經。官秩宗，日侍内廷，值聖天子修明禮樂，乃益好學深思，研綜墳典。上自六經，下迄元、明，凡郊廟、禋祀、朝覲、會同、師田、行役、射鄉、食饗、冠昏、學校，各以類附，於是五禮條分縷析，皆可依類以求其義。先生向與伯父論禮，因屬余參訂，爰考歷代之沿革、諸儒之異同，有所見，輒附於其間，非謂能折衷禮制也。凡先儒緒論，其合於經者，於人心必大洽適焉；其附會穿鑿顯悖於經者，於人心必大剌謬焉。故曰：「禮者，群義之文章，協諸義而協，則禮雖先王未之有，可以義斷也。」顧是書體大物博，先生積數十年，搜討參伍，乃能較若畫一。余志所聞於父師者，特以示其涂徑，俾知名數雖繁，要以義理爲之準，斯得其門而入爾。無徒博觀於外而駭然以驚焉可也！桐城方觀承拜譔。

王鳴盛序〔一〕

李琰之嘗論「崔光博而不精，劉芳精而不博」，學之欲兼精博也，難哉！要以鈔緝薈萃，備下學之考稽，博爲首重矣。朱子之學，以研究義理爲主，而於古今典章制度、象數名物，亦靡不博考之。其綱條之所包絡者多，故援據間有未精，而日力不暇給，則書之未成而有待於補續者亦多。儀禮經傳通解以經爲經，以記爲緯，續之者益以喪、祭二禮，規模粲然矣。然熊勿軒序稱：「文公初志，欲取通典及諸史志、會要與開元、開寶、政和禮，斟酌損益，以爲百王不易之大法。」則今本猶未之備也。大司寇梁

〔一〕王鳴盛西莊始存稿卷二四，續修四庫全書第一四三四册，上海古籍出版社二〇〇二年。

谿秦公味經先生之治經也，研究義理而輔以考索之學，蓋守朱子之家法也。嘗歎徐氏讀禮通考頗爲整贍，乃仿其體，以吉、嘉、賓、軍、凶分禮爲五，編次爲書。而徐氏之書，詳於史而略於經，公則爲之矯其弊。且凶禮之别有五，而荒禮、弔禮、禬禮、恤禮，徐氏俄空焉，公則爲之補其闕。書成，人但知爲補續徐氏，而公則間語予曰：「吾之爲此，蓋將以繼朱子之志耳，豈徒欲作徐氏之功臣哉！」公自少篤志經術，洎官中朝，政務旁午，而公退卻掃，坐小閣中，左朱右墨，孜孜矻矻，不異諸生時。蓋用力於此書者，閲數十年。性復通懷樂善，聞人有一得，津津稱道不去口，以故士有薄技，咸願褰裳就公而求正焉。公商榷採納，不遺細微。鄙固如予，所著周禮税賦説，亦蒙蒐録。公每竪一義，必檢數書爲佐證，復與同志往復討論，然後筆之。故其辨析異同，鋪陳本末，文繁理富，繩貫絲聯，信可謂博極群書者矣。讀者始而攬其規模，繼而尋其端緒，如探珠林，泛玉海，卬有取，頫有拾，能使人人各得其意以去。後之君子，其必有樂乎此也。

五禮通考提要〔一〕

臣等謹案：五禮通考二百六十二卷，國朝秦蕙田撰。蕙田字樹峰，金匱人。乾隆丙辰進士第三，官至刑部尚書，謚文恭。是書因徐乾學讀禮通考惟詳「喪葬」一門，而周官大宗伯所列「五禮」之目，古經散亡，鮮能窮端竟委，乃因徐氏體例，網羅衆説，以成一書。凡爲門類七十有五。以「樂律」附於吉禮「宗廟制度」之後；以「天文推步勾股割圓」，立「觀象授時」一題統之；以古今州國、都邑、山川、地名，立「體國經野」一題統之，並載入嘉禮。雖事屬旁涉，非「五禮」所應該，不免有炫博之意。然周代六官，總名曰「禮」。禮之用，精粗條貫，所賅本博。故朱子儀禮經傳通解於學禮載鍾律詩樂，又欲取許氏説文解字序説，及九章筭經爲書數篇而未成，則蕙田之以類纂附，尚不爲無據。其他考證經史，原原本本，具有經緯。非剽竊餖飣、挂一漏萬者可比。較

〔一〕四庫本五禮通考目録後所附提要迻録於此。

陳祥道所作，過之遠矣。乾隆四十三年十月恭校上。

總纂官臣紀昀、臣陸錫熊、臣孫士毅

總校官臣陸費墀

張廷濟跋[一]

此書審是初印底本，卷中朱字，相傳出文恭公手書。道光丁酉春中，得諸武林。七十老者張廷濟叔未識。

王欣夫跋

邵亭有秦文恭朱校初印樣本，絶佳，是張廷濟叔未舊藏。莫友芝邵亭知見傳本書目

[一] 張廷濟、王欣夫諸公之跋，據味經窩本迻録，標題乃整理者所加。

卷二。

於翰怡齋遍觀影山草堂出售群籍，皆本朝初印精本。五禮通考、讀禮通考上方有朱筆校勘，後有張叔未跋云是文恭手蹟，紙白於玉，墨光如漆，字體仿歐陽信本，鬚眉畢現，奕奕有神，閲之心開目明，令人不忍觸手，真書中尤物也，索千元不爲奢。葉昌熾緣督廬日記鈔卷十六，丁巳五月初一日記。

此書歷經張叔未、莫郘亭、劉翰怡收藏，皆謂是秦味經手校。今觀卷中分朱墨兩色，且筆迹各異，似味經外又經多人之手。卷五十七内墨筆夾簽有「文弨案」云云，則餘姚盧抱經也。卷九十一内眉端朱筆有「鼐謂」云云，則桐城姚姬傳也。卷一百九十七末有朱筆「此本較後定本，少附戴氏震勾股割圜記五十三葉，光緒乙亥八月五日賀緒蕃記」一條。此皆有名字可考者。舊粘校簽，往往脱落，莫氏以墨筆識於書眉。此則憑筆迹可驗者。叔未、郘亭、菊裳所考，猶未詳審。以一書而具諸經師真迹，而刊精印美，猶其次也。當與舊藏原稿本中有東原、竹汀諸儒手迹者爲連城雙璧，可不寶諸。一九五五年三月十一日王欣夫。

附録二　秦蕙田墓志銘

光禄大夫經筵講官太子太保刑部尚書秦文恭公墓志銘

錢大昕〔一〕

太子太保、尚書秦公，以經術篤行，知名海内，起家詞苑，官登極品。歲甲申四月，以疾請解任，温旨不許。八月，復具疏乞回籍調治，詔允所請，仍懸缺以待。公既受命，買舟南下，疾遂革，以九月九日巳時薨於滄州。訃聞，天子軫惻，賜白金千兩庀喪具，令有司議恤典，祭葬如制。謚曰文恭。明年春，車駕南巡至無錫，幸寄暢園，御製詩有「養疴旋里人何在，撫景愀然是此間」之句。寄暢園者，公家别業也。上追念舊臣，形於翰墨如此，公可以不朽矣。其九月，孤子編修泰鈞等將葬公於某原，先期，

〔一〕嘉定錢大昕全集（增訂本）第九册潛研堂文集卷四二，鳳凰出版社，二〇一六年三月。

遺一介走京師，述公遺言，請大昕爲文志其墓。大昕於公爲年家子，又嘗主公邸第，日月不居，知己云逝，文雖不工，其何敢辭。謹按：公諱蕙田，字樹峰，號味經，宋贈龍圖閣直學士觀之二十六世孫，世居無錫爲右族。雍正初，析無錫置金匱縣，故公爲金匱人。曾祖考德澄。祖考松齡，順治乙未進士，日講官起居注、左春坊左諭德。考易然，常州府學生，妣顧氏。本生考道然，康熙己丑進士，日講官起居注、翰林院編修，改禮科給事中，妣徐氏、胡氏，生母浦氏。三世皆以公貴，贈光禄大夫、刑部尚書，妣皆一品太夫人。公以乾隆元年賜進士第三人及第，授翰林院編修，入直南書房。丁浦太夫人憂，服闋，補原官。教讀上書房，遷侍講，進右春坊右庶子，改通政使司右通政，擢内閣學士，遷禮部右侍郎。丁給諫公憂，服闋，補禮部左侍郎，調刑部右侍郎，轉左侍郎，兼理國子監算學，充經筵講官，擢工部尚書，兼理樂部，調刑部尚書，加太子太保，累階至光禄大夫。公至性過人，方未遇時，給諫公以藩邸事牽連頌繫，十餘年間，檻車南北，炎雨悲風，吏卒雜前，公隨侍膝下，百方營護。夜分就寢，流涕交頤，然不令給諫公知之。及通籍之始，朝廷赦書屢下，給諫公猶不得援例寬釋。公以新進詞臣，輒伏闕陳情，乞以身贖。其略云：「臣本生父某，身罹重罪，已荷天恩曲宥，祇因催追銀兩，力不能完，仍行圈禁，迄今九載，年已八十，衰朽不堪。本年五六月内，侵染暑濕，瘧癘時作，寒熱交攻，奄奄一息，幾至瘐斃羈所。情關骨肉，痛楚難忍。臣雖備員禁近，而還顧臣父，老病拘幽，既無完解之期，更無久存之望，方寸昏迷，不能自主，誠不忍昧心竊禄，内慚名教。伏惟皇上矜慎庶獄，有一綫可原者，概予寬釋。當此聖明孝治之朝，更逢薄海祝網之日，惟有籲懇鴻慈，格外鑒宥，丐臣父八旬垂死之年，得以終老牖下。臣願革去職銜，效力奔走，以贖父罪。」奏入，天語嘉歎，遂有寬釋之詔，而未完之銀，亦并豁免，由是給諫公優游林下者又十年。公受詔感泣，誓以身許國，而上亦鑒公忠孝，有大用公之志矣。公在學士時，陳科舉學校六事；在禮部，練習掌故，夙夜匪懈；在刑部，執法平允，尤爲上所倚重。同僚或持異議，公援引律例，必如所擬乃已。遇司屬嚬笑不苟，其以才能見者，則薦引之不遺餘力，衆莫不憚其嚴而服其公也。公殁之後，部中讞獄偶不當，上輒舉公名，歎惜不置。以是知公之盡心於職矣。公立朝三十年，治事以勤，奉上以敬，剛介自守，不曲意徇物。公退，則杜門謝賓客著書，不異爲諸生時。後進有通經嗜古者，奬借不去口，蓋天性然也。公幼而穎悟，及長，從給諫公於京邸，何屺瞻、王若林、徐壇長諸先生咸折輩行與之交。

中歲居里門，與蔡宸錫、吴大年、尊彝、龔繩中爲讀經之會。嘗慨禮經名物制度，諸儒詮解互異，鮮能會通其説。故於郊社、宗廟、宮室、衣服之類，尤究心焉。上御極之初，江陰楊文定公領國子監事，薦公篤志經術，可佐教成均。既而直内廷，課皇子講讀，益以經術爲後學宗。嘗言：「儒者舍經以談道，非道也；離經以求學，非學也。」故以窮經爲主，而不居講學之名。生平所爲文，號味經窩類稿者凡若干卷，而説經之文居其大半。公夙精三禮之學，及佐秩宗，考古今禮制因革，以爲禮自秦火而後，漢儒保殘守缺，什僅存一。朱子生於南宋，嘗有志編次朝廷、公卿、大夫、士民禮爲當代之典，而所撰儀禮經傳通解體例未備，喪、祭禮又續自黄氏、楊氏，未克竟朱子之志。乃按周官吉、凶、軍、賓、嘉之目，撰爲五禮通考二百六十二卷，先經後史，各以類别。凡先儒所聚訟者，一一疏其脉絡，破其癥結，上探古人制作之原，下不違當代之法，殫思二十餘年，稿易三四而後定，自言生平精力盡於是焉。少喜談易，謂易者，象也，先儒詳於言理，略於言象，故撰周易象義日箋若干卷。又謂詩三百篇，古人皆被之管絃，漢、魏以降，始失其傳。然天籟之發，今猶古也。因與同志講求，欲以今曲歌古詩，庶協詩樂合一之旨。又以近代聲韻之書未有善本，奏請刊正。上命公與武進劉公任其事。公建議言：「古韻二百六部，今并爲一百七韻，如元與魂、痕，當析爲二；殷韻宜并入真韻，不當入文韻；上聲拯韻，去聲證韻，宜分出各自爲韻。」又考定四聲表，兼采昆山顧氏、婺源江氏之説，欲通古音於等韻。時公已遘疾，而往復辨論，猶斷斷不置也。公之著述，其大者如此。若夫律吕、算數以及醫方、堪輿、星命家言，皆泝流窮源，得其要領，雖專門名家者，亦歎以爲莫及。嗚呼，可謂有體有用者已！公生於康熙壬午十月十九日，歿時年六十有三。夫人侯氏，太學生某之女，封一品夫人。子四人：長泰鈞，乾隆甲戌進士，翰林院編修；次復鈞，長殤；次鼎鈞，太學生；次上鈞。女二人，長適雲南劍川州知州嵇承豫。孫男二人，沐日、沐恩。孫女六人。

銘曰：西神峨峨二泉粼，造物鍾英生偉人。雙孝之澤流十世，啓佑祖考清華繼。惟公至行爲士宗，歷艱而亨純孝通。明刑十載邦憲司，三刺三宥公無私。斯人一去難再得，同朝盡傷至尊惜。政事文學一身兼，没而言立公何慚。城西新阡卜云吉，千秋識之字不滅。

附録三　校勘引用書目

五禮通考，清秦蕙田撰，台灣聖環圖書有限公司一九九四年影印本，簡稱「味經窩本」
五禮通考，清秦蕙田撰，清乾隆時期刊刻味經窩通行本，簡稱「乾隆本」
五禮通考，清秦蕙田撰，清光緒六年九月江蘇書局重刊本，簡稱「光緒本」
十三經注疏，中華書局影印本，一九八〇年十月
周易程氏傳，宋程頤撰，王孝魚點校，中華書局二〇一一年五月
書經集傳，宋蔡沈撰，上海古籍出版社一九八七年三月
尚書地理今釋，清蔣廷錫撰，文淵閣四庫全書影印本
禹貢錐指，清胡渭撰，鄒逸麟整理，上海古籍出版社一九九六年十二月
尚書大傳疏證，清皮錫瑞撰，皮錫瑞全集，吴仰湘編，中華書局二〇一五年九月
禮經會元，宋葉時撰，文淵閣四庫全書影印本

周禮訂義，宋王與之撰，文淵閣四庫全書影印本
周禮集説，宋無名氏撰，元陳友仁輯，文淵閣四庫全書影印本
周官禄田考，清沈彤撰，文淵閣四庫全書影印本
儀禮圖，宋楊復撰，文淵閣四庫全書影印本
儀禮節解，明郝敬撰，明九經解本
儀禮集編，清盛世佐撰，文淵閣四庫全書影印本
讀禮通考，清徐乾學撰，文淵閣四庫全書影印本
欽定儀禮義疏，文淵閣四庫全書影印本
儀禮鄭注句讀，清張爾岐撰，文淵閣四庫全書影印本
禮經本義，清蔡德晉撰，文淵閣四庫全書影印本
禮記集説，元陳澔撰，文淵閣四庫全書影印本
欽定禮記義疏，文淵閣四庫全書影印本
大戴禮記匯校集解，方向東撰，中華書局二〇〇八年七月
三禮圖集注，宋聶崇義撰，文淵閣四庫全書影印本

學禮質疑，清萬斯大撰，文淵閣四庫全書影印本
禮書通故，清黄以周撰，王文錦點校，中華書局二〇〇七年四月
禮書，宋陳祥道撰，文淵閣四庫全書影印本
書儀，宋司馬光撰，文淵閣四庫全書影印本
家禮，宋朱熹撰，文淵閣四庫全書影印本
春秋大事表，清顧棟高輯，吴樹平、李解民點校，中華書局一九九三年六月
吕氏春秋集釋，許維遹撰，梁運華整理，中華書局二〇〇九年九月
春秋繁露義證，蘇輿撰，鍾哲點校，中華書局一九九二年十二月
四書章句集注，宋朱熹撰，中華書局一九八三年十月
五經異義疏證，清陳壽祺撰，曹建墩點校，上海古籍出版社二〇一二年九月
釋名疏證補，漢劉熙撰，清畢沅疏證，清王先謙補，中華書局二〇〇八年六月
史記（修訂本），西漢司馬遷撰，趙生群等整理，中華書局二〇一三年九月
漢書，東漢班固撰，中華書局一九六二年六月
後漢書，南朝宋范曄撰，中華書局一九六五年五月

三國志，晉陳壽撰，中華書局一九八二年七月
晉書，唐房玄齡撰，中華書局一九七四年十一月
宋書，梁沈約撰，中華書局一九七四年十月
南齊書，梁蕭子顯撰，中華書局一九七二年一月
梁書，唐姚思廉撰，中華書局一九七三年五月
陳書，唐姚思廉撰，中華書局一九七二年三月
魏書，北齊魏收撰，中華書局一九七四年六月
北齊書，唐李百藥撰，中華書局一九七二年十一月
周書，唐令狐德棻等撰，中華書局一九七一年十一月
隋書，唐魏徵、令狐德棻撰，中華書局一九七三年八月
南史，唐李延壽撰，中華書局一九七五年六月
北史，唐李延壽撰，中華書局一九七四年十月
舊唐書，後晉劉昫等撰，中華書局一九七五年五月
新唐書，宋歐陽修、宋祁撰，中華書局一九七五年二月

舊五代史，宋薛居正等撰，中華書局一九七六年五月
新五代史，宋歐陽修撰，中華書局一九七四年十二月
宋史，元脱脱等撰，中華書局一九八五年六月
遼史，元脱脱等撰，中華書局一九七四年十月
金史，元脱脱等撰，中華書局一九七五年七月
元史，明宋濂等撰，中華書局一九七六年四月
明史，清張廷玉等撰，中華書局一九七四年四月
明史稿，清萬斯同、王鴻緒編，雍正元年刊本
國語，上海師範學院古籍整理組校點，上海古籍出版社一九七八年三月
逸周書，清盧文弨校，抱經堂叢書本，北京直隸書局一九二三年
逸周書彙校集注（修訂本），黄懷信等撰，上海古籍出版社二〇〇七年三月
東觀漢記校注，漢劉珍等撰，吴樹平校注，中華書局二〇〇八年十一月
續資治通鑑長編，宋李燾撰，上海師範大學古籍整理研究所、華東師範大學古籍整理研究所點校，中華書局一九九二年三月

通志二十略，宋鄭樵著，王樹民點校，中華書局一九九五年十一月
古列女傳，漢劉向撰，文淵閣四庫全書影印本
燕翼詒謀録，宋王栐撰，誠剛點校，中華書局一九八一年九月
水經注校證，北魏酈道元著，陳橋驛校證，中華書局二〇〇七年七月
洛陽伽藍記校釋，魏楊衒之撰，周祖謨校釋，中華書局二〇一〇年九月
荆楚歲時記，梁宗懔撰，隋杜公瞻注，姜彦稚輯校，中華書局二〇一八年八月
括地志輯校，唐李泰等著，賀次君輯校，中華書局一九八〇年二月
地志圖序，唐吕温撰，載四六法海，明王志堅編選，于景祥校點，遼海出版社二〇一〇年一月
三輔黄圖校注，何清谷校注，三秦出版社二〇〇六年一月
通鑑地理通釋，宋王應麟著，傅林祥點校，中華書局二〇一三年十月
讀史方輿紀要，清顧祖禹撰，賀次君、施和金點校，中華書局二〇〇五年三月
武林舊事，宋周密著，知不足齋叢書本
欽定日下舊聞考，清于敏中撰，文淵閣四庫全書影印本

漢官儀，漢應劭撰，續修四庫全書，上海古籍出版社二〇〇二年四月
唐六典，唐李林甫等撰，陳仲夫點校，中華書局一九九二年一月
通典，唐杜佑撰，王文錦等點校，中華書局一九八八年十二月
續通典，清嵇璜、劉墉等撰，浙江古籍出版社影印，一九八八年十一月
漢制考・漢藝文志考證，宋王應麟著，張三夕、楊毅點校，中華書局二〇一一年一月
唐國史補，唐李肇撰，明津逮秘書本
建炎以來朝野雜記，宋李心傳撰，徐規點校，中華書局二〇〇〇年七月
唐會要，宋王溥撰，上海古籍出版社二〇〇六年十二月
五代會要，宋王溥撰，上海古籍出版社二〇〇六年十二月
宋會要輯稿，清徐松輯，中華書局一九五七年十一月
文獻通考，元馬端臨撰，上海師範大學古籍研究所、華東師範大學古籍研究所整理，中華書局二〇一一年九月
宋史紀事本末，明陳邦瞻撰，中華書局二〇一五年八月
續文獻通考，明王圻撰，浙江古籍出版社影印，一九八八年十一月

續文獻通考，清嵇璜、曹仁虎撰，浙江古籍出版社影印，一九八八年十一月
明會典，明申時行等修，中華書局一九八九年十月
大唐開元禮，唐蕭嵩等撰，文淵閣四庫全書影印本
政和五禮新儀，宋鄭居中等撰，文淵閣四庫全書影印本
皇明典禮志，明郭正域撰，明萬曆四十一年劉汝康刻本
明集禮，明徐一夔等撰，文淵閣四庫全書影印本
大金集禮，文淵閣四庫全書影印本
荒政叢書，清俞森撰，文淵閣四庫全書影印本
經義考，清朱彝尊撰，中華書局據四部備要縮印，一九九八年十一月
金石録，宋趙明誠著，劉曉東、崔燕南點校，齊魯書社二〇〇九年四月
欽定四庫全書總目，四庫全書研究所整理，中華書局一九九七年一月
孔子家語，魏王肅注，文淵閣四庫全書影印本
荀子集解，清王先謙撰，沈嘯寰、王星賢點校，中華書局一九八八年九月
孔叢子校釋，傅亞庶撰，中華書局二〇一一年六月

説苑校證，漢劉向撰，向宗魯校證，中華書局一九八七年七月
司馬法，舊題齊司馬穰苴撰，文淵閣四庫全書影印本
朱子語類，宋黎靖德編，王星賢點校，中華書局一九八六年三月
大學衍義補，明丘濬撰，文淵閣四庫全書影印本
周髀算經，漢趙君卿注，文淵閣四庫全書影印本
欽定協紀辨方書，清允禄撰，文淵閣四庫全書影印本
曆算全書，清梅文鼎撰，文淵閣四庫全書影印本
數學，清江永撰，清守山閣叢書本
推步法解，清江永撰，清守山閣叢書本
淮南子集釋，何寧撰，中華書局一九九八年十月
論衡集解，劉盼遂著，古籍出版社一九五七年七月
論衡校釋，黄暉撰，中華書局一九九〇年二月
白虎通疏證，清陳立撰，吴則虞點校，中華書局一九九四年八月
獨斷，漢蔡邕撰，文淵閣四庫全書影印本

風俗通義校注，漢應劭撰，王利器校注，中華書局一九八一年一月
石林燕語，宋葉夢得撰，宇文紹奕考異，侯忠義點校，中華書局一九八四年五月
容齋隨筆，宋洪邁撰，孔凡禮點校，中華書局二〇〇五年十一月
老學庵筆記，宋陸游撰，李劍雄、劉德權點校，中華書局一九七九年十一月
愛日齋叢抄，宋葉寘撰，孔凡禮點校，中華書局二〇一〇年一月
愧郯録，宋岳珂撰，朗潤點校，中華書局二〇一六年一月
救荒活民書，宋董煟撰，文淵閣四庫全書影印本
説郛，明陶宗儀編，文淵閣四庫全書影印本
日知録集釋，清顧炎武著，黄汝成集釋，欒保群、吕宗力校點，上海古籍出版社二〇〇六年十二月
春明夢餘録，清孫承澤撰，文淵閣四庫全書影印本
太平御覽，宋李昉等撰，中華書局一九八五年十月
册府元龜，宋王欽若等編纂，周勛初等校訂，鳳凰出版社二〇〇六年十二月
文苑英華，宋李昉等編，中華書局影印，一九六六年五月

玉海，宋王應麟撰，廣陵書社影印，二〇〇七年十二月
圖書編，明章潢撰，文淵閣四庫全書影印本
御定淵鑑類函，康熙十九年奉敕撰，文淵閣四庫全書影印本
北夢瑣言，宋孫光憲著，上海古籍出版社一九八一年十一月
邵氏聞見録，宋邵伯温撰，李劍雄、劉德權點校，中華書局一九八三年八月
青箱雜記，宋吴處厚撰，李裕民點校，中華書局一九八五年五月
隨隱漫録，宋陳世崇撰，孔凡禮點校，中華書局二〇一〇年一月
南村輟耕録，元陶宗儀撰，四部叢刊三編本，商務印書館一九三五年
曹植集校注，魏曹植著，趙幼文校注，人民文學出版社一九九八年七月
韓愈文集彙校箋注，唐韓愈著，劉真倫、岳珍校注，中華書局二〇一〇年八月
李覯集，宋李覯撰，王國軒點校，中華書局二〇一一年二月
公是集，宋劉敞撰，文淵閣四庫全書影印本
張載集，宋張載著，章錫琛點校，中華書局一九七八年八月
二程集，宋程顥、程頤著，王孝魚點校，中華書局二〇〇四年二月

蘇軾文集，宋蘇軾撰，明茅維編，孔凡禮點校，中華書局一九八六年三月
蘇魏公文集，宋蘇頌著，王同策等點校，中華書局二〇〇四年五月
晦庵先生朱文公文集，宋朱熹撰，四部叢刊本，商務印書館一九一九年
震川集，明歸有光撰，文淵閣四庫全書影印本
望溪集，清方苞撰，文淵閣四庫全書影印本
榕村集，清李光地撰，文淵閣四庫全書影印本
戴震全書，清戴震撰，張岱年主編，黄山書社一九九七年十月
漢魏六朝百三家集，明張溥輯，文淵閣四庫全書影印本
西晉文紀，明梅鼎祚編，文淵閣四庫全書影印本
明文海，明黄宗羲編，中華書局一九八七年二月
全上古三代秦漢三國六朝文，清嚴可均輯，中華書局影印，一九五八年十二月
先秦漢魏晉南北朝詩，逯欽立輯校，中華書局一九九三年十二月
全宋文，曾棗莊、劉琳主編，上海辭書出版社、安徽教育出版社二〇〇六年八月
文章辨體彙選，明賀復徵編，文淵閣四庫全書影印本